ZEBのデザインメソッド

Design Method of
Net Zero Energy Building

公益社団法人
空気調和・衛生工学会 編

技報堂出版

書籍のコピー，スキャン，デジタル化等による複製は，
著作権法上での例外を除き禁じられています。

はじめに——省エネルギー建築からネット・ゼロ・エネルギー建築（ZEB）へ

　日本の伝統的な家屋には,「夏のしつらえ」,「冬のしつらえ」というものがある。夏は, 簾戸によって風通しを確保し, 冬は障子や襖によって断熱性を高める。簾は朝夕の日射を遮る役割が, 障子には光を拡散させて室内に取り込む役割がある。また, 建物の形状や自然に生じる温度差を利用して通風力を高める工夫も随所に見られる。京町家に見られる奥庭と中庭との温度差を利用した自然通風のしくみはその代表的なものである。これらはいずれも, エネルギーに多くを頼ることなく, 夏を涼しく, 冬を温かく, 快適に過ごすための先人たちの知恵と工夫の結晶であり, 今日我々が, 持続可能な都市や建築における省エネルギーを考えるうえでの重要な示唆を与えてくれる。

　日本の近代建築においても, 自然換気や自然採光といった省エネルギー手法は重要なデザイン要素であり続けてきた。しかし, 高度経済成長期を経て, 電力需要の増大, 冷房負荷の増大などによって, しだいに空調や照明の化石エネルギーへの依存が高まり, 日本のエネルギー需要の30％以上が住宅およびビルの空調や照明で消費されるようになってきた。その結果, 資源の枯渇や地球温暖化, 都市のヒートアイランド化など, 深刻な問題が引き起こされている。

　1970年代のオイルショック以後,「省エネルギー建築」,「環境共生建築」,「グリーンビルディング」等, 呼び方はさまざまであるが, 一貫して, エネルギー資源保護と地球温暖化防止をうたった建築の取り組みが継続されてきた。とくに1997年の地球温暖化防止条約（COP3）以後, 持続可能な都市, 社会の実現のために, 建築レベルでの取り組みがきわめて重要であるという認識が強くなり, さまざまな「低炭素型建築」や「サスティナブル建築」の取り組みがなされるようになった。とくに2000年以降, 太陽光発電システムの技術研究開発の進展に伴い, 省エネルギー建築に太陽光発電システムを組み合わせて, 建築物の更なる省エネルギー化をはかる試みがなされるようになった。

　このような背景のもと, 2008年の経済対策閣僚会議合同会議において,「建築物のゼロ・エミッション化」が議論され, それを受けて経済産業省の「ZEB（ゼロ・エネルギー・ビル）の実現と展開に関する研究会」[1]が発足し, 日本における建築物のゼロ・エネルギー化に向けての取り組みが開始された。さらに, 2011年の東日本大震災での原子力発電所停止に伴う電力供給力不足, 計画停電や節電要請等は, 化石エネルギーや原子力エネルギーに依存してきた日本のエネルギー供給構造の問題を浮き彫りにし, 日本のエネルギー構造の根本的な見直しが迫られる結果となった。代替エネルギーとして, 太陽光や地熱などの再生可能エネルギーが注目され, 再生可能エネルギーによって日本のエネルギー自給率を向上させることが, 今後のわが国の課題であるということが, 広く認識されるようになった。また, これまで以上に災害に強い建築計画やまちづくりが求められ, 再生可能エネルギーによる持続可能な低炭素都市づくりが強く要望されるようになり, その基盤となるZEB（ゼロ・エネルギー・ビル）の早期実現が期待されるようになった。2014年4月に閣議決定された政府の「エネルギー基本計画」において,「2020年度までに新築公共建築物等で, 2030年までに新築建築物の平均でZEBを実現することを目指す」という政策目標がうたわれた。

　一方, 公益社団法人 空気調和・衛生工学会では, 2012年の21世紀ビジョンの中で, 2030年までの「ZEB化技術の確立」, 2050年までの「関連分野のゼロ・エネルギー化完全移行」への圧倒的な寄与を重要テーマと位置づけ, ZEB定義検討小委

員会を設立，ZEBの定義や評価方法について，国内外の動向を踏まえた議論，検討を重ね，2015年9月にガイドライン（SHASE-G 0017-2015）としてとりまとめられた。この定義と評価方法は，その後発足した経済産業省のZEBロードマップ検討委員会[2]，ZEBロードマップフォローアップ委員会[3]において，その基本的な考え方が踏襲され，国のZEBの定義・評価方法として確立されるとともに，具体的な施策に用いられている。

ZEB定義検討小委員会は，その後，ZEB実現可能性検討小委員会（2015～2016年度），ZEB計画指針検討小委員会（2017～2018年度）と活動を継続し，国内外のZEBベストプラクティス調査，定義・評価方法の拡充，デザインメソッドの整理等を行ってきた。本書はそれらの成果を体系的に整理し，デザインメソッドとしてとりまとめ，発刊に至ったものである。建物オーナーや設計者をはじめとするZEBを実現しようという建設関係者や建築・エネルギー関係の教育・研究に携わる学識者のガイドライン的な書となれば幸いである。

【参考・引用文献】
1) ZEB（ネット・ゼロ・エネルギー・ビル）の実現と展開について～2030年でのZEB達成に向けて～，ZEBの実現と展開に関する研究会，2009.11
2) ZEBロードマップ検討委員会とりまとめ（案），経済産業省資源エネルギー庁省エネルギー対策課，2015.11
3) ZEBロードマップフォローアップ検討委員会とりまとめ（案），経済産業省資源エネルギー庁省エネルギー対策課，2018.3

公益社団法人 空気調和・衛生工学会
出版委員会 ZEB のデザインメソッド編集小委員会
主査　　丹羽　英治

空気調和設備委員会 ZEB 計画指針検討小委員会
主査　　丹羽　英治
幹事　　竹部　友久　　尹　　奎英
委員　　鵜飼真貴子　　大岡　龍三　　大和田　淳　　奥宮　正哉　　木虎　久隆
　　　　木村　員久　　倉渕　　隆　　坂井　友香　　笹本　太郎　　佐藤　孝輔
　　　　清水　　洋　　田中　拓也　　田辺　新一　　富樫　英介　　中川　優一
　　　　野部　達夫　　山川　　智　　和田　一樹

執筆者一覧（五十音順）

植田　俊克	新菱冷熱工（株）
鵜飼真貴子	名古屋大学
大岡　龍三	東京大学生産技術研究所
大和田　淳	鹿島建設（株）
奥宮　正哉	名古屋大学
木虎　久隆	関西電力（株）
木村　員久	（株）大林組
倉渕　　隆	東京理科大学
坂井　友香	（株）日建設計総合研究所
笹本　太郎	東京ガス（株）
佐藤　孝輔	（株）日建設計
清水　　洋	清水建設（株）
竹部　友久	（株）日本設計
田中　拓也	大成建設（株）
田辺　新一	早稲田大学
富樫　英介	工学院大学
中川　優一	（株）日本設計
丹羽　英治	（株）日建設計総合研究所
野部　達夫	工学院大学
山川　　智	東京電力エナジーパートナー（株）
山本　雄三	日本ファシリティ・ソリューション（株）
尹　　奎英	名古屋市立大学
米澤　　仁	高砂熱学工業（株）
和田　一樹	（株）竹中工務店
渡邊美奈子	新日本空調（株）

目　　次

第1章　ZEBの動向 ─── 1

1.1　米国の建築物省エネルギーとZEBの動向 ─── 2
- 1.1.1　エネルギー・スター ─── 2
- 1.1.2　2006年のNRELの定義 ─── 2
- 1.1.3　2010年のNRELの定義 ─── 2
- 1.1.4　DOEの定義 ─── 3
- 1.1.5　LEED ─── 3
- 1.1.6　単体建築物からエリアへ ─── 3

1.2　英国の動向 ─── 4
- 1.2.1　英国のZEBに関する動向 ─── 4
- 1.2.2　英国のZEB定義とその変遷 ─── 5
- 1.2.3　ゼロカーボンに向けた戦略とみなし削減 ─── 6
- 1.2.4　おわりに ─── 6

1.3　EU諸国の動向 ─── 7
- 1.3.1　はじめに ─── 7
- 1.3.2　EU諸国のエネルギー事情 ─── 7
- 1.3.3　EUの省エネルギー政策 ─── 7
- 1.3.4　EPBD改訂とゼロ・エネルギー・ビル ─── 7
- 1.3.5　REHVAにおけるゼロ・エネルギー・ビルの定義 ─── 8
- 1.3.6　REHVAによる再生可能エネルギー利用率の提案 ─── 9
- 1.3.7　EU諸国におけるZEBの実例 ─── 10

1.4　アジア諸国の動向 ─── 11
- 1.4.1　中国の動向 ─── 11
- 1.4.2　韓国の動向 ─── 12
- 1.4.3　東南アジア諸国の動向 ─── 13

1.5　日本の動向 ─── 15
- 1.5.1　ZEB普及推進の背景 ─── 15
- 1.5.2　ZEB普及のための各種施策 ─── 15
- 1.5.3　ZEB実証事業 ─── 17
- 1.5.4　今後の課題 ─── 18

第2章　ZEBの定義と評価方法 —————————————— 19
2.1　ZEBの意義 ———————————————————————————— 20
2.1.1　ZEB化の目的・意義，波及効果 ———————————————— 20
2.1.2　ZEB化の目標時期 ———————————————————————— 20
2.1.3　ZEB化の対象建築物 ———————————————————————— 20
2.2　ZEBの定義 ———————————————————————————— 20
2.2.1　定性的な定義 ———————————————————————————— 20
2.2.2　定量的な定義 ———————————————————————————— 20
2.2.3　境界条件 ———————————————————————————————— 21
2.3　ZEBの評価方法 ———————————————————————— 21
2.3.1　評価指標 ———————————————————————————————— 21
2.3.2　評価期間，評価時間 ———————————————————————— 22
2.3.3　配送（外部から供給された）エネルギーの扱い ——————— 22
2.3.4　逆送（外部へ供給した）エネルギーの扱い ——————————— 22
2.4　ZEBの評価基準 ———————————————————————— 22
2.4.1　室内環境の評価基準 ———————————————————————— 22
2.4.2　ネット・エネルギー量の評価基準 ————————————————— 22
2.4.3　再生可能エネルギーの供給方法によるZEBの分類 ————— 23
コラム　ESG投資とZEB ———————————————————————— 23

第3章　ZEBのデザインメソッド —————————————— 25
3.1　ZEBへのアプローチ ———————————————————— 26
3.1.1　アプローチの考え方 ———————————————————————— 26
3.1.2　二次側×一次側の省エネルギー効果 ——————————————— 26
3.1.3　デザインプロセスとデザインメソッド ————————————— 26
3.2　屋外環境を適正化する ——————————————————— 28
3.2.1　建物配置の適正化 ———————————————————————— 28
3.2.2　外構計画の適正化 ———————————————————————— 30
3.3　屋内環境を適正化する ——————————————————— 31
3.3.1　ワークプレイスの適正化 ————————————————————— 31
3.3.2　温熱環境の適正化 ———————————————————————— 33
コラム　「ZEB」と「WELL」 ———————————————————— 35
3.3.3　光環境の適正化 ———————————————————————————— 36
3.4　負荷を抑制する ———————————————————————— 39
3.4.1　日射の遮蔽 ———————————————————————————————— 39
コラム　昼光利用と知的生産性 ———————————————————— 43
3.4.2　外皮の断熱強化 ———————————————————————————— 44
3.4.3　内部発熱の実態把握 ———————————————————————— 46

  3.4.4 外気負荷の低減 …………………………………………………… 48
  3.4.5 すきま風の防止 …………………………………………………… 49
 コラム 打ち水の知恵，細霧冷房システム ……………………………………… 49
 3.5 自然エネルギーを利用する ………………………………………………… 50
  3.5.1 昼光利用（自然採光）…………………………………………… 50
  3.5.2 自然換気 …………………………………………………………… 55
  3.5.3 地中熱の利用（クール/ヒートチューブ）……………………… 60
  3.5.4 太陽熱の利用 ……………………………………………………… 64
 3.6 未利用エネルギーを活用する ……………………………………………… 66
  3.6.1 温度差エネルギー ………………………………………………… 66
  3.6.2 排熱の活用 ………………………………………………………… 69
 3.7 設備・システムの高効率化をはかる ……………………………………… 71
  3.7.1 照明システムの高効率化 ………………………………………… 71
  3.7.2 放射空調システム ………………………………………………… 74
  3.7.3 デシカント空調システム ………………………………………… 77
  3.7.4 個別分散空調システムの高効率化 ……………………………… 80
 コラム コージェネレーションシステムの動向 ………………………………… 82
  3.7.5 高効率ヒートポンプと蓄熱システム …………………………… 83
  3.7.6 高効率吸収式冷凍機 ……………………………………………… 87
  3.7.7 蓄電システム ……………………………………………………… 90
  3.7.8 自動制御による省エネルギーシステム ………………………… 94
  3.7.9 IoT/AI の活用 …………………………………………………… 99
 3.8 再生可能エネルギーを導入する ………………………………………… 101
  3.8.1 太陽光発電 ………………………………………………………… 101
  3.8.2 バイオマス ………………………………………………………… 104
  3.8.3 オフサイト再生可能エネルギー ………………………………… 106
 3.9 エネルギーマネジメントを実施する …………………………………… 107
  3.9.1 BEMS の活用 …………………………………………………… 107
  3.9.2 ライフサイクルエネルギーマネジメントの実施 …………… 109
  3.9.3 エネルギーの見える化 ………………………………………… 111
  3.9.4 スマートエネルギーシステム ………………………………… 113

第4章 ZEB の先進事例 ——————————————————————— 115
 4.1 先進事例の概要 …………………………………………………………… 116
 4.2 雲南市役所新庁舎——地域の歴史・風土・資源を活かした ZEB 庁舎 …… 118
 4.3 清水建設本社ビル——持続可能な社会に貢献する都市型超環境オフィス …… 122
 4.4 大成建設 ZEB 実証棟——都市型 ZEB の実現に向けたパイロットプロジェクト …… 126
 4.5 KT ビル——都市型中規模オフィスの汎用型 ZEB モデルの実践 ………… 130

- 4.6 竹中工務店東関東支店——稼働オフィスビルのZEB改修……………………………134
- 4.7 大林組技術研究所本館——高い知的生産性とZEBを両立させたオフィス…………138
- 4.8 東京大学21KOMCEE——大学発ZEB……………………………………………………142
- 4.9 ダイキン・テクノロジー・イノベーションセンター
   ——機器製造・開発の実践の場としての進化・普及型ZEB………………………146
- 4.10 関西電力南大阪営業所——個別空調最適制御を用いた中規模ZEBオフィス………150
- 4.11 東京ガス立川ビル——再生可能エネルギーとガスシステムの親和型ZEB…………154
- 4.12 三建設備工業つくばみらい技術センター
   ——太陽と風と大地，身近な自然と共生するZEB……………………………………158
- 4.13 エネフィス九州——光と空気と水をデザインしたZEBオフィス……………………160
- 4.14 新日本空調工学センター
   ——省エネ・創エネ技術の効果を実証するZEB改修オフィス……………………162
- 4.15 新菱冷熱工業本社ビル——省エネで快適な執務環境を目指したZEB改修…………164
- 4.16 秋田市新庁舎——冬に強く季節の変化にも上手につきあうZEB庁舎………………166
- 4.17 生長の家"森の中のオフィス"………………………………………………………………170
- 4.18 大成札幌ビル——寒冷地における既存ビルのZEB化……………………………………174

第5章　ZEBの展望 ——————————————————————— 179

- 5.1 ZEBの位置づけ………………………………………………………………………………180
  - 5.1.1 省エネ建築との違い……………………………………………………………………180
  - 5.1.2 ZEBの貢献先……………………………………………………………………………180
- 5.2 産業としてのZEB……………………………………………………………………………180
  - 5.2.1 オートクチュール空調の疲弊…………………………………………………………180
  - 5.2.2 評価の不在………………………………………………………………………………180
  - 5.2.3 空調のコンフェクシオンモデル………………………………………………………181
  - 5.2.4 コンフェクシオン構築の効能…………………………………………………………181
  - 5.2.5 オートクチュールとの相乗効果………………………………………………………181
- 5.3 全体最適化……………………………………………………………………………………182
- 5.4 技術の継承……………………………………………………………………………………182

第 1 章 ZEBの動向

1.1 米国の建築物省エネルギーとZEBの動向

1.1.1 エネルギー・スター

　日本の建築物に比較すると面積当たりの年間一次エネルギー消費量原単位は大きいが，米国でも省エネ努力が行われていない訳ではない。ベンチマークを利用して実際のエネルギー消費量を標準化して，上位25％に入った建物に与えられるエネルギー・スターは近年取得数が増えている。取得した年も表示されるため繰り返しの取得も多い。米国EPAは，このプログラムにより，2016年に企業や組織は約100億ドルのエネルギー費を節約し，1992年以来累積エネルギー費を1 500億ドル以上節約したとしている。2017年には9 500以上の建物がエネルギー・スターを取得し，合計で32 000を超えた。平均して，エネルギー・スター認定建物は，全国の典型的な建物よりも35％エネルギー消費量が少ない。調査結果によると，認定建物は，販売価格と賃貸料で最高16％のプレミアムがあるとしている。ベンチマークには，商業建物エネルギー消費量調査（CBECS：Commercial Buildings Energy Consumption Survey）が利用されている。上位25％に入らずエネルギー・スターを取得できなくても1～100で点数化され，その建物の省エネ性が評価できる。2017年末現在，26の地方自治体と2つの州は，採点を行うためのツールとしてENERGY STAR Portfolio Managerツールを用いている。カリフォルニア州では同様の制度を条例として適用している。

　また，カリフォルニア州では，2013年4月に新たな省エネ基準を適用し，基準を満たしていない場合には，住宅・建築物の建設・使用許可が下りなくなっている。省エネ基準は3年ごとに改訂されることになっている。さらに，2020年までにすべて

図1.1-1　米国エネルギー・スター認証

の新築住宅，2025年までに政府系建物，2030年までにすべての商業ビルのZEBを目標としている。

1.1.2　2006年のNRELの定義

　2006年1月に国立再生可能エネルギー研究所（NREL）が発表した"Zero Energy Buildings：A Critical Look at the Definition"（ZEB定義の明確化）[1]がZEBの動きに先導的な役割を与えた。二次エネルギー消費量，一次エネルギー消費量に加えて温室効果ガス，コストによる評価を行っている。

表1.1-1　NRELにおけるZEBの評価

定義	
Site	二次エネルギー評価（例：電気）
Source	一次エネルギー評価
Cost	コスト評価
Emission	温室効果ガス換算

1.1.3　2010年のNRELの定義[2]

　ZEBをA～Dに分類した定義で，日本でも多くの人がこの定義を用いている。比較的受け入れやすい定義である。

　ZEB-A：省エネと建築物の再生可能エネルギーによりZEBを達成する。単体建築物の完全なZEB。

　ZEB-B：省エネと敷地内の再生可能エネルギーによりZEBを達成する。

　ZEB-C：建築物および敷地内に加えて，オフサイトの再生可能資源を現場に持ち込むことを可

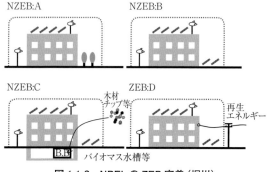

図1.1-2　NRELのZEB定義（堀川）

能としている。具体的には木質チップなどのバイオマスの利用が考えられる。

ZEB-D：AからCの定義に加えて太陽光や風力のオフサイトの再生エネルギーを利用してZEBを達成する。

1.1.4 DOEの定義

2015年9月16日に米国エネルギー省（DOE）がZEBの定義に関する文章を公表した[3]。その定義では，「An energy-efficient building where, on a source energy basis, the actual annual delivered energy is less than or equal to the on-site renewable exported energy.」とされている。和訳すると「省エネルギー建築であり，実際に外から供給されるエネルギーが境界内での再生可能エネルギーが外部に供給されるエネルギーと等価か低くなる状態であること。」と定義されている。また，DOEの定義ではnet（正味）という言葉は極力避けたと記述されている。

建物だけではなく，Zero Energy Campus（ゼロ・エネルギーキャンパス），Zero Energy Portfolio（ゼロ・エネルギーポートフォリオ），Zero Energy Community（ゼロ・エネルギーコミュニティ）に関しても定義が行われている。また，欧州や日本の定義とは異なり，OA機器に関しては含むとしている。産業界からZEB Readyなどの緩和したZEBの広義の定義を定めて欲しいとの要望があったが，まずは（完全）ZEBの定義を定めてから，これらに拡張を行っていくとの考えのようである。原単位に関しては，全国的に統一した値を一覧表として示している。

一方，Olesenによれば，ASHRAE（米国暖房冷凍空調学会）では建物の消費エネルギーが可視化されることから省エネと再生可能エネルギーを用いたNREL形の定義を支持する考えが多いとのことである。

1.1.5 LEED

2018年11月に米グリーンビジネス協議会（USGBC）は，脱炭素，エネルギー，水，または廃棄物に関する新しい認証制度について発表した[4]。これを達成するためには，建物は，建築設計と建設のためのLEED（BD+C：建物設計と建設，デザインとコンストラクション）または既存建物のLEED（EBOM：既存ビルのオペレーションとメンテナンス）のいずれかの認定を受けなければならない。所有者は，1年分の運用データを示して，ネットゼロ状態が認証機関のよって確認されることになると予想されている。採点方法の詳細についてはまだ検討中であるとしている。例えば，オフサイトの再生可能エネルギーが許容されるかどうかは，まだ明確ではない。

1.1.6 単体建築物からエリアへ

ASHRAE前会長のHayter博士は，NRELの研究員であるが，New Energy Futureという論文[5]を2018年に公表している。単体のZEBから配送電網（グリッド）を通じた省エネとZEBかが重要であると述べている。変動が大きい再生可能エネルギーを有効に利用するためには，建築物もグリッドに対応するものではなければならないと述べている。

【参考文献】
1) NREL："Zero Energy Buildings：A Critical Look at the Definition" 2006年1月
2) Shanti Pless and Paul Torcellini, Net-Zero Energy Buildings:A Classification System Based on Renewable Energy Supply Options Technical Report, NREL/TP-550-44586 June 2010
3) Prepared for the U.S. Department of Energy by The National Institute of Building Sciences, A Common Definition for Zero Energy Buildings, September 2015
4) https://www.buildinggreen.com/newsbrief/net-zero-certification-usgbc
5) ASHRAE, New Energy Future, https://www.ashrae.org/File%20Library/About/Leadership/new_energy_future_web_061518.pdf

図1.1-3　DOEのZEB定義（2015）

1.2 英国の動向

英国は人口約6 300万人，GDPは約38 000ドル／人であり，年間一次エネルギー消費量は，世界の総一次エネルギー消費量の約1.6 %（2010年）を占めるヨーロッパの国である[1]。

日本でいうCASBEEのような建物総合評価ツール，BREEAMを開発し，建物の資産価値を評価する尺度としてきた歴史は世界のどの国よりも古い。また，2012年10月からはGREEN DEALという政策をスタートさせて，建物の省エネルギー化を後押ししている。GREEN DEALはESCO事業に似ているが，国の政策である点に大きな違いがある。また，この政策が施行できたことには，今まで築きあげてきた評価・認証システムなどの基盤システムとそれを動かす人材，社会全体の省エネルギーに対するコンセンサスがあるからだと考えられる。前述した政策の中身を概観していくと，工学的な説明が必要と感じる部分も少なからずあるものの，政策の計画，施行，運用の面でのノウハウはぜひ参考にしたいところである。

ゼロエネルギー（あるいはエミッション）ビルディング（以下，ZEBと記す）について，英国は2016年までに新築住宅をすべてゼロエミッションハウスとするとし，世界的に先駆けた目標を掲げてその実現に取り組んできた。

そこで本節では，英国のZEB化に対する動向とZEB定義の変遷を概観し，ZEB化推進の課題について考察する。

1.2.1 英国のZEBに関する動向

同国の年間CO_2排出量は2005年に約5.6億CO_2トンとされており，そのほぼ半分が建物にかかわる排出量とされている。また，2006年からは国内消費の石油を全量海外からの輸入に依存するようになり，エネルギーセキュリティーに対する関心は高まっている。

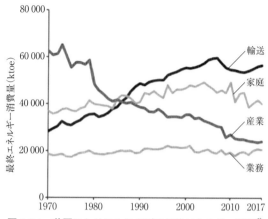

図1.2-1 英国におけるセクタ別の最終エネルギー推移[2]

図1.2-1に同国におけるセクタ別最終エネルギー推移を示す。産業部門の大きな減少に対して運輸部門と家庭部門の増加が目立つ。2016年度の部門別エネルギー消費比率は，運輸部門は40 %，家庭部門は29 %，産業と業務部門が31 %であり，家庭部門のエネルギー消費量は運輸部門につぐエネルギーの消費先であることがわかる。

このような背景をもとに，建物の省エネルギー化に関する議論が加速し，2006年12月には政府のBuilding a Greener Future協議会にて10年以内に新築の住宅に対してゼロカーボン住宅を達成する計画が打ち出された。また，この計画達成に向けて，建築関連法規を段階的に強化していくことが提案された。

また，非住宅建物においては，2019年までにすべての非住宅建物をZEB化するという達成目標が打ち出された。

上記の政策に基づき2007年7月にはゼロカーボン住宅の定義が示された。その後，2014年までに数回にわたって定義の見直しや緩和条件が設けられた。その経緯については次節にて詳しく述べる。

2015年6月には，ゼロカーボン住宅の実現目標を事実上撤回，目標年としていた2016年を前

にしてタイムスケジュールの見直しを表明するに至った。

2016年初頭にはPVへの補助金を大幅削減し，同年4月には，Green Deal 政策失敗が報じられるなど，ゼロカーボン住宅の実現を支援する政策がつぎつぎと廃止に追い込まれ，ゼロカーボン政策の幕引きとなった。

以上，英国のZEB動向について2006年のゼロカーボン化の提唱当初からの動向を概観した。ZEBを定義し，その実現過程において現実味ある定義の在り方を探ってきたが，最終的にはZEB化を事実上撤回した経緯をたどった。

このことは，ZEB化推進の難しさを浮き彫りにした出来事であり，ZEB化推進を行うにあたって多くの教訓を残している。

1.2.2 英国のZEB定義とその変遷

ここでは，2007年に示された英国のZEB定義とその後の2014年までの変遷を概観する。

英国ではゼロカーボンを目指し，ZEBといえば，ゼロエミッションビルディングを意味する。EU諸国は，EPBD(Energy Performance of Buildings Directive)の基本方針に従い，一次エネルギーを指標としている国が多いが，英国では省エネルギーをCO_2排出量でカウントする方法を採用していることに起因していると考えられる。

2007年7月にゼロカーボン住宅の定義がなされた[2]。このときの定義ポイントは，住宅内のRegulated Energy(法規制対象のエネルギーと記す。暖冷房，換気，照明，給湯が該当する)に加えてUnregulated Energy(法規制対象外エネルギーと記す。家電，調理，洗濯が該当する)を含むすべてのエネルギー消費が対象となること，また，オンサイトでゼロを実現することであった。

上記のZEB定義に基づいたZEBを10年以内に達成する目標を掲げてその取り組みは始動したが，後にこれらの定義は修正されることとなる。

2009年後半までに，オンサイトでのゼロカーボン化は諸条件の観点から実現が非常に難しいことが確認されると，オンサイトという境界条件に緩和条件を設けることとなった。その緩和条件とは，Allowable Solution(以後，みなし削減と記す)の導入である。これはCarbon Fund(以後，カーボン基金と記す)などを支払えば，排出量削減として認めてもらう仕組みである。ただし，もっぱらみなし削減に頼ることを防ぐために，外皮性能基準の導入，カーボンコンプライアンス(オンサイトでのカーボン削減義務)を設定した。このとき，カーボンコンプライアンスは住宅の法規制対象エネルギーを70％削減することとした。つまり，オンサイトでの低炭素手法を駆使して従来に比べて70％の削減を達成しなければならない。その後，2011年2月にはカーボンコンプライアンスは見直され，住宅タイプ別(戸建住宅，二戸建住宅，テラスハウス，アパート)に44～60％と緩和されることとなった。

同年(2011年)の3月には対象とするエネルギー用途を修正することとなった。法規制対象外エネルギーをゼロカーボン化の対象から除外することとし，法規制対象エネルギーのみを対象とする，ゼロカーボン住宅の定義を大きく変える変更を行った。EPBDによると法規制対象エネルギーのみをゼロエネルギー化の対象とし，家電などのエネルギー消費量は各国の裁量に委ねており[3]，上記の変更は現実的な選択肢と考えられる。

その後の2014年6月に，みなし削減について政府見解を公表し，4つの選択肢を示すこととなる。

以上のように，英国は2007年ZEBの定義を示してから，目標達成時期や実現可能性をにらみながら定義の見直しや緩和条件を追設してきた。

法規制対象エネルギーのみをゼロカウントの対象とする基本的な枠組みとみなし削減という緩和策はZEB化推進に際して参考になるポイントであろう。次節では，ゼロカーボン化の戦略を紹介する。

1.2.3 ゼロカーボンに向けた戦略とみなし削減

図 1.2-2 にゼロカーボン住宅に向けた戦略一例を示す。なお、二戸建住宅の例を示す。2006 年基準を満たす住宅において、法規性対象可エネルギーの CO_2 排出量は 28 $kgCO_2/m^2yr$ と算定される。これに対してカーボンコンプライアンスは 60 % であるので、外皮性能基準を満たしたうえで、さらにオンサイトでの低炭素技術を採用して 17 kg/m^2yr の CO_2 排出を削減しなければならない。その結果、残りの 11 kg/m^2yr に対しては、みなし削減を調達してゼロカーボン化する。みなし削減はカーボン基金の支払や地域暖房システムへの投資などがあり、これらによって集められた資金は低炭素技術開発や普及促進の投資資金となる。このように資金の流れを組み込んだシステムはユニークな政策のひとつといえる。

このことは、ZEB 化の実現は難しい課題であることを示唆するものであり、これから ZEB 化を推進するにあたり学べるものは多い。

次に、ゼロカーボン化に向けた戦略を概観した。外皮断熱性能やエネルギー効率の向上、再生可能エネルギー利用が主要な取り組みであり、みなし削減の調達はゼロカーボン達成の現実的なソリューションを提供することがわかった。

【参考文献】
1) Key World Energy Statistics 2012, International Energy Agency, 2012
2) Energy Consumption in the UK, Department for Business, Energy & Industrial Strategy, July 2018
3) K. Voss, I. Sartori, R. Lollini, Nearly-zero, Net zero and Plus Energy Buildings, REHVA Journal, Dec. 2012
4) Building a Greener Future:policy statement, Department for Communities and Local Government, London, UK, July 2007

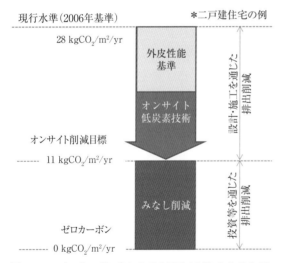

図 1.2-2 ゼロカーボン化に向けた戦略（文献 4）より作成）

1.2.4 おわりに

英国の ZEB に対する考え方や ZEB 定義に関するこれまでの動きを概観した。2006 年のゼロカーボン化の提案当初から、達成時期と現実課題をにらみつつ、定義の修正を行ってきたことがわかった。また、約 10 年後の 2015 年にはゼロカーボン化の目標を事実上撤回することとなった。

1.3 EU諸国の動向

1.3.1 はじめに

欧州では比較的早い段階から地球環境問題に対する意識が高かった。近年のエネルギー危機は，欧州をより一層ゼロ・エネルギー・ビルの推進に駆り立たせているように思われる。このような状況を受けEUでは，2010年に改訂された建物のエネルギー性能にかかわる欧州指令（Energy Performance of Building Directive：EPBD）EPDP改訂において，2020年までにすべての新築建築をニアリー・ゼロ・エネルギーとすることを宣言した。このような状況の下で，その目標に合わせ，欧州各国は独自の具体的目標を立てるとともに，欧州の空調換気設備に関する学協会（Federation of European Heating, Ventilation and Air Conditioning Associations：REHVA）では，その目標に合わせ，学協会の立場から，ゼロ・エネルギー・ビルの定義とその評価方法の提案を行っている。

欧州では，その定義やフレームワーク，実際の政策への落とし込みなど世界の他の国々に先駆けて整備しつつある。本稿では欧州におけるゼロ・エネルギー・ビルの取り組みについてその概要を報告する。

1.3.2 EU諸国のエネルギー事情

元々ヨーロッパは，埋蔵量が豊富な石炭とオイルショック以後に開発された北海油田・ガス田からの供給により，エネルギー自給率は高く，1990年代のエネルギー自給率は50％を超えていた。しかし，その後の天然ガスへの燃料転換，北海ガス田の生産能力低下等により，エネルギー自給率は低下を続けており，2030年には30％以下となり，残りの70％をロシア，カスピ海，中東など安全保障上の問題を抱える地域にエネルギー供給を依存せざるを得ない状況に直面すると予想されている[1]。

とくに，ロシアからの天然ガス・パイプラインは，その容量の8割程度がウクライナ経由と言われており，2006年に起きたロシア・ウクライナガス紛争により，ウクライナ向けのガス供給量が削減され，その結果，ヨーロッパ全体へのエネルギー供給に大きな打撃を与えた。これによって，エネルギー供給の脆弱さが露呈し，欧州諸国の化石燃料依存からの脱却，エネルギー自給率向上に対する意識が急激に高まったことが想像される。

1.3.3 EUの省エネルギー政策

2006年に欧州委員会により省エネルギー行動計画（Action Plan for Energy Efficiency）が発表され，ここで，10の重点対策分野が示された。その中で「建築物のエネルギー効率規制と超低エネルギー消費建築物の普及」が早期に対策すべき分野であると位置づけられた。

また，2007年にはEU新エネルギー・気候変動統合政策が発表された。これは，「20 - 20 - 20」政策とよばれ，2020年までに次の3つの目標を掲げたものである。

① 省エネルギー政策：2020年に対策をしなかったケースからの最終エネルギー消費20％削減
② 再生可能エネルギー政策：2020年までに最終エネルギー消費の20％を再生可能エネルギーとする
③ 気候変動政策：2020年に1990年比温室効果ガス排出量20％削減

1.3.4 EPBD改訂とゼロ・エネルギー・ビル

2002年12月16日に，建物のエネルギー効率に関する欧州議会および評議会において，EPBD

が採択された。そこでは，加盟国によって実施される以下の要求とともに建物のエネルギー性能の改善の促進を設定している[2]。

・総合的な建物のエネルギー性能の計算手法に関する一般的枠組
・新築建物のエネルギー性能最低要件の採用
・大規模改修が予定されている大規模な既存建物のエネルギー性能最低要求水準の採用
・建物のエネルギー性能の認証
・生産後15年以上が経過したボイラが設置されている暖房設備の評価および，建物におけるボイラと空調システムの定期点検
・建物の認証をするための専門家および検査官の必要性，付随する推奨要件の起草，およびボイラと空調の検査

さらに2010年5月19日には，EPBDは下記のように改正公布された[3]。改正の要点は下記の通りである。

・2020年12月31日までに，EUのすべての新築建物は『概ねゼロ (nearly zero)』エネルギーを達成しなければならない。また，使用するエネルギーは『非常に大きな程度』再生エネルギーとする
・2018年12月31日までに，すべての公共建築は，『概ねゼロ (nearly zero)』エネルギーを達成しなければならない
・エネルギー消費の算定には一次エネルギーを用いる

等である。

このように，EPBDはかなり強制力をもった指令となっており，具体的にZEB実現のためのロードマップを示している。しかしながら，『nearly zero』の具体的な定義については触れておらず，EU加盟国の状況に応じて定めてよいこととされている。EU諸国は各国によって経済状況やエネルギー事情が異なるため，それを考慮して各国で独自の目標設定ができるしくみとしたと考えられる。ただしエネルギー消費量の計算方法のルールについては，欧州各国で共通した手法を採用することが求められており，例えば，建物のエネルギー消費量は従来，欧米諸国では建物側だけで評価した二次エネルギー消費量で表す場合が多かったが，改訂EPBDでは，供給エネルギー源まで遡った一次エネルギー消費量で表すこととしている。

1.3.5 REHVAにおけるゼロ・エネルギー・ビルの定義[5]

REHVAでは，ゼロ・エネルギー・ビルの定義と評価方法についてのレポートがまとめられている（図1.3-1）。そこでは，ネット・ゼロ・エネルギー・ビル (net ZEB) は1年間を通じた非再生可能エネルギーの使用総量がネットでゼロである（＝0 kWh/m²年）と定義される。またニアリー・ゼロ・エネルギー・ビル (nZEB) は，「技術的，合理的に実現可能であり，年間のエネルギー使用が0 kWh/m²年以上であるが，その値が一次エネルギー換算でそれぞれの国の非再生可能エネルギーの制限値を超えない建物であり，エネルギー効率化と再生可能エネルギー利用を組み合わせた建物」と定義されている。nZEBの定義において，それを規定する境界は基本的にはその建物の建つ敷地境界としている（図1.3-2）。また近年では，単独の敷地を越えた近隣区域におけるnearby ZEBの定義の試みもなされている（図1.3-3）。

"REHVA nZEB technical definition and system boundaries for nearly zero energy buildings"
図1.3-1　REHVAレポート[5]

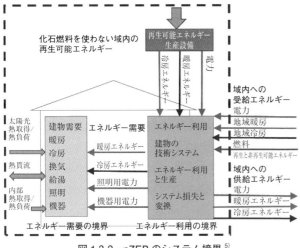

図 1.3-2 nZEB のシステム境界[5]

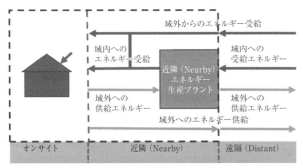

図 1.3-3 REHVA における ZEB の境界の定義[5],[6]

1.3.6 REHVA による再生可能エネルギー利用率の提案

ZEB の直接的定義とは異なるが，欧州では再生可能エネルギー指令が 2009 年に発行され，建築物にも再生可能エネルギーを積極的に導入することが提案されている。そのために REHVA では再生可能エネルギー利用率（Renewable Energy Ratio：RER）を定義し，再生可能エネルギー導入のための指標としている。再生可能エネルギーの中には，太陽熱，太陽光発電，風力と水力発電，ヒートポンプで環境熱源から取得された再生エネルギーおよびフリークーリング，再生可能燃料とオフサイト再生可能エネルギーが含まれている。再生可能エネルギー利用率 RER_p は次で定義される（図 1.3-4）。

$$RER_p = \frac{\sum_i E_{ren,i} + \sum_i \left(\left(f_{del,tot,i} - f_{del,nren,i} \right) E_{del,i} \right)}{\sum_i E_{ren,i} + \sum_i \left(E_{del,i} f_{del,tot,i} \right) - \sum_i \left(E_{exp,i} f_{exp,tot,i} \right)} \quad (1)$$

ここで，

$E_{ren,i}$ はエネルギー種類 i によって，敷地内あるいは，近隣で生産された再生可能エネルギー，kWh／年；

$f_{del,tot,i}$ は想定境界外から受け取るエネルギー種類に対するトータル一次エネルギー換算係数（−）；

$f_{del,nren,i}$ は想定境界外から受け取るエネルギー種類に対する非再生可能一次エネルギー換算係数（−）；

$f_{exp,tot,i}$ はエネルギー種類 i に対して，想定境界外へ供給するエネルギーによって補正された境界外から受け取るエネルギーのトータルの一次エネルギー換算係数（−）

$E_{del,i}$ はエネルギー種類 i によって，想定境界外から受け取るオンサイトあるいは近隣エネルギー，kWh／年；

$E_{exp,i}$ はエネルギー種類 i に対して想定境界外へ供給されるオンサイトあるいは近隣エネルギー，kWh／年．

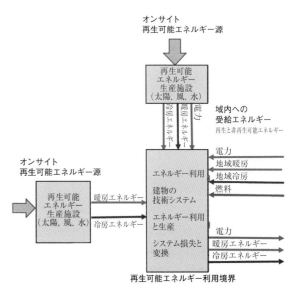

図 1.3-4 再生可能エネルギー利用率計算のための概念図[5]

1.3.7 EU諸国におけるZEBの実例

REAVAで紹介されたヨーロッパにおける先進的な取り組み事例を2つ紹介する。

図1.3-5はフランスのElithis Towerというオフィスビルで，特徴的な外装による日射負荷の低減，自然採光，チルドビーム，夜間自然換気等により，一次エネルギー消費量を97 kWh/m²年まで削減し，太陽光発電量40 kWh/m²年を差し引いて，ネットで57 kWh/m²年というきわめて小さいエネルギー消費量の実績値（2009年）となっている。

図1.3-6はフィンランドのヘルシンキ環境センターで，冷房排熱回収や外気を使って冷却するフリークーリングなど気候特性に適した手法が採用され，一次エネルギー消費量は97 kWh/m²年，太陽光発電量12 kWh/m²年を差し引いてネット85 kWh/m²年となっている。

City of Helsinki Media Bank, photographer:Rhinoceros Oy

図1.3-6　ヘルシンキ環境センター[8]

【参考文献】
1) 欧州共通エネルギー政策の実情と問題点, 戒能 一成　経済産業研究所, 2008
2) Official Journal of the European Communities, 4.1. 2003
3) Official Journal of the European Communities, 18.6. 2010
4) Lennart Jagemar, Michael Schmidt, Francis Allard, Per Heiselberg and Jarek Kurnitski, "Towards nZEB - some examples of national requirements and roadmaps", The REHVA European HVAC Journal, vol.48, issue 3, 2011.
5) Jarek Kurnitski ed., REHVA nZEB technical definition and system boundaries for nearly zero energy buildings, REHVA Report No.4, 2013
6) prEN ISO/DIS 52000-1：2015（E）
7) Oscar Hernandez, "Elithis Tower in Dijon, France", The REHVA European HVAC Journal, Vol.48, issue 3, 2011.
8) Jarek Kurnitski, "nZEB office building, The REHVA European HVAC Journal, vol.49, issue 2, 2012

Elithis Tower in Dijon-Architect Arte Charpentier
ⓒ Laurent Chaintreuil − ⓒ Com'air − ⓒ Govin Sorel − ⓒ Tropism Communication

図1.3-5　Elithis Tower[7]

1.4 アジア諸国の動向

1.4.1 中国の動向

中国のZEBへの取り組みは，欧米や日本に比べやや遅れていたが，この数年は展開を加速させている。2017年2月には「13次五カ年計画」において，中国の建築・建設の管理を担当する国家行政機関である住宅都市農村建設部より，次の通り具体的な目標が示された。「Ultra Low/Nearly Zero Energy Building(NZEB)を積極的に推進し，2020年までには1 000万 m^2 を目指す。」

発表時点のNZEBは約50万 m^2 であり，野心的な目標といえる。中国におけるZEBは，**図1.4-1**の通り定義されており，わが国同様，エネルギー性能を中心とした段階的な分類となっている。当面はUltra Low/NZEBの普及に注力する施策である。

図 1.4-2 中国の ZEB 事例集

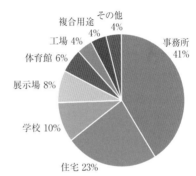

図 1.4-3 NZEB の用途分類

図 1.4-1 中国における ZEB の分類定義

具体事例については，例えば，2017年7月に出版された中国のZEB事例集「NEARLY ZERO ENERGY BUILDING COLLECTION」[1] (**図1.4-2**)などにとりまとめられており，本書では37事例が紹介されている。参考までに用途内訳を示すが，オフィスビル他，住宅や学校など幅広い取り組みがなされているようである（**図1.4-3**）。

中国のZEB普及の道筋を振り返ってみると，初めてのNZEBとしては2010年の上海万国博覧会でのUK Zero Carbon MuseumとHamburg Houseである。中国企業による設計という意味では，同じ2010年竣工の，「秦皇島在水一方」大型集合住宅が初めてのNZEBといわれている。

2011年には中国とドイツの共同プロジェクトである中独エコパークの建設が始まった。そして，2014年6月に竣工したCABR NZEB棟（**図1.4-4**）は，中国ZEB事業のリーダーである中国建築科学研究院のオフィスであり，中国の代表的なNZEBとして最も知られている。地上4階，延床面積4 025 m^2 の規模である。計画時のエネルギー

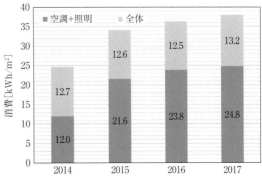

図 1.4-4 CABR NZEB のエネルギー実績

消費量の目標値が25 kWh/m²・年であり，34～38 kWh/m²・年の実績で運用がなされている。

最後にZEBに関する，中国のロードマップを図1.4-5に示す。公共建築用・民間建築用省エネルギー設計基準（GE50189，JGJ-26）を指標として，ZEBの段階的普及ロードマップが示されている。第一段階として，Ultra-Lowの普及，第二段階としてNZEBの普及，最終がZEBの普及である。

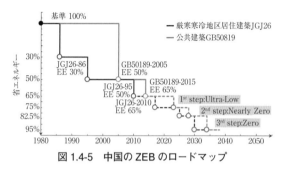

図1.4-5　中国のZEBのロードマップ

1.4.2　韓国の動向

韓国における既存の省エネルギー建築施策としては，建物全体のエネルギー消費量に関する基準として，表1.4-1のように年間の一次エネルギー消費量に応じて住宅と非住宅別に10段階で評価される。最上位（1+++）は，非住宅の場合，年間一次エネルギー消費量80 kWh/m²・年以下と定めている。

そして，近年新たにZEBに関する評価が定められた（表1.4-2）。エネルギー消費量の基準とエネルギー生成量の基準別に5段階で評価される。一次エネルギー消費量は80 kWh/m²・年以下であることが共通条件として課せられ，エネルギー消費に対するエネルギー生成量の比率によりnZEB☆～nZEB☆☆☆☆☆まで段階分けされる仕組みである。達成目標として住宅では2025年，業務ビルでは2030年にすべての新築建物をZEB化（nZEB☆以上）すると定めている。

表1.4-1　韓国の建物エネルギー評価の基準

レベル	評価基準 [kWh/m²・年]	
	住宅	非住宅
1+++	< 60	< 80
1++	60 - 90	80 - 140
1+	90 - 120	140 - 200
1	120 - 150	200 - 260
2	150 - 190	260 - 320
3	190 - 230	320 - 380
4	230 - 270	380 - 450
5	270 - 320	450 - 520
6	320 - 370	520 - 610
7	370 - 420	610 - 700

韓国のZEBの具体事例として，以下の2件を紹介する。

(1)　国立環境研究所研究棟 Carbon Zero Building

本建物は韓国国立環境研究院（NIER）敷地内にCarbon Zero Buildingとして2011年4月に建設された研究棟である。地上2階，地下1階，延床面積2 500 m²の規模で30名程度の職員が働くオフィスとして利用されており，壁面のBIPVが特徴的な建物である。実績として，生成エネルギー（太陽電池・地中熱含む）が162 203 kWh/年，消費エネルギーが158 127 kWh/年でZEBを実現している（竣工後4年間の実績値の平均）。

表1.4-2　韓国におけるZEB評価の分類

評価	基準
nZEB ★★★★★	建物のエネルギー評価（表1.4-1）においてレベル：1+++を満たし，かつ，一次エネルギー生成量が一次エネルギー消費量の100%以上である建物
nZEB ★★★★	建物のエネルギー評価においてレベル：1+++を満たし，かつ，一次エネルギー生成量が一次エネルギー消費量の80%以上である建物
nZEB ★★★	建物のエネルギー評価においてレベル：1+++を満たし，かつ，一次エネルギー生成量が一次エネルギー消費量の60%以上である建物
nZEB ★★	建物のエネルギー評価においてレベル：1+++を満たし，かつ，一次エネルギー生成量が一次エネルギー消費量の40%以上である建物
nZEB ★	建物のエネルギー評価においてレベル：1+++を満たし，かつ，一次エネルギー生成量が一次エネルギー消費量の20%以上である建物

図 1.4-6　国立環境研究所研究棟 Carbon Zero Building

(2) ソウルエナジードリームセンター

本建物は，2012年9月にエネルギーの大切さ，エネルギーの削減・生産方法について，とくに若者への教育の場として建設された建物である。地上3階，延床面積3 762 m^{2}の規模で，季節ごとの太陽高度を考慮した斜めの外壁が特徴的な建物である。実績として，生成電力量（敷地内駐車場設置太陽光発電を含む）が360 000 kWh/年，消費電力量が170 000 kWh/年（＝約45 kWh/m^2・年）で大幅なPEBを実現している。建物主用途が展示施設であり，年間エネルギー消費量は少ない。

図 1.4-7　ソウルエナジードリームセンター

1.4.3　東南アジア諸国の動向

東南アジア諸国のZEB化動向として，東南アジア諸国には日本のように四季が明確な地域から常暑地域までさまざまな気候条件の国があるが，その中からシンガポールとマレーシアについて，両国の省エネ関係の政策動向を紹介する。いずれの国も自国技術のアピールも目的として，国レベルの強力なリーダーシップにより進めている。

(1) シンガポールの動向

シンガポールでは，エネルギー密度（エネルギー消費量原単位）の政策削減目標を2020年に20 %，2030年に35 %と定め，実現に向けたサステナブル建築マスタープランを策定している。また，建築物の環境性能を評価するシステムとしてグリーンマーク制度[4]（2005年より建築建設局（BCA）が開発・運用）があり，2030年までにすべての建築物の80 %でグリーンマークの最低基準達成することを目標に掲げており，今後，さらに強化される予定である。

具体事例としては，BCAアカデミーがあり，学校用途として先進的なZEBへの取り組みである。

(2) マレーシアの動向

マレーシアでは，2007年に非住宅建築物における「再生可能エネルギーの導入および省エネに関する規制」を制定し，LEEDを参考にシルバー，ゴールド，プラチナの認証を行う独自の環境ラベリング制度「グリーンビルディングインデックス」を定めている。

具体事例としては，LEO（Low Energy Office，2004年竣工）やダイヤモンドビル（Diamond Building，2010年竣工），GEO（Green Energy Office，2007年竣工）などが紹介されている。

以上，東南アジア諸国の動向について概説した。シンガポールでは国策としてZEBを推進し，実績としてネット・ゼロ・エネルギーを達成することにより，自国技術のアピールと，国内技術開発の活性化につなげている。その他，ASEAN各国の省エネビルに関する政策[5]を**表 1.4-3**に参照しておく。

表 1.4-3　ASEAN 各国の省エネビルに関する政策

国	政策・法律名称	国	政策・法律名称
シンガポール	「シンガポール・グリーンビルディング・マスタープラン(Singapore Green Building Masterplan)」	インドネシア	「建築法(Law No.28/2002 on Buildings)」
	「グリーンマーク制度(BCA Green Mark Scheme)」		「政府規則(Government Regulation N0.36/2005)」
マレーシア	「低炭素都市フレームワークと評価システム(Low Carbon Cities Framework & Assessment System)(2011)」		「グリーンシップ(GRFENSHIP)」
	「非住七建築物における省エネルギーと再生可能エネルギー利用に閲するコード(Code of Practice on Energy Efficiency and Use of Renewable Energy for Non-Residential Building, MS1525：2001；2007；2014)」		「ジャカルタグリーンビル条例(Governor Decree No.38/2012 on Green Building)」
			「国家グリーンビルディングガイドライン(Ministerial Regulation 02/2015 on National Green Building Guidelines)」
			「バンドン市長規則(Bandung Mayor Regulation No.1023/2016 on Green Building)」
	「Uniform Building By-Laws(UBBL) 2012」	ベトナム	「エネルギー効率改善と省エネに関する命令(Decree No.102/2003/ND-CP on Thrifty and Efficient Use of Energy)」
	「グリーンマーク(Green MARK)」		
	「グリーンビル・インデックス(Green Building Index)」		「ベトナム省エネルギービルディングコード(Victnam Energy Efficiency Building Codes No.09/2013/QD-BXD)」
	「建築物のグリーンパフォーマンス評価システム(Green Performance Assessment System In Construction：GreenPASS)」	フィリピン	―
		ミャンマー	「ミャンマービルディングコード(Myanmar National Building Code)」
	「グリーン評価(Panarafan Hijau)」	ラオス	「ビルディングエネルギーコード草案(Building Energy Code)」
	「マレーシア炭素削減及び環境持続可能性ツール(MalaySian Carbon Reduction & Environmental Sustainability Tool(MyCREST))」	カンボジア	「ビルのエネルギー効率政策(Energy Efficiency Policy for Building)」
	「マラッカグリーンシール(MelakaGreen Seal)」	ブルネイ	「ビルのガイドラインと要件(Building Guidelines and Requirements)」
	「Leadership in Energy & Environment Design (LEED)」		
	「GreenREのグリーンビル認証(GreenRE)」		
	「パッシブ設計建築物における省エネ技術ガイドライン(Bullding Energy Efficiency Technical Guideline for Passive Design)」		
	「建設業界変革プログラム(Construction Industry Transformation Programme 2016-2020)」		
タイ	「建築物エネルギー規準(Building Energy Code)」		
	「建築物の種類又は規模，省エネルギー建築物の設計における標準，規準及び手続きに関する省令(Ministerial Regulation Prescribing type or size of building and standard, rule and procedure for designing of energy conservation building B.E.2552)」		
	「指定ビル及び工場におけるエネルギー管理の強制プログラム(Compulsory Energy Management Program for Designated Buildings and Factories)」		
	「タイグリーンビルディング認証度(Thai's Rating of Energy and Environmental Sustainability, TREES)」		

【参考文献】

1) NEARLY ZERO ENERGY BUILDING COLLECTION, China Passive Building Alliance, 2017.7
2) http://nzeb.kict.re.kr/en/zeroEnergy/system.php
3) http://nzeb.kict.re.kr/en/zeroEnergy/define02.php
4) https://www.bca.gov.sg/greenmark/green_mark_buildings.html
5) 平成29年度新興国等における省エネルギー対策・再生可能エネルギー導入促進等に資する事業(ASEANにおける省エネビルのモデル検討調査)報告書，三菱総合研究所, pp.47-48, 2018.2

1.5 日本の動向

1.5.1 ZEB 普及推進の背景

2016年11月に発効したパリ協定において、日本は2030年度までに2013年度比26％の温室効果ガスの削減目標を掲げている。この目標達成に向けて家庭部門・業務部門にはそれぞれ約40％の厳しい削減目標が掲げられている。

業務部門での省エネ目標達成のために、大きな期待が寄せられているのにZEBの普及がある。政府は2020年までに新築公共建築物をZEBに、2030年までに新築建築物を平均でZEBにするとのロードマップを平成24年に公表している。この目標を達成するために補助金による実証事業を始めとするさまざまな制度開発を進めており、以下ではそのねらいと成果について紹介する。

1.5.2 ZEB 普及のための各種施策

(1) ZEB ロードマップ

ZEB 普及のために克服すべき課題を政府は図1.5-1のようにまとめている。認知度を向上させるための情報発信と実例の蓄積、ZEB実現のノウハウの共有、ZEB実現のための相談窓口の確立などが必要としている。政府補助金によるZEB実証事業を通して、建物用途ごとにZEB実現のノウハウを蓄積し、ガイドラインを作成すること、ZEBであることの認証や広報を通して、ZEB実現の意義を広く認知させること、さらにはZEBを実現するノウハウを有する技術者集団を養成することにより、最終的には自律的なZEBの普及を目指すものである。

(2) パンフレットと設計ガイドライン(図1.5-2)

環境共創イニシアチブ（SII）のホームページ（http://sii.or.jp/zeb/zeb_guideline.html）から、パンフレットと設計ガイドラインがダウンロード可能であり、これまでのZEB実証事業への応募案件を考慮して、中小規模事務所ビル、老人ホーム・福祉ホーム、スーパーマーケットを当面対象

ZEB設計ガイドライン

| 中規模事務所編 | 小規模事務所編 | 老人ホーム・福祉ホーム編 | スーパーマーケット編 |

設計技術者向け
- ZEB化のための技術の組み合わせ
- 当該技術の省エネ効果、追加コスト等
- 実際の設計事例

ZEBパンフレット

建物オーナー向け
- ZEB化によるメリット（省エネメリット、執務環境の改善等）
- ZEBの達成方法、実際の設計事例
- 活用可能な支援制度道

図1.5-2　ZEB パンフレットと設計ガイドライン[1]

図1.5-1　ZEB 普及に向けたロードマップ[1]

とするが（平成29年時点），順次用途拡大を計画している。パンフレットは施主向けに，建物の企画・構想段階でZEBに取り組むきっかけを与えることと，専門家との間のコミュニケーションを促すツールを意図したものである。また，設計ガイドラインは日本初のZEB実現マニュアルとして，省エネとコストの全体像の把握，技術上の留意点の指摘，Webプログラムでの反映方法と省エネ計算，事例集などが盛り込まれており，ZEB実現のためのノウハウが集約されている。

(3) ZEB リーディング・オーナー制度（図1.5-3）

エネルギーコスト以外のZEBの価値を高める仕組みとして導入されたものであり，ZEBオーナーである事業者であることを国が認知することによって，事業者のCSRとしての評価が高まり，ひいてはZEBのブランド化に寄与することを期待している。ZEBのオーナーかZEBの建設を予定していること，および2030年までの中長期のZEB導入計画を有し，それを公表していることがZEBリーディング・オーナー登録を行う上での要件となっており，登録情報はSIIから公表される。また，平成29年度のZEB実証事業から，補助金事業者はこの制度への登録が必須となった。

(4) 省エネラベリング（図1.5-4）

ZEBの認知度を高めることを目的に，BELSではZEBであることを表示することができるようになっている。ZEB実証事業の補助事業者は省エネ性能の第三者認証を受けることが必須の要件としている。

(5) ZEB プランナー制度（図1.5-5）

ZEB実現に向けた業務支援ができる事業者を登録・公表する仕組みである。一般に向けた相談窓口を有し，設計，施工，コンサルティング等の業務支援を行い，その活動を公表するものをZEBプランナーと認定し，設計会社，設計施工会社，コンサルティング会社等（複数可）として登録する。ZEBプランニング受注に向けた取り組み計画を有すること，ZEBプランニング実績を公表すること，BEI 0.9以下の省エネ建築物のプランニング

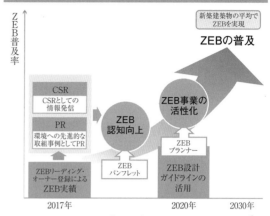

図1.5-3　ZEB リーディングオーナー制度のねらい[1]

図1.5-4　ZEB のラベリング制度[2]

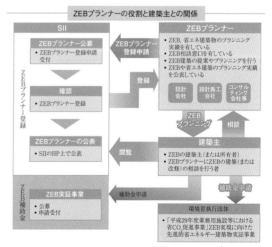

図1.5-5　ZEB プランナー制度の役割[1]

実績を有することが認定の条件となっている。平成29年度のZEB実証事業から，これまで補助申請実績の多かった建物用途，延床面積，地域に対しては，ZEBプランナーがかかわっていることが申請をするための必須要件となり，ZEBプラン

ナーの裾野が広がっていくことが期待されている。

1.5.3 ZEB 実証事業

(1) ZEB 実証事業の推移

経済産業省資源エネルギー庁が所轄し，SII が執行する ZEB 実証事業と名付けられた補助金制度は平成 24 年から継続的に実施されている。当初は ZEB の定義が定まっていなかったことから，それ以前の省エネビルへの補助事業を引き継いだものであった。一次エネルギー消費量の削減率を，レファレンスに対して新築，既築でそれぞれ 30 %，25 % とすることが申請の要件であり，省エネ計算も CEC によるものであった。要求する省エネ率を 50 % としたのは平成 27 年以降（ただし，創エネ効果を含む）であり，平成 28 年以降は図 1.5-6 に示す ZEB ロードマップ検討委員会の定義に従う ZEB ファミリーであることが条件となった。図の ZEB チャートでは，横軸にその他消費量と創エネを含まない一次エネルギー消費削減率を，縦軸に創エネによる削減率を，省エネ基準値をレファレンスとして設計計画値で表したものである。創エネを含まないで 50 % 以上の消費量削減を実現することが ZEB Ready の条件であり，これに創エネも加えて 75 % 以上削減を Nearly ZEB，100 % 以上削減を ZEB とし，これらを総称して ZEB ファミリーと呼ぶ。平成 28 年度より 2 000 m² 以下の業務用建物および地方公共団体建築物を対象とする環境省 ZEB 実証事業が立ち上がった。

(2) ZEB 実証事業補助対象建物概要

平成 28，29 年度経産省＋環境省 ZEB 実証事業における採択案件 76 物件について ZEB チャートにプロットした結果を図 1.5-6 に示す。大半の 65 物件が ZEB Ready であり，Nearly ZEB が 5 物件，ZEB は 6 物件となった。Nearly ZEB 以上はすべて事務所である。また，ZEB の 6 物件はいずれも 2 000 m² 未満の小規模事務所であった。建物用途・規模による ZEB 達成の難易度の違いが現れる結果となった。また，省エネルギーのみで削減率が Nearly ZEB を達成できたものはなく，Web プログ

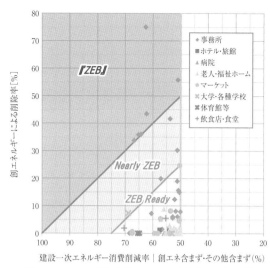

図 1.5-6　ZEB 実証事業における建物省エネ性能[1]

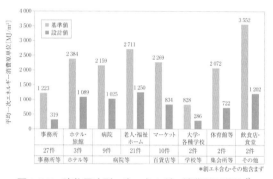

図 1.5-7　建物用途別一次エネルギー消費量原単位[1]

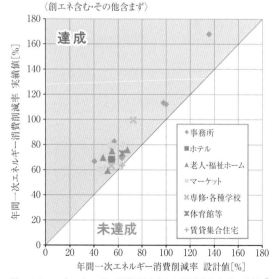

図 1.5-8　一次エネルギー消費量削減率の設計値と実績の比較[1]

ラムによる省エネルギー性能評価の限界を示唆する結果となっている。建物用途別に一次エネルギー消費量原単位を基準値と比較した結果を図 1.5-7 に示す。なお，ここでは基準値，設計値とともにその他消費量は含まず，また計算値では創エネに

よる削減を考慮している。27物件中21物件で太陽光発電による創エネを実施している事務所では原単位が基準に比べて著しく小さくなっている。

(3) 設計値と実績値の比較

図1.5-8に平成25，26年実証事業55物件の中でエネルギー計算手法に平成25年基準以降の計算方法が用いた24件について，実施状況報告に基づいて一次エネルギー消費削減率の設計値と実績（創エネ含む，その他消費を含まず）を比較した結果を示す。ハッチ領域のプロットが設計値を達成した物件であるが，24物件すべてについて達成していることが明らかであり，Webプログラムによる一次エネルギー評価に一定の妥当性があることが確認できる。

(4) ZEB実現に用いられている要素技術

表1.5-1に平成24年度から28年度までの経産省ZEB実証事業において，事務所，病院，福祉施設，マーケット，その他のZEBファミリー建物（49物件）が，どのような省エネシステムを導入しているかをとりまとめた結果を示す。建物用途によらず広く採用されているのは，外皮断熱（PAL*削減率10％以上），高性能ガラス，高効率空調（と

くにビル用マルチ空調機），全熱交換システム，高効率照明，省エネ照明制御システム，運用時チューニング，太陽光発電であり，事務所では日射遮へい，病院・マーケットではヒートポンプ給湯器，高効率トランスの導入事例が多い。ZEB実現のために導入すべき設備を検討する上で，参考となる。

1.5.4 今後の課題

政府が設定した業務部門の省エネルギー目標達成のために，補助金を活用したZEB普及のための施策について概説した。ZEBを計画する上でパンフレット，ガイドブック，プランナー制度など優れたスキームが構築されていると評価できるものの，ZEBの価値を一般が認識することによるブランド化が最終的には普及の鍵を握るとみられ，リーディング・オーナー制度など施主を意識した施策の浸透を注視していく必要がある。

【参考文献】
1) ZEB実証事業調査発表会2017，主催 経済産業省・資源エネルギー庁，執行団体 環境共創イニシアチブ
https://sii.or.jp/zeb29/conference.html
2) ZEB実証事業調査研究発表会2016，主催 経済産業省・資源エネルギー庁，執行団体 環境共創イニシアチブ
https://sii.or.jp/zeb28/conference.html

表1.5-1　ZEB実現に用いられる要素技術[2]

項目	設備・システム例	事務所 $n=16$	病院 $n=6$	福祉施設 $n=11$	マーケット $n=10$	※他 $n=6$
削減率	エネルギー削減率｜創エネ含まず(%)	54.5	52.3	53.1	55.9	57.8
	エネルギー削減率（創エネ含む）(%)	72.3	52.7	55.9	61.9	60.1
	PAL*削減率(%)	29	24	31	17	21
①建築省エネルギー技術（パッシブ技術）	建築計画（方位，アスペクト比）	31	17	9	0	0
	外皮断熱（条件：PAL*削減率≧10％）	100	83	100	90	83
	高性能ガラス（Low-E複層ガラス，他）	88	83	73	50	83
	高性能遮熱・断熱窓（アルミ＋樹脂製複合サッシ，他）	25	17	18	20	17
	日射遮蔽（庇，日射追従ルーバーブラインド，他）	56	17	36	10	0
	自然換気システム（卓越風，ウインドウキャッチャー，他）	44	17	18	0	17
	昼光利用システム（トップライト，光ダクト，他）	38	0	9	40	33
②設備省エネルギー技術（アクティブ技術）(1)空調	高効率空調（ビルマル（EHP, GHP））	100	100	100	90	100
	高効率熱源機（チラー，ターボ）	19	17	9	10	0
	放射空調システム	31	0	18	0	17
	潜熱分離空調システム（潜顕熱分離空調，デシカント，気化式冷却器）	44	17	0	30	0
	タスク＆アンビエント空調システム	13	0	0	0	0
	床吹き出し空調システム	6	0	0	0	0
	変風量システム	13	33	0	0	0
	変流量システム	13	0	0	0	0
	大温度差送水システム	0	0	0	10	0
	全熱交換器システム（バイパス制御，ナイトパージ，他）	69	50	100	40	100
	外気冷房システム	6	0	0	0	0
	外気取り入れ量制御システム（CO_2制御）	13	0	0	0	0
②設備省エネルギー技術（アクティブ技術）(2)照明	高効率照明器具	100	100	100	100	83
	照明制御システム（人感，明るさ，スケジュール制御）	100	100	91	100	83
	タスク＆アンビエント照明システム	25	0	0	0	17
(3)換気	高効率ファン	0	17	0	10	0
	換気量制御システム（温度，CO_2,CO制御）	6	0	0	0	0
(4)給湯	高効率給湯ヒートポンプユニット	44	67	36	50	17
	高効率給湯システム	0	17	18	0	0
	ハイブリッド給湯システム（太陽熱，コージェネ廃熱，他）	6	0	45	0	50
(5)昇降機	高効率エレベータシステム（VVVF制御）	25	0	0	0	0
	高効率エスカレータシステム（人感センサー制御，他）	0	0	0	0	0
(6)受変電・コンセント	コージェネ	6	33	18	0	33
	高効率トランス	38	50	45	70	67
	蓄電池	31	0	9	10	0
	待機電力カットシステム	6	0	0	0	0
	サーバーのクラウド化	0	0	0	0	17
(7)エネマネ	設備間統合制御システム	13	17	18	0	17
	設備と利用者間連携制御システム	44	33	36	40	50
	負荷コントロール	44	50	36	10	0
	チューニング等運用時への展開	100	100	91	100	100
再生可能エネルギー技術	太陽光発電	69	67	73	70	50
	風力発電	6	0	0	10	0

注： 1. 太字はWebプログラムで計算可能なものです。
2. ①，②，③記入の数値は"採用率(%)"を示す。
3. 網掛けは採用率≧50%を示す。
4. ※他：ホテル2件，賃貸集合住宅2件，学校1件，スポーツクラブ1件

第2章 ZEBの定義と評価方法

2.1 ZEBの意義

ZEBのデザインメソッドを考えるうえで、ZEBがどのように定義され、どのように評価されるかはきわめて重要な関心事である。これまで、ZEB実現の必要性が高まるにつれ、ZEBの定義と評価についてのさまざまな議論が行われてきた。ここでは、2015年に公表された空気調和・衛生工学会のガイドライン（SHASE-G 0017-2015）に沿って概説する。これは、その後の日本のZEBの定義と評価の考え方の基礎となっているものである。

2.1.1 ZEB化の目的・意義、波及効果

ZEB化の目的・意義として、以下が挙げられる。
① 環境負荷の低減とサステナブルな社会の実現
② エネルギー・セキュリティの向上
③ 健全な省エネ、創エネ産業の発展と日本の気候風土をふまえた技術の輸出による世界貢献

また、ZEB化の波及効果としては、以下が想定される。
① 建築に対する新しい価値観の創出とライフスタイルの変革
② サステナブルな低炭素化社会への圧倒的寄与
③ エネルギー技術、再生可能エネルギー利用技術等の発展・向上

2.1.2 ZEB化の目標時期

特定建築物での早期実現をはかる「ZEB推進段階」と一般建物への普及をはかる「ZEB普及段階」の2段階に分けて考える。
① 特定建物での実現時期（ZEB推進段階）
　早期実現が期待されており、2020年を目途とする。
② 一般建物への普及時期（ZEB普及段階）
　経済産業省・国土交通省・環境省のロードマップ[1)-3)]に合わせ、2030年を目途とする。

2.1.3 ZEB化の対象建築物

原則として、エネルギーの使用の合理化に関する法律[4)]（以下、省エネ法）の対象用途（住宅を除く）すべて（新築・既築を問わない）とする。ただし、ZEB推進段階においては、学校、事務所（郊外型）を実現の優先的用途とし、ZEB普及段階において順次、事務所（都心型）、商業施設、その他の施設への普及をはかるものとする。

2.2 ZEBの定義

2.2.1 定性的な定義（図2.2-1参照）

室内および室外の環境品質を低下させることなく、負荷抑制、自然エネルギー利用、設備システムの高効率化等により、大幅な省エネルギーを実現したうえで、再生可能エネルギーを導入し、その結果、運用時におけるエネルギー（あるいはそれに係数を乗じた指標）の需要と供給の年間積算収支（消費と生成、または外部との収支）がおおむねゼロもしくはプラス（供給量＞需要量）となる建築物。

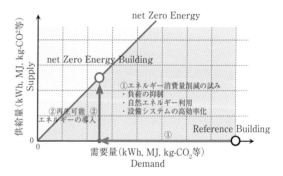

・エネルギー消費量削減の試み（負荷抑制、自然エネルギー利用、設備システムの高効率化）
・再生可能エネルギーの導入（太陽光、風力、地熱等）

図2.2-1　ZEB（ネット・ゼロ・エネルギー・ビル）実現へのアプローチ方法

2.2.2 定量的な定義（図2.2-2、2.2-3参照）

設定した境界における需要と供給の収支により、(1)または(2)式で定義する。(1)は生成/消費の収支、(2)は配送/逆送の収支を表現している。

$$G > \fallingdotseq C \tag{1}$$
$$E > \fallingdotseq D \tag{2}$$

供給量
　G：生成エネルギー
　E：逆送（外部へ供給した）エネルギー
需要量
　C：消費エネルギー
　D：配送（外部から供給された）エネルギー

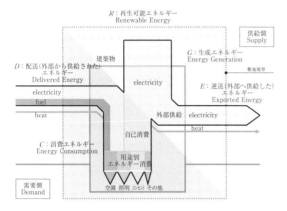

・敷地境界線を物理的な境界とする。
・G（生成エネルギー）/C（消費エネルギー）バランス，D（配送（外部から供給された）エネルギー）/E（逆送（外部へ供給した）量）バランス
・原則として年間積算値で評価する。
・消費用途は，空調・照明・コンセント・その他（換気・衛生・EV等）とする。
・コンセントの消費電力については，建築物の品質に直接関係しないこと，設計者がコントロールできないこと等から，計量可能な場合，対象消費用途から外してもよい。

図 2.2-2　ZEB（ネット・ゼロ・エネルギー・ビル）の需要と供給バランス

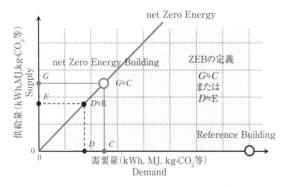

・需要量と供給量は，原則として一次エネルギー消費量とする。
・係数を乗じれば，CO_2排出量，エネルギーコストで考えることもできる。
・ZEBの物理的な定義 $G≒C$ または $D≒E$

図 2.2-3　ZEB（ネット・ゼロ・エネルギー・ビル）の定義

2.2.3　境界条件
(1)　物理境界
　原則として，敷地境界とする。ただし，近隣も含めた複数建築物での評価が必要な場合には，仮想的な境界を設定し，物理境界として扱ってもよい。また，一つの敷地内に複数の建築物があり，そのうちの一つの建築物を対象とする場合は，仮想の敷地境界を設定してもよい。

(2)　収支境界（対象とするエネルギー消費用途）
　建築物の品質を維持するために必要なエネルギー消費を対象とする。用途の詳細については，都度検討する必要がある。コンセントの消費電力については，設計者がコントロールできないこと等から，計量可能な場合，対象から外してもよいものとする。

(3)　再生可能エネルギーの供給方法
　再生可能エネルギーの供給方法は以下のように分類する。

　分類Ⅰ：建築物で生成される再生可能エネルギーを利用するもの。

　分類Ⅱ：敷地内で生成される再生可能エネルギーを利用するもの。

　分類Ⅲ：敷地外で生成される再生可能エネルギーソースを電気や熱に変換して利用するもの。

　分類Ⅳ：敷地外で生成される再生可能エネルギーをそのまま利用するもの。

　分類Ⅴ：敷地外で生成，供給される再生可能エネルギーをそのまま利用するもの。

　なお，ここでいう再生可能エネルギーは，代替エネルギーとしての再生可能エネルギーであり，発電に用いる再生可能エネルギー源（太陽光，風力，水力，地熱，バイオマス等）を指す。

2.3　ZEBの評価方法

2.3.1　評価指標
　評価指標は，原則として一次エネルギー消費量とする（これをソースZEBと呼ぶ。単位系はMJ，kWh併記）。一次エネルギーの換算係数については，原則として省エネ法に準ずる。省エネ法にないものは都度設定する。ただし，エネルギー使用量に係数を乗じた指標，例えばCO_2排出量やエネルギーコストによる定義も可とする（これらを

エミッション ZEB, コスト ZEB と呼ぶ)。その場合の CO_2 排出量ついては，地球温暖化対策の推進に関する法律[5]または地方自治体が定める排出係数を使用し，エネルギーコストについては，都度設定する必要がある。

2.3.2 評価期間，評価時間

原則として年間積算値とする。ただし，短期使用等の特殊な建築物については，「使用期間」を評価期間とする。

2.3.3 配送（外部から供給された）エネルギーの扱い

配送（外部から供給された）エネルギーについては，一次エネルギー換算して評価する。これらの換算係数については，省エネ法の換算係数または実情に合った換算係数とする。

2.3.4 逆送（外部へ供給した）エネルギーの扱い

逆送（外部へ供給した）エネルギーについては，一次エネルギー換算して評価する。これらの換算係数については，省エネ法の換算係数または実情に合った換算係数とする。

2.4 ZEB の評価基準

2.4.1 室内環境の評価基準

良好な室内環境を維持していること。例えば「CASBEE（建築環境総合性能評価システム）」[6]の Q（環境品質）のスコアが 3.0 以上であるなど。

2.4.2 ネット・エネルギー量の評価基準（図 2.4-1）

レファレンスビルの需要量で無次元化した基準化供給量 G^* および基準化需要量 C^* の収支から，図 2.4-1 に示すように，段階的に評価，ラベリングを行う。各段階の ZEB の定義を以下に示す。

G^*：評価対象建築物の供給量／レファレンスビルの需要量

C^*：評価対象建築物の需要量／レファレンスビルの需要量

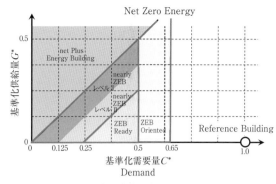

G^*：基準化需要量＝評価対象建築物の生成エネルギー／レファレンスビルの消費エネルギー

C^*：基準化供給量＝評価対象建築物の消費エネルギー／レファレンスビルの消費エネルギー

図 2.4-1　ZEB（ネット・ゼロ・エネルギー・ビル）の段階的評価

1．Net Plus Energy Building
   基準化供給量が基準化需要量を上回るもの
   $(G^* - C^*) > 0$

2．Net Zero Energy Building
   基準化供給量と基準化需要量がほぼ同じもの
   $(G^* - C^*) \fallingdotseq 0$

3．Nearly ZEB レベル I
   $-0.125 < (G^* - C^*) < 0$（ただし，$C^* < 0.5$）

4．Nearly ZEB レベル II
   $-0.25 < (G^* - C^*) < -0.125$（ただし，$C^* < 0.5$）

5．ZEB Ready
   $-0.5 < (G^* - C^*) < -0.25$（ただし，$C^* < 0.5$）

6．ZEB Oriented
   $C^* < 0.65$

ここで，評価対象建築物の供給量は，電力の供給量のみを対象とし，熱の供給量は含めない。

閾値に関しては現状の最先端の省エネルギー建築物の動向を踏まえて設定した。

レファレンスビルの年間一次エネルギー消費量は，例えば，別途「DECC データ（非住宅建築物の環境関連データベース）」[6]等により定める。エミッション ZEB やコスト ZEB においても同様に扱うものとする。

2.4.3 再生可能エネルギーの供給方法による ZEB の分類

再生可能エネルギーの供給方法分類Ⅰ～Ⅲによる ZEB を「オンサイト ZEB」，分類Ⅳによる ZEB を「オフサイト ZEB」，分類Ⅴによる ZEB を「オフサイト・サプライ ZEB」と称する。ここで，分類Ⅳは，再生可能エネルギーの供給者と消費者が等しい場合，分類Ⅴは再生可能エネルギーの供給者と消費者が異なる場合とする。

【参考・引用文献】

1) ZEB（ネット・ゼロ・エネルギー・ビル）の実現と展開について～2030 年での ZEB 達成に向けて～，ZEB の実現と展開に関する研究会，2009.11
2) 低炭素社会構築に向けたロードマップ，低炭素社会づくりのためのエネルギーの低炭素化検討会，2012.3
3) 低炭素社会に向けた住まいと住まい方の推進に関する工程表，低炭素社会に向けた住まいと住まい方推進会議，2012.7
4) エネルギーの使用の合理化に関する法律の一部を改正する法律（平成 25 年法律第 25 号）
5) 地球温暖化対策の推進に関する法律（平成十年十月九日法律第百十七号）
6) 建築環境総合性能評価システム，日本サステナブル建築協会
7) 非住宅建築物の環境関連データベース，日本サステナブル建築協会
8) REHVA nZEB technical definition and system boundaries for nearly zero energy buildings, REPORT NO.4, Federation of European Heating, Ventilation and Air Conditioning Associations (REHVA), 2013.

コラム　ESG 投資と ZEB

　ESG 投資とは，環境（Environment），社会（Social），企業統治（Governance）に配慮して行う投資活動のことである。2006 年に国連が主導して，投資家がとるべき行動として責任投資原則（PRI）が提唱され，多くの企業や投資家が署名を行っている。日本でも，年金を運用している GPIF（年金積立金管理運用独立行政法人）が PRI に署名したことで注目が高まった。ESG を考慮することで，最終的に企業の持続的成長や中長期的収益に繋がるとの発想がある。不動産部門の新しい投資として注目されている。2015 年に国連から公表された SDGs を推進する上で必要となる投資を民間から促そうとする意味もある。

　脱炭素化社会を目標とする場合に，ZEB（ゼロ・エネルギービル）や ZEH（ゼロ・エネルギーハウス）は究極の目的となる。省エネルギー性能の高い建物は，運用時の光熱水費が削減されることから，長期的な費用削減にもつながる。一方で不動産価値に与える影響も報告されている。伊藤らは CASBEE 認証の有無と賃料の比較を行い，評価の 1 ランクアップにより，成約賃料が 1.7 ％上昇すると報告している。さらに，ザイマックスは，東京 23 区のオフィスビルにおいて，環境認証がある場合，新規賃料を約 4.4 ％上昇させると報告している。

　もちろん，働き方，人口減少，高齢化，防災なども非常に重要な問題である。海外投資家を含めて，不動産投資に環境性，社会性に関する情報開示が求められるようになってきた。TCFD（気候関連財務情報開示タスクフォース）提言を参考にしつつ，今後も情報開示が進むことが期待される。企業が気候変動のリスク・機会を認識し経営戦略に織り込むことは，ESG 投融資を重視する投資家にとって大切なことになってきている。

第3章 ZEBの
デザインメソッド

3.1 ZEBへのアプローチ

3.1.1 アプローチの考え方

図3.1-1に、ZEBへのアプローチ方法の概念を示す。横軸が敷地内のエネルギー消費量、縦軸が敷地内で生成したエネルギー量で、45°の斜めのラインがいわゆるネット・ゼロというエネルギー収支がゼロになる状態を意味する。レファレンスビルに対して、まずは、建物負荷を抑制し、省エネルギー技術を導入することで、徹底的な省エネルギーをはかり、省エネルギービル（ロー・エネルギー・ビル）を実現させる。そのうえで、再生可能エネルギーを導入して、できるかぎりネット・ゼロのラインに近づけるという基本的なアプローチ方法を示している。

このように、レファレンスビル→省エネルギービル→ネット・ゼロ・エネルギー・ビルというアプローチのプロセスを理解することが、ZEBを実現させるために重要である。仮に、省エネルギー化のプロセスなしにZEBを実現しようと思うと、現状の電気変換効率や設置コストで考えた場合、膨大な太陽光発電装置が必要となり、そのための費用も莫大なものとなり、現実的なものとはならないであろう。

3.1.2 二次側×一次側の省エネルギー効果

空気調和システム等において、大幅な省エネルギーを達成するためには、システムの二次側での取り組みと一次側での取り組みが求められる。二次側での取り組みというのは、建物の断熱性能の強化、自然エネルギーの利用などにより、建物の負荷をできるだけ抑制する取り組みである。これに対して、一次側の取り組みというのは、できるだけ効率の良い熱源システムや高効率の機器を採用する、未利用エネルギーを利用する等のシステム高効率化の取り組みである。図3.1-2に示すように、これらの取り組みによるエネルギー消費量の削減効果は、一般的に掛け算で効いてくる。例えば、二次側の取り組みで30％削減、一次側の取り組みで30％削減とすると、100％－30％は70％になるので、全体では70％×70％＝49％となる。二次側の取り組みで50％、一次側の取り組みで50％とすると、50％×50％＝25％となり、75％という大幅な省エネルギー効果を得ることができる。

3.1.3 デザインプロセスとデザインメソッド

このように、ZEB実現のためには、二次側の負荷抑制と一次側の効率向上による大幅な省エネルギーを実現したうえで再生可能エネルギーを導入する必要がある。これらをより具体的なデザインプロセスで示すと、図3.1-3のようになる。

デザインプロセスは大きく、パッシブデザインのプロセスとアクティブデザインのプロセス、建物完成後のマネジメントプロセスで構成される。

パッシブデザインのプロセスでは、屋外環境や屋内環境を適正に保ち、建物の負荷を抑制するため、熱、光、風を制御し、活用するデザイン手法が求められる。また、自然エネルギーを積極的に利用することで負荷を減らす工夫とすることも重要である。

アクティブデザインのプロセスでは、高効率な設備システムを導入するとともに、周辺の未利用エネルギー（地下水や河川水の温度差エネルギー等）を活用し、エネルギー消費量を最小限としたうえで、再生可能エネルギーを導入することにより、ネット・ゼロ・エネルギーを目指す。需要と供給の時間的なミスマッチを緩和する蓄熱、蓄電システムもZEB実現のための重要な技術である。

マネジメントプロセスは、ZEBを永く適切に運用するために不可欠なプロセスと考える。ライ

フサイクルコミッショニングやライフサイクルエネルギーマネジメント等がこれらに該当する。

このように，ZEB実現のためのデザインプロセスに沿って，パッシブデザイン手法（建築的手法），アクティブデザイン手法（設備的手法）を検討し，投資対効果を考えながら大幅な省エネルギーを実現する必要がある。さらに，エネルギー自立を達成するために必要な再生可能エネルギーをどう確保するかも重要な建築的手法のひとつとなる。

環境への配慮という観点で考えれば，エネルギー以外のその他の資源（水資源等）や建設使用材料，廃棄物低減等にも配慮する必要がある。

ZEB実現のためのさまざまなデザインメソッドの詳細については，3.2以降で詳しく述べる。ここでは，項目のみを列挙する。

① 敷地内屋外環境の適正化
   建物配置の適正化，外構計画の適正化等
② 屋内環境の適正化
   温熱環境の適正化，光環境の適正化など
③ 負荷の抑制
   日射遮蔽，外皮の断熱強化，内部発熱低減等
④ 自然エネルギーの利用
   自然採光，自然換気，地中熱，太陽熱等
⑤ 未利用エネルギー・都市排熱の活用
   温度差エネルギー（河川水，地下水等）の活用，周辺都市排熱の活用等
⑥ 設備・システムの高効率化
   照明設備，空調・換気設備，熱源設備等の高効率化，蓄熱・蓄電システムの採用
⑦ 資源・材料等への配慮
   資源（水）・材料への配慮，廃棄物の低減等
⑧ 再生可能エネルギーの導入
   太陽光発電，太陽熱，風力発電，バイオマス発電等
⑨ エネルギーマネジメントの実施
   BEMS（ビルエネルギーマネジメントシステム）の活用，ライフサイクル・エミッショニングやLCEM（ライフサイクル・エネルギーマネジメント）の実施，見える化・見せる化等

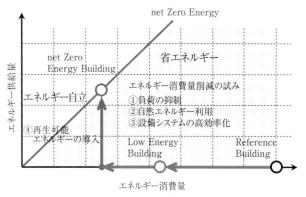

図3.1-1　ZEBへのアプローチの考え方

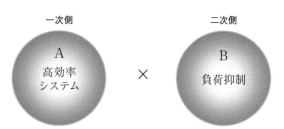

図3.1-2　一次側×二次側の省エネルギー効果

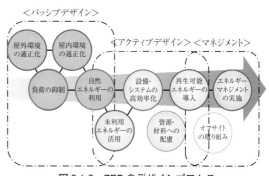

図3.1-3　ZEBのデザインプロセス

3.2 屋外環境を適正化する

3.2.1 建物配置の適正化

(1) 周辺環境への配慮

　ZEBのプロジェクトの取り組みにおいては，短期的な経済合理性だけでなく，より長期的かつ持続的な視点を持ち，その計画を進めることが重要である。敷地選定や立地条件から計画をはじめることができるのであれば，土地の地域性や敷地の立地特性，周辺環境や建物の状況なども大切な要素である。また，与えられた敷地からの計画であっても，外乱による建物負荷を抑制し，自然エネルギーを最大限利用するための適正な建物配置計画や利用可能な再生可能エネルギーの検討が初期の段階で行われることが望ましい。ZEBの計画に限ったことではないが，建物・敷地周辺の温熱環境や光環境評価は従来から大切な設計要件であり，建築物環境総合性能評価システムCASBEEなどでも周辺温熱環境に対する配慮は主要な評価項目である。また近年では各自治体独自で街区レベルでの環境緩和・改善の取り組みも数多くなされている。

　例えば，設計の参考資料としては，ヒートアイランド現象の緩和策を評価するCASBEE® HI（ヒートアイランド）やそのデータベース[1),2)]などが有用であり，例えば，図3.2.1-1のような都市スケールの温熱・気流解析の事例もある。自治体単位の取り組みでも東京都の定める建築物環境計画制度[3)]や各自治体による「風の道」を活用した都市計画づくり政策[4)]などには配慮が必要である。

(2) 卓越風を考慮した建築計画

　建物スケールレベルでは，敷地の卓越風を考慮した開口レイアウトによる自然換気計画や，日当たりを考慮した開口部や太陽電池のレイアウト検討などが考えられる。理想的には現地に赴き，環境実測などを行い，より実情に基づいた設計要件を整備した上で，建物形状やコア配置，主開口方

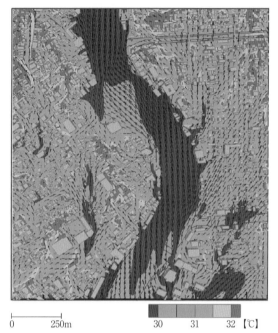

図3.2.1-1　都市スケールの温熱・気流解析の例（国土技術政策総合研究所資料第583号より転載）[2)]

位やアスペクト比を検討することが望ましい。例えば，夏期の卓越風向に対する建築物の見付け面積を小さくしたり隣棟間隔を広くとることで風通しに配慮した配置計画とするなどが一般的な手法である。

　近年では，コンピュータシミュレーション技術の進歩により，建物の配置計画に温熱・風・光環境のシミュレーションを導入する事例も増えてきている。従来から活用されている各種CFD解析や光解析に加え，より簡易な「都市の熱環境対策評価ツール」[6)]や高度な解析技術を組み合わせたパラメトリックデザインの手法を環境建築のデザインに取り入れ，配置や庇の形状最適化検討を行う事例も出始めている。

(3) 解析事例

　具体的な解析事例として，ZEBプロジェクトの計画段階において，建物周りの風環境および日射解析を行った事例を紹介する。

a．自然換気用開口の最適配置検討

図3.2.1-2は自然換気用開口の配置最適化のための気流解析事例である。基本設計段階で，敷地の卓越風を考慮しながら建物内外の気流解析を行うことで，説得力を持った定量データとして解析結果が設計者にフィードバックされ，プラン検討時の有効な判断材料となる。また，解析結果をもとにデータベースを構築し，自然換気の制御システムに役立てるなどの取り組みも実施されている。

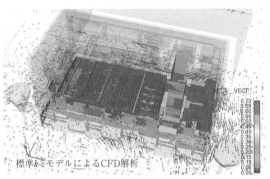

図3.2.1-2 気流解析（風速分布 [m/s]）

b．太陽光発電のレイアウト検討

図3.2.1-3は太陽光発電のレイアウト検討のための日射解析事例である。設計初期の段階から，周辺建物の影響などを考慮した日射解析結果を元に屋上および外壁面への日当たりを確認し，壁面への太陽光発電パネルの設置検討やバルコニーの奥行き検討が行われている。解析には周辺建物や樹木を考慮することでより実際の運用に近い結果を得ることができる。

図3.2.1-3 日射解析（日射強度 [W/m^2] 7/14 14:00）

c．採光装置の導入効果検討

図3.2.1-4は新規開発の採光装置の導入効果の検討として配置・形状を決定するために行った室内光環境の解析結果（照度分布）である。周辺建物情報に加え，平面プランがある程度固まった段階で3次元CADモデルをベースに解析モデルを作成し，計画段階で採光装置の有効性が確認されている。

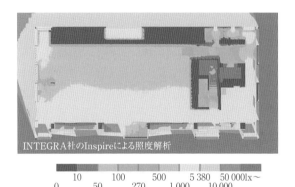

図3.2.1-4 室内光環境解析（照度 [lx] 春分 9:00）

以上のように，ZEBを計画する際には，建物単体だけでなく，周辺環境への配慮と利活用を前提に長期的かつ持続的な視点でプロジェクトを進めていくことが大切である。

【参考文献】
1) CASBEE® HI（ヒートアイランド）2017年版評価マニュアル，建築環境・省エネルギー機構，2017
2) 足永，鍵屋：地球シミュレータを用いた東京23区全域における高解像度のヒートアイランド数値解析，国土技術政策総合研究所資料第583号，建築研究資料，2010.3
3) ～東京都建築物環境計画書制度～省エネルギー性能評価書ガイドライン，東京都環境局，2010.3
4) 風の道を活用した都市づくりに関する事例集
5) ヒートアイランド現象緩和に向けた都市づくりガイドライン，国土交通省都市局都市計画課，2013.12
6) http://www.nilim.go.jp/lab/icg/hyouka-tool.htm（2019年2月15日にアクセス）

3.2.2 外構計画の適正化

建物周辺(外構)の環境は，当該建物の環境性能だけでなく，周辺の建物や，さらには街区レベルまで影響を及ぼすこともあるため，外構計画の適正化は非常に重要である。

(1) 地表面・建物周辺の温度を下げる

建物の周辺に緑地や水辺を配置すると，図3.2.2-1のように樹木の緑影や葉や水面からの蒸散効果により地表面温度が下がり，地面からの照り返しによる放射負荷や周辺空気からの伝熱負荷が抑えられる。また，建物周辺の温度が低下するため，取り入れる外気の冷却効果も期待できる。緑地化ができない場所では，保水性舗装を施すことで，降雨を舗装内の保水材に保ち，晴天時に蒸散することで舗装面の温度上昇を抑える効果が期待できる。

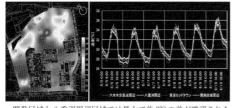

・開発区域と八重洲周辺区域では最大で約3℃の差が確認された。
・地表面を緑化することで夜間の対流顕熱が減少し，温度上昇を抑制する効果があることを確認した。

図3.2.2-1 外構を緑地化したプロジェクトの周囲温度実測事例

(2) 建物周辺に風の流れをつくる

敷地周辺に河川や緑地帯があり卓越風がある場合には，それと連続する緑地を建物の外構に配置することで，卓越風を建物周辺まで導入し，効果的な自然換気につなげることが可能になる。

図3.2.2-2のダイキン・テクノロジー・イノベーションセンター(TIC，4.9参照)や図3.2.2-3の二子玉川ライズでは隣接する河川・緑地帯と連続した緑地を敷地内に設けることで，建物周辺の熱環境改善とあわせて「風の道」の創出に成功している。

(3) 敷地内外のアメニティ向上をはかる

外構計画の適正化は，上記のように直接的に省エネルギーにつながる効果の他に，敷地内外でのアメニティ向上など，総合的な環境配慮手法のひ

図3.2.2-2 河川と連続した緑地を外構に配して－「風の道」を計画した事例①(TIC)

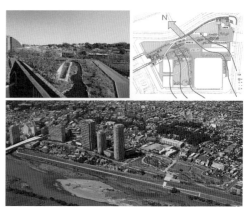

多摩川と国分寺崖線につながる敷地内の「緑と水」の道は，建物表皮(屋上・壁)まで連続して「風の道」を創出している

図3.2.2-3 河川と連続した緑地を外構に配して－「風の道」を計画した事例②(二子玉川ライズ)(写真左上，下：㈱エスエス，島尾 望)

とつとしてとらえることが望ましい。CASBEE(建築環境総合性能評価システム)でも「Q3：室外環境(敷地内)」のなかで，1.生物環境の保全と創出，2.まちなみ・景観への配慮，3.地域性・アメニティへの配慮について，敷地内温熱環境の向上とあわせて評価対象としている。

TICでは，単に樹木を配置するだけではなく，①地場の植生を参考に樹種を選定し自然樹形の森を創生，②散策路やウッドデッキ・雨水を利用したせせらぎ・芝生広場を整備，③四季折々の変化のある植生・花の香り・水音が技術者に癒しを与え，感性を刺激し，発想のきっかけとなるようなワークプレイスの一つとして，「森」を位置付けるとともに，近隣住民への開放も行っている(図3.2.2-4)。

図3.2.2-4 散策路や水辺を配してアメニティを向上した例(TIC)(写真：清水向山建築写真事務所)

3.3 屋内環境を適正化する

3.3.1 ワークプレイスの適正化

(1) ワークスタイルの多様化

従業員の健康保持や増進に取り組むことが知的生産性向上等につながるといった観点で健康管理を戦略的に実践する健康経営や，多様な人材が活躍できる職場を目指した働き方改革を検討する企業が増加している。また，米国にて開発されたWELL認証（WELL Building Standard）や日本サステナブル建築協会のCASBEE-WOといった評価システム，グローバル不動産サステナビリティ・ベンチマーク（GRESB）におけるビルの健康・福祉評価ツールの追加など，オフィスの健康性と不動産投資価値との関係が注目されている。

これを機に，ワークスタイルの多様化も進んでおり，オフィスビル内の決められた席で働く人，同じオフィスビル内でも自由に場所を選んで働く人，オフィスビル内に留まらず屋外や自宅を含めて場所を変えながら働く人など様々である。また，立ったままの事務作業を可能にする上下昇降デスクなどの普及やビジネスシーンでの服装も多様化しており，温熱環境の快適性に関わる執務者それぞれの活動量や着衣量も異なる状況である。

ワークスタイルの多様化を考慮しつつ，エネルギー消費量が少なく快適なワークプレイスの計画を行わなければならない。

(2) ワークプレイスの計画事例

竹中工務店東関東支店（4.6参照）の改修におけるワークプレイスの計画事例を紹介する。

a. ワークエリアの設定と知的生産性・業務効率・省エネルギー・健康性との関連

均質なユニバーサルオフィスを見直し，ワークプレイス，コミュニケーションエリア，ファイリングエリアの3つのエリアにゾーニングした（図3.3.1-1）。部門毎のオフィレイアウトから3つのエリアにゾーニングすることにより，ワークプレ

イスがコンパクトになり，部門間のコミュニケーションが活性化し，知的生産性が向上に寄与する。また，自席周りの書類をファイリングエリアに集約することで，ペーパーレス化の促進，業務効率

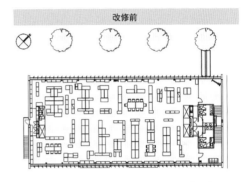

部門毎の必要席数で割り付けられたオフィスレイアウト
OA機器，打合コーナーも部門毎に設けられていた。

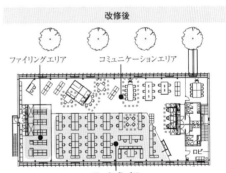

ワークプレイス
多様なワークスタイル/ワークモードに対応できる様々なワークスペースを計画した。

図3.3.1-1　改修前後のオフィスレイアウト

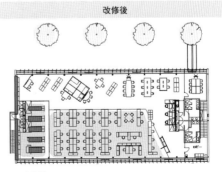

改修後
総ファイルメーター数：約251 fm（改修前：440）
6.4 fm/人（改修前：約11.3）

図3.3.1-2　ファイリングエリアの集約

図 3.3.1-3 ワークエリアの設定と知的生産性・業務効率・省エネルギー・健康性との関連図

の向上につながる。さらに、照明・空調が必要なエリア（ワークプレイス・コミュニケーションエリア）がダウンサイジング化されるため、エネルギー削減にもつながる（図 3.3.1-2）。

ワークエリア毎に環境設定することでワークモードが変わり、新たな発想の創出と知的生産性向上に寄与すると同時に快適性、省エネにもつながる。また、部門ごとのOA機器を集約することでコンセント負荷の削減になると同時に、部門を越えた偶発的な出会いが発生し、コミュニケーション活性化にもつながる。OA機器集約にあたっては、デスクトップパソコン→ノートパソコンや大型モニタの設置などペーパーレス化するための環境整備も同時に実施している。このようなオフィスに変革することで、歩行運動も増加し、健康増進につながると考える（図 3.3.1-3）。

b．アクティビティ・ベースド・ワーキング

コミュニケーションエリアに各種のワークスポットを設け、多様な作業やミーティングが可能

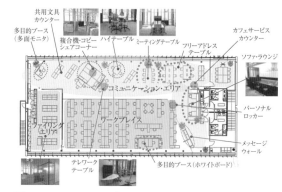

図 3.3.1-4 アクティビティ・ベースド・ワーキング（ABW）

な場所を創出した。「自席中心のオフィス」から「アクティビティに応じて場を選ぶワークプレイス」とし、「紙主体の協業」から「大型モニタ活用によるコラボワーク」へ、紙ストックの集約・圧縮、ワークエリアとの分離による「歩くオフィス」への変革を行った（図 3.3.1-4）。

c．用途に応じた執務エリアのゾーニングと環境制御

オフィスの中に多様な環境差異を設けることで、ワークモードが変わる（図 3.3.1-5）。例えばワークプレイスは照明や空調を執務に適した設定とし、コミュニケーションエリアは自然換気・自然採光を積極的に利用する計画としている。ワークモードに応じて環境にも変化を加えることで、それによる新たな発想の創出と知的生産性向上を意図している。

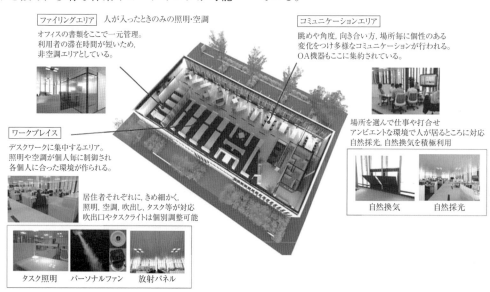

図 3.3.1-5 ゾーニングと環境制御

3.3.2 温熱環境の適正化

(1) 温熱環境適正化の目的

一般的な空調で温熱環境を適正化する目的は，対象室で活動する人が快適かつ効率的に作業するための温湿度や気流環境をつくりだすことにある。これらは，「建築物における衛生的環境の確保に関する法律（建築物衛生法）」などの法律や，「空気調和・衛生工学便覧」などの設計ガイドラインに示される基準値を参考に，各室ごとの値を設定する（表 3.3.2-1）。

表 3.3.2-1　室内温熱環境の基準値の例

	夏期	冬期
一般建物 （事務所など）	26 ℃ (25～27 ℃) 50 % (50～60 %)	22 ℃ (20～22 ℃) 50 % (40～50 %)
工場用建物 （工場など）	28 ℃ (27～29 ℃) 50 % (50～65 %)	20 ℃ (18～20 ℃) 50 % (40～50 %)
建築物衛生法	浮遊粉塵量：0.15 mg/m³ 以下， CO_2：1 000 ppm 以下，CO：10 ppm 以下， 温度：17～28 ℃，湿度：40～70 %， 気流：0.5m/s 以下， ホルムアルデヒド：0.08ppm 以下	

(2) 居住域だけを空調する

前述のように，温熱環境適正化の目的が対象室全体の基準値の達成ではなく，そこで活動する人の快適性確保であるならば，人がいないエリアについては温熱環境を緩和することが可能になる。この点に着目した空調方式としてタスク＆アンビエント空調という考え方があり，居住域だけを適正な温熱環境に保つことで快適性を損なわずに省エネルギーが可能になる。従来は居住域と非居住域の設定値を変えるなどのシステムが主流だったが，近年は KT ビルの事例（図 3.3.2-1，4.5 参照）のように，人感センサなどを設置することで，居住域であっても不在時には空調を停止したり設定値を緩和したりすることでさらなる省エネを目指すような取り組みが採用されている。

(3) 放射温度や気流感に着目する

温熱環境は，空気温度・湿度の他に，一般的には，放射温度・気流速度・着衣量・代謝量を加えた6要素により決定される。このうち，着衣量と代謝量は人間側に起因し，他の4要素は環境側に起因する。これら6つの要素を考慮した温熱環境の快適性を評価する指標としてPMV（＝Predicted Mean Vote）があり，－0.5＜PMV＜＋0.5 の範囲が快適域と言われている。例えば冷房時に，前述した室内温湿度の基準値に対して，天井面や壁面の表面温度を下げたり気流感を高めることで，図 3.3.2-2 に示すように室温をあげても同等の PMV を得ることが可能になり，冷房エネルギーが削減できる可能性がある。

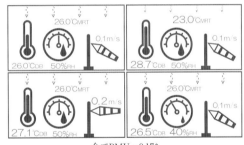

全て PMV = 0.17*

＊空気温度＜乾球＞：26.0 ℃DB，平均放射温度：26.0 ℃MRT，
　風速：0.1 m/s，相対湿度：50%RH，
　着衣量：0.6 clo，代謝量：1.0 met で算出した値。
＊着衣量と代謝量は全て同条件
　（DB：Dry Bulb，MRT：Mean Radiant Temperature，
　RH：Relative Humidity）

図 3.3.2-2　温熱環境条件を変えた場合の PMV 算出事例

大林組技術研究所本館の事例（図 3.3.2-3，4.7 参照）では，在室者が身に着けた IC タグによる

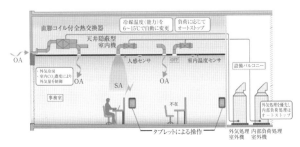

図 3.3.2-1　KT ビルにおける在室検知空調システム

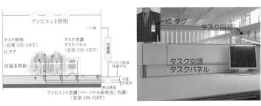

図 3.3.2-3　IC タグ人検知による空調・照明制御システム（大林組技術研究所本館）

人検知により，前述の居住域空調を行うとともに，デスクのパーティションに放射パネルを設置して執務者近傍の放射温度をコントロールすることで，快適性の向上と省エネルギーを両立させている。

また，YKK80ビルの事例（図3.3.2-4）では，天井面に放射冷暖房パネルを設置し，潜熱処理はデシカント外調機で行うとともに，盛夏には放射冷房に微気流を付与し温湿度設定を緩和することで快適性と省エネルギーを両立させ，システム全体として大きな省エネルギーを達成している。

図3.3.2-4 放射冷房と微気流により快適な温熱環境と省エネルギーを実現した事例（YKK80ビル）

（4）室内環境の変動を許容する

自然採光や自然換気などの自然エネルギー利用は，ZEBを達成するうえで必須の要素だが，常に変動するという特徴をもっている。一方，人は温熱環境に対して，ある範囲の変動を受け入れるこ

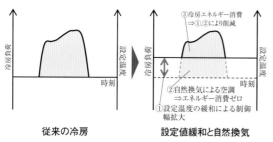

図3.3.2-5 設定温度緩和による自然エネルギー利用のイメージ

とができると言われている。例えば，クールビズやウォームビズのように，ライフスタイルの一つである服装を工夫することで，快適性を損なわずに室内の設定温度を緩和することができる。図3.3.2-5に示すように，①冷房時期に設定温度を緩和すると，温度制御の幅が広がり，②この部分の温度調節を変動する自然換気で賄うことで，③実際に冷房に使用するエネルギーを削減することが可能になる。ただし，温度設定だけを意識して省エネルギーをはかろうとすると，通常は温度調節（冷房の場合は冷却）と同時に行われる湿度調整（冷房の場合は除湿）にも影響を及ぼしてしまい，蒸し暑くて，健康や生産性に影響を及ぼすことにもつながる可能性があるので，バランスのとれた対応が重要になる。

（5）在室者の温冷感申告に基づく温度設定

在室者が求める温熱環境は26℃，50％といった数値的なものではなく，「暑くなく，寒くもない」といった感覚に基づくものである。また，同じ室内にいても暑く感じる人や寒く感じる人がいることは良く知られていることであり，同じ人であっても体調や室内での活動状況により求める温熱環境は異なる。従来の空調では，在室者がどう感じているかに関係なく一定の温度に制御されて

図3.3.2-6 従来空調と温冷感申告に基づく空調の違いイメージ

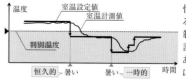

図3.3.2-7 設定温度変更のイメージ

いたり，室ごとにリモコンがあるような場合には，在室者が自由に設定を変更できることで，適切でない過剰な冷暖房によるエネルギーロスと環境悪化が発生する場合があった。

これに対して，在室者の温冷感に基づき温度設定を可変させるシステムが近年適用される場合がある。本システムでは，例えば「暑い」という申告を受けた場合には，一時的に設定温度を下げ，一定時間後に元の設定に戻すことで，申告者には変動による快適性を感じさせるとともに，エネルギー消費増を最小限に留めることができる（図3.3.2-6，3.3.2-7）。また，複数の在室者から連続して同じ申告が行われた場合には，空間全体の温熱環境の変動要求ととらえ設定値自体を変更する。

コラム 「ZEB」と「WELL」

ZEBは省エネルギー性能と創エネルギー性能の複合要素で語られることが多いが，室内の環境品質も考慮しなければならない必要条件である。省エネ性能を優先した結果，室内環境品質を維持できなければ，建物居住者の知的生産性低下にとどまらず，健康を阻害する事態を招くことにつながる。ZEBはエネルギー性能と快適な室内の環境品質の確保または向上の両立がさせた上で，建物の外部環境と内部環境の両方に対して優しい建物であるべきである。

この観点では近年注目を集めているものとして「ウェルネス（Wellness）」がある。ウェルネスは直訳すれば「健康」であり，疾病・障害の有無にかかわらず，明るく前向きに生きようとする心（ウエルネス・マインド）を育てることであり，広い視点から見た健康，健康観あるいはその増進といった意味が含まれる。一方で，国策では長時間労働の是正が中心の議論が多いが，健康経営に取り組む企業等に「健康経営銘柄」や「健康経営優良法人」を認定し，企業としての付加価値が注目されている。また，環境・社会・ガバナンスへの配慮を求めるESG投資においても，ウェルネスに取り組んでいる不動産は投資対象との認識が広がりつつある状況にある。これらの社会的な注目を踏まえ，建築分野においてもウェルネスなどをキーワードとして建物付加価値を創出するべく，さまざまなシステム開発や検討が始まっており，そのなかで日本でも認証例が出てきた「WELL認証」[1]について紹介する。

大林組技術研究所（東京都清瀬市）本館テクノステーションは，2017年11月21日に，日本初のWELL認証（Ver.1）をゴールドランクにて取得し，New and Existing Buildings（新築／既存建物版）のカテゴリーでは世界初の建物全体の認証となった。

本館テクノステーションでは，建物利用者の健康活動や環境行動の働きかけ，安全・安心，健康，快適を目指した建築計画，運用・管理手法を「WELL認証」の評価基準で再評価した。具体的には室内環境や照明環境，オフィス内の動線や周辺の自然環境，人々の働き方やカフェテリアのメニューに至るまでを評価対象とした。その結果，必須項目41，オプション項目27が評価され，「ゴールド」ランクを取得した。

ZEBはエネルギー性能のみで単純に評価することは可能であるが，本来のZEBは建物内外の環境品質を低下させてはならない。ZEBを計画する上でLEEDやWELLの認証制度に代表される環境品質を高いレベルで達成し認証を受けることで「地球にも人にも優しい建物」となる。社会に求められる本来のZEBが普及することに期待したい。

参考文献

1) グリーンビルディングジャパン：ホームページ WELLとは

3.3.3 光環境の適正化

(1) 光環境適正化の目的

光環境の適正化においては，作業や空間に応じた安全で快適な光環境を，昼光や人工照明を用いて省エネルギーに提供することが求められるため，最も少ない消費電力で最大の効果が得られるよう照明計画を行う必要がある。

エネルギーの使用を最小化するために，作業や空間に必要な最低限の照度を満足しさえすれば良いということではなく，推奨照度や均斉度，不快グレア，演色性などに配慮した快適な光環境を提供する必要がある。また，2016年には，近年の照明シミュレーション技術の発展と普及に伴い，照度のみではなく輝度を指標とした照明環境規準[1]が日本建築学会より発行された。作業に必要な照度だけでなく，空間の明るさを設計することで快適性を向上させるものである。空間の明るさを確保するために輝度による設計を推奨しているアンビエント照明，視作業および視認されることを目的に照度による設計を推奨しているターゲット照明という考えを提唱している。

このように，建築空間では自然採光(昼光利用)と人工照明の制御を調和させ，省エネルギーで快適な光環境を形成させることが求められる。

(2) 光環境適正化の事例

a．大成建設ZEB実証棟(4.4参照)

室奥まで昼光を安定して届けられる採光装置と間接照明を組合わせることで，低照度でありながら空間の明るさがある質の高い光環境が計画されている(図3.3.3-1)。逆梁構造によるフラットな

図3.3.3-1 採光装置を用いた光環境の適正化

スケルトン天井を昼光の拡散面として活用している(図3.3.3-2)。

図3.3.3-2 フラットなスケルトン天井の拡散面としての活用

b．大林組技術研究所本館テクノステーション(4.7参照)

「人の感じる明るさ」を数値化する指標「明るさ尺度値[2]」を利用し，照度ではなく，輝度を基準に室内の光環境を自動的に評価・制御することによって，低照度でありながら明るい印象を執務者に与えている(図3.3.3-3，3.3.3-4)。

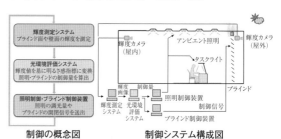

図3.3.3-3 明るさ尺度値を利用した光環境制御

図3.3.3-4 明るさ尺度値を利用した光環境の適正化

c．竹中工務店東関東支店(4.6参照)

改修前の既存オフィスでは両面採光に加え，トップライトを備えていたが，室内に手動の内ブラインドが設置されていたため，スラットが閉状態で使用されている時間帯が多かった。ZEB化改修では外ブラインドを新たに設置し，自動制御に

よって日射侵入時にスラットを Cut-off 角（直射日光を遮蔽できる最小のスラット角）に制御することで，快適な自然採光を可能にした。また，妻側両サイドのトップライトも自然採光に活用している（図 3.3.3-5，3.3.3-6）。

図 3.3.3-5　改修後のオフィス内観とトップライト部

ブラインド角度0°（水平）　　　ブラインド全開

図 3.3.3-6　外ブラインド内蔵のダブルスキン

(3) 光環境の評価事例

前述した竹中工務店東関東支店（4.6 参照）における光環境評価の事例を紹介する[3]。

a．光環境評価

晴天日（2016 年 10 月 15 日）と曇天日（11 月 16 日）に光環境の実測を，晴天日（12 月 24 日）に主観評価を行った。図 3.3.3-7 に測定位置を示す。

ブラインドは Cut-off 角制御とし，直射日光が入射しない面のブラインドスラットを水平にする制御を標準条件とした。アンビエント照明は昼光センサによる自動調光とした。

i) 室内の照度

晴天日と曇天日の机上面照度を図 3.3.3-8 に示す。晴天日は昼光により窓側執務エリアは設定照度 300 lx より高くなるが，その他の時間帯はアンビエント照明の調光制御によって，おおむね設定照度を満たしていた。

ii) 室内の明るさ評価と主観評価

空間の明るさ評価を行った代表的な明るさ画像[2]を図 3.3.3-9 に，明るさ画像から明るさ尺度値（NB 値）を算出した結果を表 3.3.3-1 に示す。オフィスの推奨値である 6～7.5 はおおむね満たされており，作業性に問題はないと考えられる。

図 3.3.3-10 に空間の明るさ評価と視野内平均輝度，机上面の明るさ評価と机上面照度を条件別

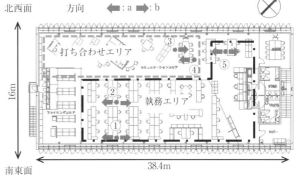

図 3.3.3-7　光環境の測定位置

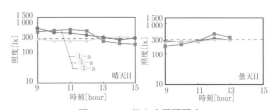

図 3.3.3-8　机上水平面照度

図 3.3.3-9　明るさ画像（⑤-a 方向）

表 3.3.3-1　明るさ尺度値（晴天日）

直射日光の入射が無い面のブラインド制御	評価位置		
	①-a 方向	②-a 方向	⑤-a 方向
スラット水平	7.2	6.7	7.1
巻き上げ	7.1	6.7	7.1
全閉	6.6	6.6	6.7

に示す。主観評価におけるブラインド制御は、直射日光の当たらない面のスラットを水平にする制御の他、ブラインド巻き上げ、ブラインド全閉条件を加え、各評価位置（南東：①-a、中央：②-a、北西：⑤-a）からの机上面および室内全体の明るさ感（1：暗すぎる〜3：適切〜5：明るすぎる）について20代〜50代の男性4名が評価を行った。南東面に直射光が入射する時間帯において、北西面のスラット水平条件、巻き上げ条件は、すべての評価位置で空間全体、机上面ともに適切と評価された。一方、ブラインド全閉条件では、平均輝度、机上面照度は位置による違いがないにもかかわらず、南東側で空間および机上面が中央、北西と比べて暗いと評価された。被験者数が少ないが評価のばらつきが小さく、机上面の明るさを適切にするためには、窓際では室中央より高い机上面照度が必要になる可能性が示された。

b. 照明消費エネルギーの評価

晴天日の昼光利用による消費電力低減効果を確認するため、曇天日と晴天日の照明消費電力の実測を行った。2階オフィスにおける曇天日と晴天日の照明消費電力を図3.3.3-11に示す。曇天日のアンビエント照明消費電力は2.1 W/m^2、タスク照明は0.2 W/m^{2}程度である。晴天日の消費電力はアンビエント照明が1.6 W/m^2、タスク照明は0.2 W/m^{2}程度であり、晴天日の昼光利用により曇天日に比べて24％の照明消費電力を削減している。

改修前後の晴天日の照明消費電力日量比較を図3.3.3-12に示す。改修前はアンビエント照明のみであったが、改修後はタスク照明の消費電力を加えても、改修前に比べて84％の照明消費電力を削減している。

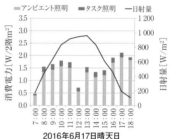

図3.3.3-11　曇天日と晴天日の消費電力

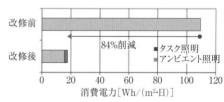

図3.3.3-12　晴天日における日照明消費電力量の比較

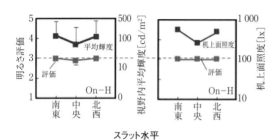

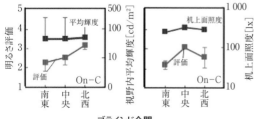

図3.3.3-10　空間（左列）と机上面（右列）の明るさ評価

【参考文献】

1) 日本建築学会：日本建築学会環境基準 AIJES-L0002-2016 照明環境規準・同解説
2) 中村芳樹：光環境における輝度の対比の定量的検討法, 照明学会誌, Vol.84, No.8A, pp.522-528, 2000
3) 佐久間諒, 岩田利枝ほか：既存オフィスのZEB化に関する研究（第5報）外ブラインド制御による室内視環境評価, 空気調和・衛生工学会学術講演論文集, pp.217-220, 2017

3.4 負荷を抑制する

3.4.1 日射の遮蔽

(1) 日射遮蔽の方法

　日射の遮蔽は，窓まわりをどうつくるのかがポイントになる。一般的には，窓を小さくすると熱負荷低減には有利であるが，一方で窓を大きくすると自然採光（昼光利用）には有利である。現行の建築物省エネ法に基づく省エネルギー計算上は，自然採光に有利な設計をしても計算結果に反映されないため，熱負荷低減に有利な設計をした方が設計値によるZEBに近づくが，自然採光を積極的に行う設計は照明エネルギーや照明負荷を処理するための冷房エネルギーの削減にもなるため，エネルギー消費実績値は抑えられる。ZEBを目指す場合は，その地域の緯度経度や気候特性を踏まえ，年間を通じた熱負荷低減と自然採光のバランスを考慮して，ファサードの設計をすることが重要である。

　日射遮蔽の方法は，①ガラス（Low-e複層ガラス，複層ガラス，熱線反射ガラス，熱線吸収ガラス，プリントガラスなど），②日除け（水平ルーバー，垂直ルーバー，格子ルーバー，ライトシェルフ，外ブラインド，オーニング，ソーラーシェード，壁面緑化など），③ペリメータシステム（各階完結型ダブルスキン，多層階吹抜け型ダブルスキン，エアフローウィンドウ，簡易エアフロー，プッシュプルウィンドウなど）のいずれか，またはそれらの組合わせによるものに分類される。

　日射の遮蔽には，日射熱が室内に侵入するのを防ぐものと室内に侵入したものを効率的に除去または活用することで空調負荷を低減するものがあり，庇やルーバーなどの日除け，外ブラインド，ダブルスキン，開口部の壁面緑化などは前者であり，エアフローウィンドウ，プッシュプルウィンドウ，ブラインドの日射制御・スケジュール制御などは後者である。

表 3.4.1-1　夏期・中間期の東京における太陽高度・太陽方位角・壁面直達日射量

時刻	5時	6時	7時	8時	9時	10時	11時	12時	13時	14時	15時	16時	17時	18時
夏至6月21日														
太陽高度 [°]	5.2	16.6	28.4	40.6	52.8	64.6	74.8	77.4	69.4	58.0	45.9	33.7	21.7	10.1
太陽方位角 [°]	-115.1	-107.3	-99.7	-91.8	-82.5	-68.7	-40.8	18.1	59.4	77.3	88.0	96.4	104.0	111.6
南壁面直達日射量 [W/m²]	0.0	0.0	0.0	0.0	62.4	126.0	163.3	169.6	144.5	91.2	17.7	0.0	0.0	0.0
北壁面直達日射量 [W/m²]	59.2	148.0	99.7	18.2	0.0	0.0	0.0	0.0	0.0	0.0	0.0	62.3	123.4	104.0
西壁面直達日射量 [W/m²]	0.0	0.0	0.0	0.0	0.0	0.0	0.0	55.5	244.6	405.5	517.5	558.3	496.5	262.6
東壁面直達日射量 [W/m²]	126.2	476.6	582.1	566.8	472.7	323.8	140.9	0.0	0.0	0.0	0.0	0.0	0.0	0.0
8月1日														
太陽高度 [°]	1.6	13.2	25.2	37.4	49.5	61.0	70.5	73.5	67.3	56.8	45.0	32.8	20.6	8.7
太陽方位角 [°]	-112.5	-104.3	-96.3	-87.8	-77.6	-63.0	-36.6	9.5	48.7	69.3	81.8	91.1	99.3	107.3
南壁面直達日射量 [W/m²]	0.0	0.0	0.0	21.5	106.9	175.9	218.0	227.9	204.5	150.7	74.3	0.0	0.0	0.0
北壁面直達日射量 [W/m²]	0.3	98.5	61.4	0.0	0.0	0.0	0.0	0.0	0.0	0.0	0.0	11.2	79.8	66.7
西壁面直達日射量 [W/m²]	0.0	0.0	0.0	0.0	0.0	0.0	0.0	38.0	232.7	399.8	517.0	558.6	486.9	214.1
東壁面直達日射量 [W/m²]	0.7	387.8	557.1	569.4	488.4	344.8	161.9	0.0	0.0	0.0	0.0	0.0	0.0	0.0
秋分9月23日														
太陽高度 [°]	-6.4	5.8	17.9	29.7	40.5	49.6	55.3	55.9	51.1	42.7	32.1	20.5	8.4	-3.8
太陽方位角 [°]	-96.7	-88.0	-79.0	-68.8	-56.0	-39.0	-16.1	10.5	34.6	52.8	66.3	76.9	86.1	94.8
南壁面直達日射量 [W/m²]	0.0	3.3	85.7	200.2	304.0	380.9	422.3	424.1	386.1	312.5	211.2	98.3	9.8	0.0
北壁面直達日射量 [W/m²]	0.0	0.0	0.0	0.0	0.0	0.0	0.0	0.0	0.0	0.0	0.0	0.0	0.0	0.0
西壁面直達日射量 [W/m²]	0.0	0.0	0.0	0.0	0.0	0.0	0.0	78.7	266.3	411.5	480.6	422.7	143.8	0.0
東壁面直達日射量 [W/m²]	0.0	94.5	440.1	515.1	451.4	308.7	122.3	0.0	0.0	0.0	0.0	0.0	0.0	0.0

　□ 最大値　　□ 100W/m²以上　　■ 100W/m²未満　　■ 直達日射無し

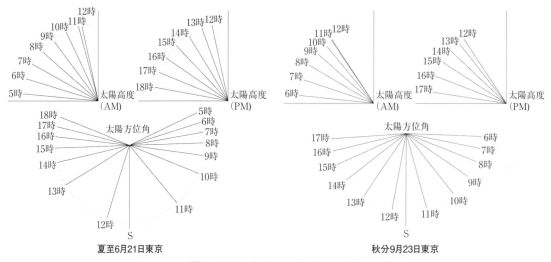

図 3.4.1-1　夏至・秋分の東京における太陽高度・太陽方位角

（2）　日除けのデザイン

日除けを設ける場合は，夏期と中間期の窓面日射面積率を小さくする工夫が重要である。参考として，夏期・中間期の東京における太陽高度・太陽方位角等を表 3.4.1-1，図 3.4.1-1 に示す。建築物の緯度経度から日ごと，季節ごとの太陽高度と太陽方位角がわかるため，窓面の直達日射量がブラインドを下す目安となる 100 W/m^2 以上となる時刻の日射面積率を確認する。方位や窓の大きさ・位置により，できるだけ日除け効果の大きいものを採用することが望ましい。ピーク冷房負荷に対して，日射負荷の影響は大きいため，省エネルギーだけでなく，空調設備容量や建設費の低減にも効果がある。また，南面は中間期が最も日射の影響が大きくなるので留意する必要がある。

日除けの種類は，省エネルギー計算でも計算可能なオーバーハング，サイドフィン，ボックス型が代表的であるが，日除けのデザインは多種多様なため，それらの 3 種類に分類できるものでも省エネルギー計算が難しいものも多い。その場合は，近似的に計算モデルに置き換えて計算する必要がある。また，外ブラインド，オーニング，ダブルスキン，壁面緑化なども日除けの一種であり，設置方法によっては日除け効果が大きい。ダブルスキンは省エネルギー計算でも計算可能である。

自然換気を計画している場合は，中間期の日射遮蔽は自然換気の有効性に多大な影響を与えるため，夏期の冷房時だけでなく，中間期の日除け効果を検討することが重要である。

近年，3D シミュレーションを用いて，年間の日射面積率や日射負荷を確認することも可能になっている。また，熱と光にかかわる室内環境とエネルギー消費量の年間計算も可能になってきている。建築の持っている文化的・芸術的な魅力とファサードの環境性能を両立させた，新しいファサードデザインを創造していくために，シミュレーション技術を適切に使っていく必要がある。

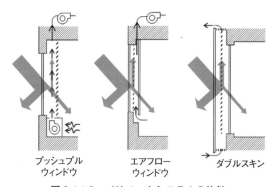

図 3.4.1-2　ペリメータシステムの比較

（3）　ペリメータシステムのデザイン

代表的なペリメータシステムの比較を図 3.4.1-2 に示す。プッシュプルウィンドウは，空気の流れをつくり，室内に侵入した日射熱をブラインドボックス上部から効率的に除去できるようにする手法である。除去した熱を空調機に戻して冷却コイルで処理すると省エネ効果がないため，その

まま排気する必要がある。

エアフローウィンドウは，侵入した日射熱を室内空気と混合させないで，効率的に除去することが重要となり，最適な吹出・吸込位置や窓通気量を設定する必要がある。ブラインドとロールスクリーンを両方組み合わせた簡易エアフローウィンドウ方式も効果が期待できる。エアフローウィンドウの窓通気を空調機に戻さずそのまま排気するなど，空調システムの方で，極力冷水を使用しない排熱の効率的な除去と組み合わせて採用することが望ましい。エアフローウィンドウは窓通気量で性能が決まり，排気温度も上昇するため，外気量が減少するCO_2濃度による外気量制御と併用する場合，空調排熱を回収する全熱交換器と併用する場合は，何らかの工夫が必要となる。

ダブルスキンは，外ブラインドの外側をガラスで保護する形になるため，外ブラインドで集熱した熱を自然換気で除去する必要がある。ダブルスキンには，内部を人が歩ける形状のもの，内外のサッシが一体となった簡易な形状のもの，各階完結型，多層階吹抜け型など，さまざまな形状のものがある。ダブルスキン内部の換気性能を十分確保することと，ダブルスキンの排気口からの排熱が別の給気口にショートサーキットしないようにすることが重要である。

(4) ブラインドのデザイン

ブラインドは，スラット角度を調整することで直達日射を反射し，日射熱は外部へ再放出し，昼光は拡散させ，天井を明るくする効果がある。手動操作の場合が多いが，ブラインドの日射制御を導入すると，屋上の日射制御装置で太陽の動きを追尾し，太陽位置や晴天度合いに応じて，ブラインドの昇降・スラット角度を調整し，ブラインドを常に最適な状態にすることが可能になる。日射の遮蔽と昼光利用の両立を自動制御できる点は優れているが，予期せぬ時にブラインドが可動するため，人にとっての快適性という面で課題もあり，隣接ビルのビル影など場所による日射の違いへの対応など，まだ改善の余地は残されている技術である。

角度変化型ブラインド（グラデーションブラインド）は，角度が異なる上部と下部のスラットにより，自然光を天井に反射させ，室内の奥まで自然光を採り入れることで，一般ブラインドと比較して照明エネルギーの削減が可能である。クライマー式ブラインドは，水平庇と組み合わせることでしか効果が期待できないが，窓下部への日射を遮蔽しながら，窓上部からの昼光利用や眺望の確保を両立できるのが特徴である。

(5) 計画事例

a．雲南市役所新庁舎（図 3.4.1-3）（4.2 参照）

東西面の窓の日除けとして，水平庇の先端に大型垂直ルーバーを45度回転された形で設置した事例である。日射遮蔽と眺望確保の両立を目指すとともに，夏期午後の窓面日射面積率を低減するために，南西側を開く形状となっている。

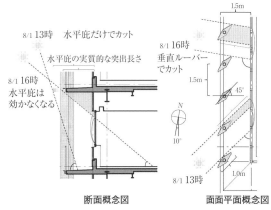

図 3.4.1-3　大型垂直ルーバーと水平庇の日除け効果

b．YKK80ビル（図 3.4.1-4，3.4.1-5）

主開口である西面をアルミ押出材のアウタース

図 3.4.1-4　アウタースキンとメンテナンスデッキ図

キンで覆い，その内側に水平庇とクライマーブラインドを設置した事例である。三次元のアウタースキンは時々刻々と開口率が変化しながら日射を遮蔽し，通過した直達日射は水平庇と自動制御されたクライマー式ブラインドで防いでいる。

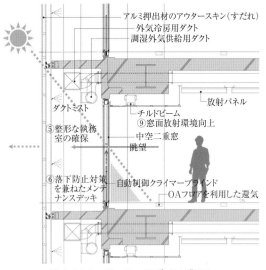

図 3.4.1-5　ファサードダイアグラム

c．東京大学 21KOMCEE（図 3.4.1-6）（4.8 参照）

可動ルーバーを利用したダブルスキン構造の事例である。中間期にはルーバーを開放し積極的に外気と昼光を取り入れる。冬期と夏期はルーバーを閉じ外皮負荷を低減する。ルーバーは黒白 2 面が反転できる構造になっており，夏期は白面が表になり，冬期は黒面が表になる。

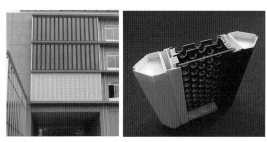

図 3.4.1-6　可動ルーバーを利用したダブルスキン構造

d．糸満市庁舎（図 3.4.1-7）

沖縄の伝統的な民家にあるアマハジを採用した事例である。アマハジには太陽光発電パネルを設置し，沖縄の強い日差しを遮蔽しながら発電できるしくみになっている。

図 3.4.1-7　アマハジによる日射遮蔽と太陽光発電

e．コープ共済プラザ（図 3.4.1-8，図 3.4.1-9）

バルコニーの逆梁でできた空間を利用して緑化を施した事例である。バルコニーの先端に設けたワイヤに沿わせて緑化することにより，日射遮蔽と合わせて，緑による蒸散効果と視覚効果も兼ね備えている。

図 3.4.1-8　緑化されたバルコニー

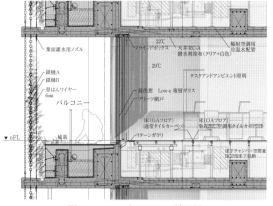

図 3.4.1-9　バルコニー断面図

f．関東学院大学（図 3.4.1-10，3.4.1-11）

ダブルスキンと水平可動ルーバーを設置した事

例である。隣接建物の日影の影響を考慮してファサードのデザインを使い分けており，ダブルスキンの開閉や水平可動ルーバーの角度調整など，学生の建築・環境教育の生きた教材にもなっている。

図 3.4.1-11　ダブルスキンと水平可動ルーバー

図 3.4.1-10　外装の日照分析

コラム　昼光利用と知的生産性

　執務者が長時間過ごすオフィスの環境には，ストレスや疲労蓄積を緩和して健康を増進し，知的生産性の低下を抑制する工夫が必要である。一般的なオフィスの照明は画一的である場合が多く，そのため24時間の生体リズムであるサーカディアンリズムが乱れやすく，日中の眠気や夜間の睡眠障害の一因となっている。

　オフィスへの積極的な昼光利用は，自然エネルギーを活用して建物空間に明るさをもたらし，照明のエネルギー削減に大きく貢献する。また，サーカディアンリズムの調整が促され，日中の執務時間の覚醒状態を向上させることが期待される。

　ここで紹介する研究では，被験者実験による生理量および主観評価から，昼光利用と疲労感や眠気，知的生産性の関係を定量的に検証している。実験では，オフィスで「昼光利用なし」と「昼光あり」の2つの空間を設定し，午前・午後にそれぞれ休憩を含む約2時間半の作業を行い，ストレスやリラックス状態の指標である自律神経状態，疲労に関する主観，模擬作業による作業性を把握している。昼光利用ありのケースは昼光利用なしのケースに比べて，作業中の交感神経が活性化されており，主観による作業負荷（NASA-TLX）の評価が低く，模擬作業（マインドマップ：連想した言葉を記述する作業）の回答数が多い。

　オフィスの執務空間への昼光利用が交感神経の活性化や疲労感の減少・作業負荷の抑制を介して，創造作業の作業成績向上に寄与する可能性を示す研究事例となっている。

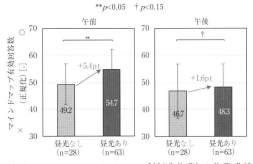

各ケースにおけるマインドマップ（創造作業）の作業成績

参考文献

1) 市原，張本，伊香賀ほか：オフィスにおける昼光利用が知的生産性へ及ぼす影響，大成建設技術センター報，2017.12，No.50

3.4.2 外皮の断熱強化

(1) 外皮の断熱強化の必要性

建築物における冷暖房負荷は，室内部で発生する熱負荷や外気の流出入に起因する熱負荷，外皮を透過・貫流する熱負荷に大別される。ZEB 指向の建築物では，室内で発生する熱負荷が減少するなど，負荷バランスが変容しており，外皮の熱負荷が占める割合も増加傾向にあると考えられ，外皮の断熱強化も重要な要素となる。

外壁の断熱強化技術として，対流熱伝達を減らすための真空断熱材，放射熱伝達を減らすための低放射率素材など，わが国では暖房ニーズのある住宅分野での活用事例が多い。また，外壁の断熱工法としては，外断熱工法や内断熱工法の選択といったように，壁体の熱容量を空調計画に活かす取り組みも従来からなされている。

窓などの開口部は，構造上，外壁に比べると断熱性能が劣ることが多く，また，暖房負荷が大きい欧州に比べると，わが国の窓開口部の断熱性能は重要視されていなかった。内部発熱が少ない ZEB の普及に伴い，暖房負荷の増加も議論されており，わが国でもカーテンウォールの熱貫流率計算方法の改定作業（グレージング部のみではなくフレーム部を含めた熱貫流率計算法の標準化）が進んでいる。

フレーム部の断熱強化も図ったビル用開口部としては，近年，図 3.4.2-1 のクローズド・キャビティ・ファサード（CCF）の室内側フレームに断熱性能の高い木材を活用した高断熱ファサードの開発などもされている。

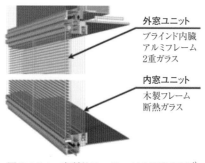

図 3.4.2-1　高断熱ファサードの開発事例[1)]

(2) 高断熱化の改修事例

照明，OA 機器等の内部発熱が大幅に減少することで，冬季の暖房負荷が増大すると考え，外皮の高断熱化改修を行った竹中工務店東関東支店（4.6 参照）の事例である。外壁および屋根を断熱強化するとともに，ガラス開口部においては既存ガラスを取外し，アルゴンガス封入 Low-e ガラスに取替えることで開口部断熱性能の向上を図った。外側にはブラインドおよびシングルガラスを設置することでダブルスキンを構成し，さらにアウタースキン外側に既存の縦ルーバーを再利用することで，効率的に日射遮蔽を行うファサード計画としている。ダブルスキンの構成を図 3.4.2-2，改修前後の平断面を図 3.4.2-3，改修後の外装・外壁・屋根の構成部材とその熱的単体性能を表 3.4.2-1 に示す。

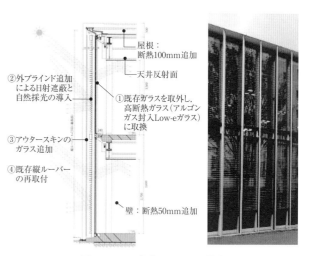

図 3.4.2-2　ダブルスキンの構成

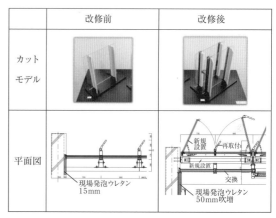

図 3.4.2-3　改修前後の外皮平断面図

表 3.4.2-1　外装・外壁・屋根の構成部材と熱的単体性能

	仕　様	熱貫流率 (W/(m²·K))	日射熱取得率（−）
アウターガラス	強化 8 mm（飛散防止フィルム貼）	5.8	0.84
インナーガラス	Low-e 6 mm + Ar 16 mm + 6 mm	1.2	0.55
ブラインド	スラット　明度：中間色，幅 80 mm	−	−
外　壁	既存：現場発泡ウレタン 15 mm +改修により現場発泡ウレタン 50 mm 吹増	0.30	−
屋　根	既存：硬質イソシアヌレートフォーム 35 mm +改修により硬質イソシアヌレートフォーム 100 mm 増貼	0.17	−

a．屋根・外壁の断熱性能向上

外皮全体の断熱性能の向上を図るため，既存の屋根・外壁の断熱に加えて，屋根面は外断熱としてイソシアヌレートフォームを 100 mm 増し貼りし，外壁面は発泡ウレタン 50 mm を吹き増した。

b．開口部の断熱性能向上

開口部である南東および北西面のガラスカーテンウォールは，既存サッシを活かしながら断熱性能の高いアルゴンガス封入 Low-e ペアガラス（ガラス単体の熱貫流率 $U=1.2$ W/(m²·K)）に取替えた。改修したダブルスキンの熱貫流率の実測値を図 3.4.2-4 に示す。ばらつきはあるもののグレージング部の熱貫流率 U_g は平均で約 1.0 W/(m²·K)，フレーム部を含む熱貫流率 U_w は平均で約 1.1 W/(m²·K) であった。フレーム部を含めても，インナーガラス単体の $U_g(=1.2)$ に比べて断熱性能が向上した。

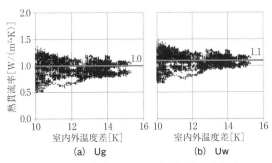

図 3.4.2-4　ダブルスキンの熱貫流率の実測値

c．改修前後のピーク負荷構成

2 階事務所部分における計画初期段階での定常熱負荷計算の冷房時ピーク負荷を図 3.4.2-5，暖房時ピーク負荷を図 3.4.2-6 に示す。改修前の数値は既存建物設計時の設計値を表す。改修後の内部発熱はダウンサイジングの思想に基づき，可能な限り余裕率を低減し，実態に近いと考えられる数値を想定し設計値とした。

冷房時ピーク負荷は，改修前の 130 W/m² から 35 W/m² まで低減している。外皮性能の大幅な向上により，改修前に比べてペリメータ負荷を 71 % 削減している。内部発熱の削減の効果はさらに大きく，改修前に比べ 76 % 削減している。

暖房時ピーク負荷は，改修前の 60 W/m² から 27 W/m² まで 55 % 低減している。ペリメータ負荷を最小化することで，内部発熱の減少による暖房負荷の増大の影響を小さくすることができている。ただし非定常熱負荷においては，とくに早朝の暖房立ち上がり時にはこれよりも大きな負荷が発生することが想定される。

ピーク時の負荷をダウンサイジングすることで，空調機器容量を適正化し，機器の定格消費電力を低減するとともに低負荷時においても効率の良い空調計画が可能となる。

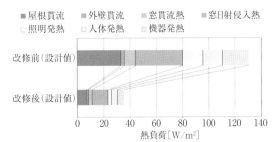

図 3.4.2-5　冷房ピーク負荷の比較：定常計算（2 階オフィス 床面積当たり）

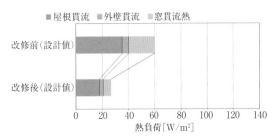

図 3.4.2-6　暖房ピーク負荷の比較：定常計算（2 階オフィス 床面積当たり）

【参考文献】
1）菊池卓郎ほか：内部発熱の低い建物に適したファサードシステムの研究（その1～3），日本建築学会学術講演梗概集，pp.61-66, 2016.8

3.4.3 内部発熱の実態把握

(1) 内部発熱と人間活動

日射熱取得や外皮の貫流熱取得に比較すると、内部発熱は設計の工夫により抑制できる余地は少ない。我々が可能なことは、できる限り精度良く内部発熱の実態を把握し、これに適した設備システムを計画することである。

建物の使われ方は太陽の運行のように数百年に渡って不変な自然現象とは異なり、人間の社会的活動によって短期に変動しうるということには注意する必要がある。図 3.4.3-1 は日本初の超高層建築である霞が関ビルにおける過去 50 年間の電力消費の推移である[1]。1980 年台にはオフィス・オートメーション（OA）化に伴って電力消費が大きく拡大しており、内部発熱も増大したことが推測される。その後の電力消費は、PCや照明器具の高効率化などによってやや落ち着いた後、2008 年のリーマンショックとこれに続いた 2011 年の東日本大震災に伴う原発停止・節電により、大きく減少したことがわかる。このように、設備機器の一般的な寿命とされる 15〜20 年の間にも、社会における人間の活動の変化に伴って、内部発熱は大きく変動している。このような変化は必ずしも技術の向上のように予見しやすく滑らかな変化とは限らず、突発的で非連続な変化となる可能性もある。設備システムはこのような不確実性に対して堅牢であることが求められる。

(2) 内部発熱の不確実性

内部負荷の実態は、上記のように時間軸に対しても変動をみせるが、たとえ同一の時代であっても建物の用途や使用者によって異なる点にも注意が必要である。

図 3.4.3-2 はテナントオフィスビルについて、時刻別の平均的な人員密度をシミュレーションした結果である[2]。計算期間は 20 年間であり、上段の図は建物全体、下段の図は特定の賃貸スペースの結果である。20 年間に入居するテナントの特性はさまざまであり、営業時間帯や人員密度などは一定ではない。したがって、特定の賃貸スペースにおける人員密度は当該スペースをたまたま賃借していたテナントの影響を色濃く受けて大きなばらつきをみせる。一方で、建物全体でみるとテナントごとの特性の影響が相殺されるため、ばらつきは小さくなる。賃貸スペース別の空調機などは前者に影響を受け、中央の熱源機などは後者に影響を受ける。当然、これらの設備機器が同じ不確実性にさらされていると考えることは誤っており、負荷の偏在を考慮した上で、設備容量の余裕率や低負荷への対応について異なった設計が必要となる[3]。

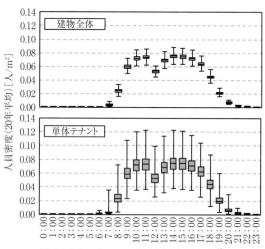

図 3.4.3-2 オフィスの時刻別人員密度[2]

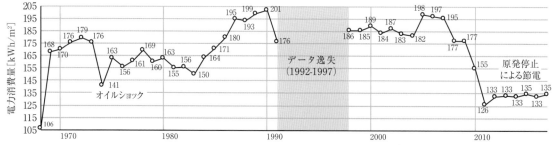

図 3.4.3-1 霞が関ビルの過去 50 年の電力消費データ[1]

(3) 照明負荷の減少

きわめて小さな照明発熱は近年のZEBの特徴である。以下，照明負荷にかかわる歴史を概説する。大正12年（1923年）に竣工した丸ビルは，当時，東洋最大と言われたオフィスビルであったが，その平面計画（図3.4.2-3[4]）は今日のZEBを語る上でも価値がある。日本初の完全冷房の建築は昭和2年（1927年）の横浜正金銀行，最初の全館蛍光灯照明の建築は昭和24年（1949年）のヤマハ楽器店であり，丸ビルが設計された頃の大正期の貧弱な設備システムのもとでは，建築計画によって自然採光と自然通風を確保することが不可欠であった。丸ビルでは中央に2つの大きな吹き抜けを設けてこれを可能としている。

1953年にはJISに屋内照度基準が定められ，以降は図3.4.2-4に示すように基準値が上昇を続けた[5]。実績値に関しては1964〜1979年頃にJIS基準を上回る1 000 lx程度とする事例が増えたが，それ以降はやや歯止めがかかり，平均的にはJIS推奨照度の750 lxを下回るようになる。この間には照明器具の発光効率の上昇もあり，1970年頃の40 W直管形蛍光ランプの発光効率が80 lm/Wであったことに対し，Hf蛍光灯が110 lm/W，近年のLED照明器具は130 lm/Wを超えるものも多い。照度の低下と発光効率の向上によって発熱が抑えられたことに加え，ZEBでは自然採光やタスクアンビエントの採用，さらには各種の照明制御手法が導入され，実績値として照明負荷が3 W/m^{2}を下回る事例も出現している。

(4) コンセント負荷の減少

先に述べたように1980年代にはOA化による内部発熱の増加があったが，この傾向は頭打ちになっており，むしろCPUの消費電力は2005年頃から低下し始めている[6]。また，例えばNTTファシリティーズ新大橋ビルのように，シンクライアント方式を導入することで，オフィスエリアから計算機負荷を取り除き，地下のサーバー室で集中的に計算機負荷を処理するような事例も表れている（図3.4.2-5）。本事例は建物内で負荷を移

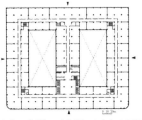

図3.4.3-3 丸ビル（大正12年）の平面図[4]

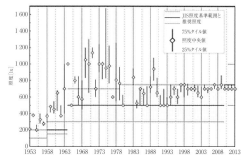

図3.4.3-4 オフィス照度とJIS照度基準値の推移[5]

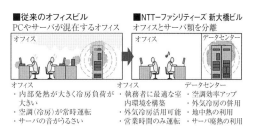

図3.4.3-5 新大橋ビルにおけるコンセント負荷の分離法[7]

転させた事例であるが，クラウドサービスの発達は，すでに一般の建築においても建物内から建物外への計算機負荷の移転を進行させている。

【参考文献】

1) 霞が関ビルディング50周年記念誌，新建築社，2018.4.12
2) 富樫英介：設備システムの省エネルギー化が不動産価値に与える影響の定量的評価方法に関する研究，第4報 - テナント属性および建物運用の確率モデルの開発，空気調和・衛生工学会論文集，Vol.43, No.253, pp.31-37, 2018.04
3) 柳井崇，永田明寛：内部負荷の偏在化を考慮した空調設備の性能評価と設計手法に関する研究，第1報 - 内部発熱の偏在化推定と室内熱環境・エネルギー消費への影響の検討，空気調和・衛生工学会論文集，Vol.40, No.221, pp.1-10, 2015.08
4) 新建築学体系編集委員会編：新建築学体系34 事務所・複合建築の設計，彰国社，pp.12-15, 1982
5) 成島雄一，宗方淳，岩田利枝，谷口智子，望月悦子：我が国のオフィス照明環境と執務者評価の変遷に関する研究，日本建築学会環境系論文集，第81巻，第719号，pp.49-56, 2016.1
6) Andrew Danowitz, Kyle Kelley, James Mao, John P. Stevenson, Mark Horowitz：CPU DB, Recording Microprocessor History, acm queue, Vol. 10, Issue 4, 2012.4
7) 渡邊剛：NTTファシリティーズ新大橋ビルの電気設備，電気設備学会誌，第36巻，第7号，pp.494-496, 2016

3.4.4 外気負荷の低減

外気導入は居住者の健康維持や衛生的環境を提供するために必要不可欠であるが，これの処理に必要な外気負荷は，一般的に空調負荷の約3割程度と比較的大きなウェイトを占める。また，ZEB化に伴う室内負荷の減少に伴い外気負荷の占める割合は増大されることが予想されているため，外気負荷低減の努力は今後も欠かせない。

外気負荷低減手法として，代表的なものとして以下の2つがあげられる。

① 自然・未利用エネルギーを利用した外気の予冷・予熱：クール／ヒートチューブ・熱交換器の採用，太陽熱・井水熱利用など
② 外気導入量の適正化：CO_2 濃度や在室人数による導入量可変制御，外調機の集約化など

クール／ヒートチューブについては，3.5.3節において詳しく述べているので，ここでは，これ以外の技術について述べる。

(1) 外気の予冷・予熱

まず熱交換器は，新鮮外気導入により生じる余剰空気を外へ排気する過程で，そこに含まれている顕熱あるいは全熱を回収し，導入外気を予冷・予熱するシステムである。

顕熱のみを回収する顕熱交換器と全熱交換器に大別され，熱交換器の凍結のおそれがあるような寒冷地では顕熱交換器が，それ以外の地域では全熱交換器の採用が多くみられる。

熱交換の仕組みで見ると，円形ロータを用いる回転型熱交換器と，直交流型プレートフィン式を用いる静止型があり，採用する外気処理機器やシステムに応じて選定される。

熱交換器の導入効果は，熱交換効率と熱交換器に導入する外気導入量によって決定される。また，中間期のように室内外の温湿度差が大きくないときには導入による効果が十分期待できないこともある。

(2) 外気導入量の適正化

つぎに外気導入量の適正化とは，室内の CO_2 濃度基準値を満足させるために外気導入量を必要最小限にする手法のことである。このため，室内の CO_2 濃度をモニタリングする，あるいは，IT技術を用いて在室人数を把握し，それに応じて外気導入量を可変制御する。

外気導入量の適正化による低減効果は，外気導入量減による外気負荷低減と搬送動力の低減が期待できる。また，導入による効果は，設計の在室人数（外気導入量）に対する在室者率によって決まるため，事前にその効果を予測することは容易ではないが，多くの事例から確実に外気負荷の抑制に効果があることが示されている。

(3) 計画の留意点

上記に紹介された2つの外気負荷低減手法は，原理の明快さ，導入効果の確かさ，採用の容易さゆえに採用例は比較的多い。また，2つの手法を併用する場合も少なくないが，この場合には両者の特徴を十分理解して計画する必要がある。

一般的に，全熱交換器の交換効率特性は排気量と導入量の比率の違いによって変わることが知られている。ここで，外気導入量の適正化によって全熱交換器へ導入される外気量が減少される場合，交換効率は低下して計画時に想定していた導入効果が半減されることも起こりうる。

さらに，外気導入量がトイレ等への排気量を下回り，全熱交換器からの排気量がゼロとなる場合には導入外気の予熱・予冷はまったく期待できない事態に陥る。このような懸念はエアフローウィンドウのような排気量を確保する必要のある要素技術においても同様であり，事前に十分な風量バランスの計画が必要である。

3.4.5 すきま風の防止

すきま風は，窓サッシまわりのすきま，施工精度による外壁自体のすきま，扉開閉時などにおける内外の圧力差によって生ずるものである[1]。このすきま風は，暖房時には冷たい外気を室内へ持ちこみ，冷房時には高温多湿の外気を流入させるので，室内環境へ影響は看過できない。

一般的に気密性の高い建物ではすきま風の影響をほとんど無視できるとされるが，気密性の低い場合や気密性が高い建物でも扉の開閉によるすきま風には留意が必要である。また，近年では自然換気のために設けた開口部まわりですきま風が流入するケースも報告されているので，見落としのないよう確認が必要である。

【引用文献】
1) 空気調和・衛生工学便覧，第14版，空気調和衛生工学会，2010

コラム 打ち水の知恵，細霧冷房システム

水の気化熱は水1kgあたり約2500Jであり，これを利用すれば，比較的簡単に大きな冷熱を得ることができる。打ち水は，この気化熱を上手に利用する昔からの知恵である。細霧冷房システムは，細かい水の粒子を空気中に放散し，気化熱を利用して涼感を得るシステムのことをいう。水の気化熱を上手に利用する点で打ち水に似ているが，細かい水の粒子を用いて狙いのところを的確に冷やす点はこのシステムの特色であろう。

細霧冷房システムは2005年の愛知万博会場に設置され，夏のあつい万博会場にオアシスのような空間を提供したことは久しい。本システムの大規模導入は国内ではこれがはじめとされており，この出来事を皮切りに一般に広まってきている。

愛知万博会場（左），六本木ヒルズ（右）に導入された細霧冷房システム（なごミスト設計有限会社提供）

愛知万博会場に導入されたシステムは，約60気圧に加圧した水をノズルから放出させて細かい水の粒子を作り出した．髪の毛のおよそ6分の1程度の細かい水粒子（平均粒径約16μm）は来場者の頭上ですぐに蒸発されて，行きかう人々に涼感を与えた。このシステムによる気温降下は最大で4℃程度と報告されている。また，ノズル1個当たりの噴霧量は約5分間でコップ一杯分（50ml/min）となり，クスノキ林7m²の蒸発散量に匹敵すると言われている。

このように，細霧冷房システムは半屋外における暑熱環境の緩和に加えて，コンクリートに覆われている都市に潤いを与える現代版の「打ち水」である。

3.5 自然エネルギーを利用する

3.5.1 昼光利用(自然採光)

(1) 昼光利用の必要性

建物における窓は，眺望，時間の流れ，天候の変化などの屋外の情報を取り入れながら，風や光など自然の恩恵を室内に取り入れる役割をもつ。

建物における窓の持つ役割のなかでも，昼光利用はエネルギー，室内環境に大きな影響を与え，人工照明の消費エネルギー削減に大きく寄与するだけではなく，居住者が，積極的な明るさと自然を感じ，体内のリズムを整える効果などのメリットをもつ。一方，窓の仕様によっては，エネルギー面では日射や熱貫流による熱負荷の増加をもたらす場合，視環境の質の面ではグレアの発生や均斉度の低下をもたらす場合があり，留意が必要である。

日本建築学会環境基準 AIJES-L0003-2018 昼光照明規準・同解説では，昼光照明の計画・設計・評価・運用において必要な昼光照明環境の量と質の指標，昼光光源，昼光照明計画，建築照明のエネルギー性能に対する昼光利用について技術的規準が定められている。

米国の建築物認証プログラム LEED では，「spatial Daylight Autonomy(空間昼光自律性：sDA)」「Annual Sunlight Exposure(年間直射日光導入率：ASE)」が規定されている。また居住者の健康・快適性を評価する WELL Building Standard (v1)では，この sDA, ASE を加点要件としている。具体的には，空間の 55 % 以上で 300 lx 以上の日光が年間の運用時間の 50 % 以上で享受されること，また 1 000 lx 以上を年間 250 時間暴露されるのはエリアの 10 % 以下であることとしている。これらの昼光照度レベルに関しては，今後，日本での気象や建物に即した検証がなされるべきであるが，昼光による有用な照度は，空間的にも時間的にもより広い範囲で享受しつつ，過度な照度は限定されるべきであり，昼光利用計画における基本的な考え方となる。

(2) 採光手法の分類

ここでは，昼光利用における採光方法や注意事項を概説する。

採光手法には，対象室，空間構成，採光・導光・放光により，以下のように分類され，省エネ性，採光量，演出，コストなどを考慮して選択される。

[対象室]

・執務室などを照らすもの

　広範囲の居室を対象とし，面積が大きく省エネ性に寄与し，居住者の健康性を向上させることが主な目的となる。

図 3.5.1-1　大成建設 ZEB 実証棟[1)]

・共用部を照らすもの

　吹抜け下部，廊下，コア廻りなど，昼光の届きにくい場所への採光や自然との結びつきの感覚をもたらすことが主な目的となる。

図 3.5.1-2　デンソーグローバル研修所・保養所『AQUAWINGS』
このトップライトは採光するだけではなく，木漏れ日を作ることで，自然環境との融和を図ったものである

［空間構成］
・垂直型

　主に建物の頂部から光を取り入れ，下部の空間に自然光をもたらすもの。最上階や平屋におけるトップライトによる採光では，十分な自然光を，比較的均質に受けることができる。垂直ボイドや光ダクトによる採光では，鏡面により下層階まで導き，各階に光を導きいれる構成となる。

・水平型

　主に建物の壁面から光を取り入れ，各階の空間に自然光をもたらすもの。主に外壁に設置されたライトシェルフ，採光装置，ブラインド，ルーバー，フィルムを用いるもので，各階で完結した仕組みによる採光が可能である。

［採光・導光・放光］
・反射板型・プリズム型

　室内空間内で光を導光するもの。ライトシェルフ，ブラインド，採光フィルムなど，反射板やプリズムにより，光の角度を照射方向に制御するため，鏡面のダクト状などの光のガイドが不要である。

・ダクト型

　鏡面のダクト内で光を導光するもの。ダクトやチューブにより，任意の室内の場所へ方向することができる。

(3) 代表的な採光手法の特徴

　代表的な採光手法の特徴を記す。

a．ライトシェルフ

　窓面の上部を採光部分，窓面の下部を眺望部分として，窓面の上部と下部の境の位置に棚状の庇を設置し，室内の天井面に自然光を導くものである。庇の上部で日射を反射させ，窓際の天井面の輝度を高めて，室内に拡散した光を照射する。

　ライトシェルフのパターンには，外部側に庇が設置されるパターン，室内側に庇が設置されるパターン，室内外を貫通した形状とするパターンがある。

　外部の庇のパターンは，窓面下部に対する庇の効果があり，夏期の直達日射の侵入を抑制して熱負荷を抑えるとともに，ブラインド面での過度な高輝度面の発生を抑え，眺望を確保できるのが特徴である。窓面上部に対しては，さらに上部に庇を設けたり，拡散ガラスを採用したり，開閉可能な日射遮蔽（ブラインド，ロールスクリーン）を設置するなど，直射日光の侵入に対する考慮が必要となる。窓面上部を拡散ガラスなどを用いて半透明にする場合は，光を拡散することができる。また外部庇は経年的に汚れが付着する。水切りを設計して汚れの付着を軽減させる。

　内部の庇のパターンは，窓面上部からの直射日光に対して日射遮蔽するブラインドの効果をもち，窓面下部は直射日光に対して別途の日射遮蔽装置が必要となる。室内側に設置するため，受光面積は外部庇に比べ，比較的小さくなる。メンテナンスは容易である。

　庇の表面は，室内側の窓面付近の天井面に高輝度面を発生させないように，拡散面の仕上げとする場合が多い。

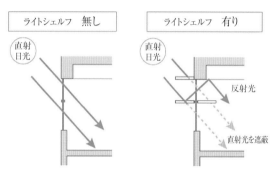

図 3.5.1-3　ライトシェルフ（LIXIL HP より一部改変）[2]

b．箱型採光装置

　箱型の採光装置は，窓面の上部位置に設置され，鏡面で構成される装置である。建築と一体的に計画され，図のようなバルコニーの天井裏，または窓廻りの下がり天井に納められる。下面には特殊な曲面形状の鏡面を備えており，さまざまな太陽高度の直射日光を正反射させ，反射光を室奥まで届ける性能をもつ。曲面形状により，天井面の窓側から室奥までの引き伸ばされた反射光となり，緩やかな天井面の輝度分布となる。グレアカットのプレートにより，室内の居住者の眼に対する直射日光の差し込みを防止している。屋外側の採光部，室内側の放光部とも，ガラスで閉じられており，また駆動装置が不要なので，メンテナンスが

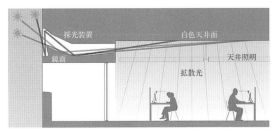

図 3.5.1-4 箱型採光装置（大成建設HPより）[3]

不要である。プライバシーやグレアなどの要因で下部の窓部分のブラインドが閉鎖される場合も，採光装置から常に昼光を享受することができる。

c．ブラインド型採光装置

スラットの工夫により，昼光を天井面に反射させることを意図したブラインドであり，後付けの施工が可能である。

i) 角度変化型ブラインド

角度変化型ブラインドは，グラデーションブラインドとも呼ばれ，ブラインドのスラット角度がブラインドの上部から下部にかけて変化しているブラインドである。

一般的なブラインドのスラットは上部から下部まで同一の角度であるので，窓面のブラインドから天井面に反射される昼光の角度が同一となり，窓側の天井面の輝度が高くなりがちであった。

角度変化型ブラインドは，上部のブラインドは室奥に反射する角度，下部のブラインドは窓側に反射する角度になるよう，スラットの角度を調整するラダーコードが工夫されている。また，太陽高度の日変化に追従するよう，ブラインド角度の自動制御との組み合わせで運用される。

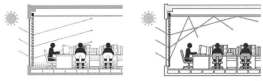

図 3.5.1-5 角度変化型ブラインド（タチカワブラインドHPより）[4]

ii) 鏡面反射型ブラインド

鏡面反射型ブラインドは，窓面の上部を採光部分として鏡面仕上げのスラットで構成し，窓面の下部を一般的な仕上げのスラットで構成するブラインドである。

窓面の上部の採光部分は，下に凸とする特殊な断面形状のスラットであり，上面は鏡面として，窓側から室奥まで引き伸ばされた反射光を形成し，天井面に緩やかな輝度分布を形成する。下面は拡散面として，窓面のグレアを低減する。

窓面の下部の一般部分のスラットは，上部の採光部分のスラットとは別に角度を調整することができ，プライバシーやグレアの状況に応じて対応可能である。

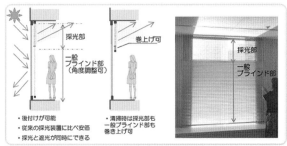

図 3.5.1-6 鏡面反射型ブラインド（大成建設HPより）[5]

d．採光フィルム

採光フィルムは，樹脂で成形されたプリズムのフィルムで，窓面の上部のガラスに貼り付けて使

図 3.5.1-7 採光フィルムの仕組み（DNP HPより）[6]

採光フィルムなし　　　採光フィルムあり

図 3.5.1-8 採光フィルムの有無の比較（DNP HPより）[7]

図 3.5.1-9　採光フィルムの設置例（シャープ HP より）[8]

用される。フィルム表面の凹凸のプリズムの効果により，窓面に対して斜め下方向に入射する昼光を屈折させ，斜め上方向の天井面へ向かう角度の光に変換するものである。プリズムは，光学的に設計され，微細な加工により成形されている。薄い素材なので後付けの施工が可能であり，ほぼ平滑なので汚れがつきにくく，清掃が容易である。

e．光ダクト

光ダクトは，内部が鏡面である角形断面のダクトや円形断面のチューブを用いる採光手法である。

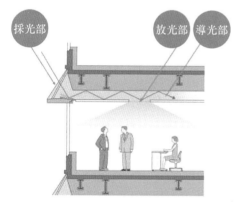

図 3.5.1-10　水平型光ダクト（日建設計 HP より）[9]

図 3.5.1-11　光ダクトの設置例（JAXA 開発推進棟　マテリアルハウス HP より）[10]

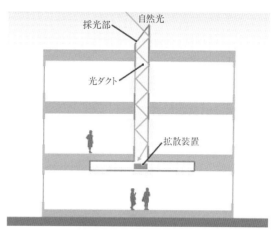

図 3.5.1-12　垂直型光ダクト（マテリアルハウス HP より）[11]

水平方向に光ダクトを利用する場合は，外壁面に採光部を設置し，天井裏などに光ダクトを敷設し，室内天井面の拡散板から放光する。昼光の届きにくい執務スペースの室奥や，北側のコア廻りに自然光をもたらすことができる。

垂直方向に光ダクトを利用する場合は，屋上面に採光部を設置し，鏡面で構成されるダクト，チューブで光を導き，各階や下層部に自然光による明るさの演出をすることができる。

f．ボイド利用

大平面のオフィス計画においては，昼光に対するアクセス性が低下するため，例えばエコボイドとよばれるような，上下の階層を貫通するボイド空間が建物内部に計画される。このボイド頂部で採光し，ボイドに面する共用廊下や執務室壁面に昼光をもたらす。

太陽追尾型ミラーによる手法は，ボイドの頂部に自動で太陽を追尾する電動ミラーを設置し，ボイドの側面やボイドの底面に向けて反射光を照射する仕組みである。ミラーの平滑性や角度の精度を高めることにより，80 m の照射距離を実現させるものもある。

なお，昼光利用における注意事項として，採光手法は窓廻りの過度な高輝度部分を低減しつつ，座席レイアウトは窓面に対して垂直であることが推奨される。窓面方向の視線となる座席では，居住者が窓廻りの高輝度部分による不快グレアを感じる場合がある。窓面を背面とした座席では，

ディスプレイに窓廻りの高輝度部分が映り込み，減能グレアが発生する場合がある。窓面に対して垂直の座席の場合は，窓廻りの高輝度部分が視野の周辺となり，グレアを感じにくい。このように昼光利用は座席レイアウトと一体的に計画することが望ましい。

昼光利用においては，①屋外要因(天候や立地)，②建物要因(開口部仕様・採光手法)，③建物要因(室仕様)，④照明設備要因(照明制御設定)など，多岐にわたる要因が関連する。昼光利用は，採光手法のみではなく，建物の基本計画，室用途，照明設備，座席配置と調和した一体的な計画とすることが重要である。

【参考文献】
1) 杉江, 熊谷ほか：技術センターZEB実証棟, 大成建設技術センター報, No.47, 2014.12
2) https：//tostem.lixil.co.jp/lineup/bldg/advanced_technology/saikou/righrshelf.htm
3) https：//www.taisei.co.jp/ss/tech_center/topics/zeb/05.html
4) https：//www.news.blind.co.jp/news/index.php?itemid=262
5) https：//www.taisei.co.jp/about_us/wn/2017/170831_3528.html
6) https：//www.dnp.co.jp/news/detail/1188099_1587.html
7) https：//www.dnp.co.jp/biz/solution/products/detail/1188726_1567.html
8) http：//www.sharp.co.jp/corporate/news/170309-a.html
9) http：//www.nikken.co.jp/ja/work/solution/ndvukb-00000050wp.html
10) http：//www.materialhouse.jp/example/all/jaxa.html
11) http：//www.materialhouse.jp/products/hikari-duct.html
12) https：//www.taisei.co.jp/ss/tech/F3008.html

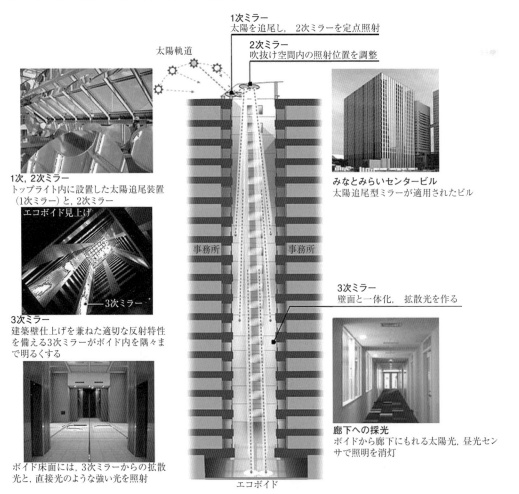

図 3.5.1-13　太陽追尾型ミラーによる採光装置（大成建設HPより）[12]

3.5.2 自然換気

(1) 自然換気の特徴と種類

自然換気は風力や温度差などを利用する換気方式である。駆動力に電気を必要としないため省エネルギーであり，ZEB 化には必須のアイテムである。

自然換気の種類は，建物にかかる風圧を利用したもの，温度差による煙突効果を利用したもの，卓越風によるベンチュリー（誘引）効果を利用したものがある。近年は，太陽熱を温度差換気の駆動源に利用するソーラーチムニーや機械換気と併用したハイブリッド換気を採用した事例もみられる。代表的な自然換気の形態を図 3.5.2-1 に示す。

(2) 自然換気の原理と採用形態

外気を建物に取り入れる手法はさまざまであり，自然換気の原理と採用形態の種類の関係を表 3.5.2-1 にまとめた。自然換気は，建築計画と設備計画の機能的融合が求められるため，設計の企画段階で調整することがきわめて重要である。

(3) 計画の留意事項

自然換気は気象条件や立地・建物条件により大きな影響を受けるため，計画時にはさまざまな検討を行う必要がある。代表的な留意事項を以下に示す。これらを解決することで，実効性のある自然換気を確立できる。

① 自然換気の換気性能向上の検討
② 自然換気の必要換気量を抑える中間期の日射遮蔽（熱負荷低減）の検討
③ 自然換気を優先させる空調システムの検討
④ 自然換気を優先させる運用の検討
⑤ 騒音・臭気・埃（花粉，清浄度他）など周辺環境の検討

(4) 計画事例

ここでは，ZEB 先進事例の中から自然換気の事例を 5 つ紹介する。いずれも建築計画と設備計画が機能的に融合しており，さまざまな工夫が施

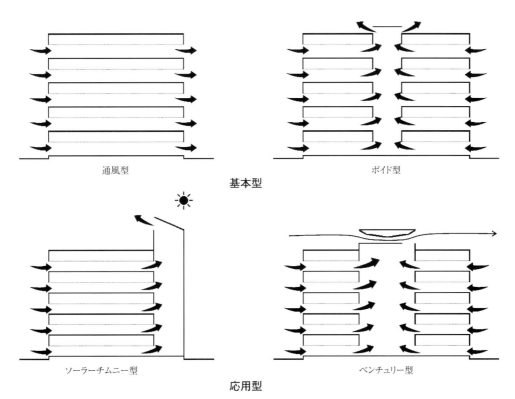

注）ボイド型をはじめ温度差換気方式では中性帯より上層の階では風の流れが逆となる

図 3.5.2-1 代表的な自然換気の形態

表 3.5.2-1　自然換気の原理と採用形態の種類[1]

原理	概　　要	採用形態の種類							
		片面開口形	両面開口形	中庭形	アトリウム形	内部ボイド形	ソーラーチムニー形	ダブルスキン形	地下駐車場
温度差換気方式	・温度差による換気 ・暖かい空気は軽くなり上昇するという性質を利用 ・吹き抜けなどを利用することで，風がなくても換気が可能			○		○	○	○	○
風力換気方式	・建物に風があたると，風上が正圧，風下で負圧となる力を利用 ・主風向を考慮して換気口を配置することで効果を期待 ・水平方向に経路が取れないと換気の促進を阻害	○	○						○
誘引換気方式	・風が屋根や塔を通りぬける際に生じる吸引力を利用 ・どの方位からの風にも利用できる形状にする工夫が必要				○	○	○		
ハイブリッド換気方式	・自然換気と機械換気の併用								

され独自性も兼ね備えている。

　事例ごとに，その特徴や工夫している点を紹介する。

a．大林組技術研究所本館テクノステーション（4.7参照）

ⅰ）原理

　温度差換気方式（図 3.5.2-2）

ⅱ）概要

　二層吹抜けで天井が高く，大きな気積の執務室空間は，下階の1階ピロティの軒天を介して床面グレーチングより室内に外気が取り入れられ，室内発熱により浮力で上昇した空気が，頂部の排気口より排気される温度成層を利用した「置換換気型」の自然換気システムである。換気性能の高い「置換換気型」としたことで換気量の確保を可能としている。また，ゾーンごとに外気取入口や排気口の開放個数を制御することで，自然換気時でも室内環境を快適な状態で安定させている。

ⅲ）特徴

　この事例では外気取入口と排気口に工夫が見られる。外気取入口は執務室直下階のピロティ天井部に設けられ，風を直接受けない構えとし風圧による換気量の乱れを防いでいる。排気口は天井の高い執務室の屋根面に設けた多機能なエコロジカルルーフ（図 3.5.2-3）の側窓を利用している。この事例は，煙突効果による自然換気の原理を最大限に活かす工夫が建築計画に盛り込まれた自然換気システムである。

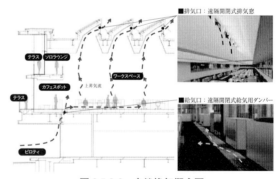

図 3.5.2-2　自然換気概念図

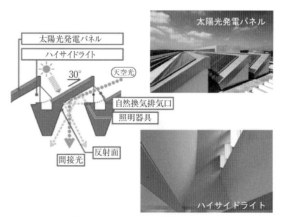

図 3.5.2-3　エコロジカルルーフ

b．雲南市役所新庁舎（4.2 参照）

ⅰ）原理

温度差＋風力換気方式（図 3.5.2-4）

ⅱ）概要

1～3 階はセンターボイドの煙突効果を利用した温度差換気と 4, 5 階は川に沿って吹く安定した風を利用した風力換気の二種類の自然換気システムとなっておりナイトパージにも利用されている。外気取入口は，1～4 階の執務室に各フロア 3 箇所ずつ設けている。排気口は建物中央部に配置したセンターボイド上部に設けている。中間期において，空調なしで快適な室内環境を確保する計画となっている。

ⅲ）特徴

この事例で工夫されている代表的な点は，外気の取り入れとセンターボイドまわりの建築計画である。外気取入口（図 3.5.2-5）においては，雨や風で窓が開けられない時でも外気を取り入れるためにガラリ（窓の下部）としている。また，自然換気をコントロールするためのダンパーを付加設置している。これにより，夏期夜間は，自然換気ダンパーを開放することでナイトパージを行い，翌朝の空調の立ち上り時の冷房負荷を低減している。センターボイドまわりの建築計画では，執務室とセンターボイドの間の間仕切りをなくし，空間として一体化し自然換気の空気の流れるルートを最大限に確保している。

c．竹中工務店東関東支店（4.6 参照）

ⅰ）原理

温度差換気方式（図 3.5.2-6）

ⅱ）概要

自然換気の対象は 2 階建ての 2 階執務室で，外気取入口は執務室両サイドのダブルスキン部に設けている。排気口は，屋根（天井）に設けた開閉するトップライトと兼用している。どちらも，自然換気が有効の際に自動的に開閉するシステムとなっている。

ⅲ）特徴

この事例で工夫されている点は外気取入口である。外気取入口（図 3.5.2-7）はダブルスキン部の

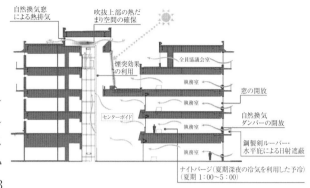

図 3.5.2-4　自然換気概念図

外部　　　　　　　　　内部

図 3.5.2-5　外気取入口

図 3.5.2-6　自然換気概念図

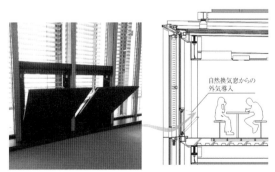

図 3.5.2-7　外気取入口

室内側に設置され，屋外側は上部と下部が屋外に開放されている。これにより，風圧による換気量の乱れを防いで，安定した換気量を確保している。この事例においても，風圧による換気量の乱れという自然換気の弱点をダブルスキンという建築計画でうまく補っている。

d．ダイキン・テクノロジー・イノベーションセンター（4.9参照）

ⅰ）原理

温度差＋ハイブリッド換気方式（図3.5.2-8）

ⅱ）概要

メガフロア（60 m × 60 m）を積層した建物の中央に大きな吹き抜けを2箇所設け，煙突効果を利用した自然換気システムである。外気取り入れは外壁面の各階窓，排気は吹き抜け頂部に設けた窓より行っている。また，空調システムとの連携で自然換気と機械による空調を同時に行うハイブリッド換気システムを構築している（図3.5.2-9）。自然換気は，外部環境が自然換気推奨条件を満足すると居住者に知らされ，居住者の意思により手動で開閉する環境選択型を採用している。

ⅲ）特徴

この事例で工夫されている点は，メガフロアに自然換気を適用する際の建築計画と自然換気だけに頼らない空調システムである。一般的にメガフロアの建物に自然換気は不向きであるが，階の中央に大きな吹き抜けを設け，外周から取り入れた外気を吹き抜け経由で排出することで解決している。一方，空調システムは，居住者へ快適な室内環境を提供し続けながら自然換気の効果を最大限に発揮する目的で，自然換気と機械による空調の併用を可能としたことが特徴である。空調換気モードは「自然換気⇔外気冷房⇔ハイブリッド空調」と自動で切り替えられる。

e．東京ガス立川ビル（4.11参照）

ⅰ）原理

温度差換気方式（図3.5.2-10，3.5.2-11）

ⅱ）概要

複数のフロアを積層した建物に，採光と換気を兼ねた屋外扱いのシャフトを設けた自然換気シス

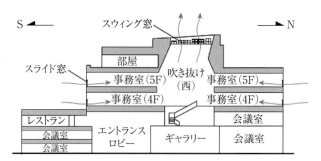

図3.5.2-8　自然換気概念図

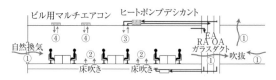

① 自然換気窓を用いた自然換気
② 外気冷房やタスク空調等補助的な役割を担う床吹出しパッケージエアコン
③ 外気導入および湿度調節を行うヒートポンプデシカント調湿外気処理機
④ 外気や内部負荷を処理する天吊型個別パッケージエアコン

図3.5.2-9　ハイブリッド換気システム図

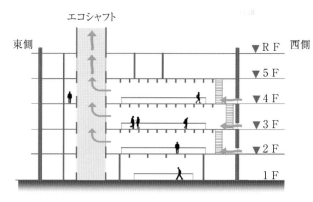

図3.5.2-10　自然換気概念図

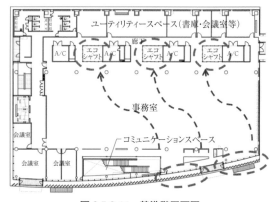

図3.5.2-11　基準階平面図

テムである。外気取り入れは執務室長手方向外壁面の各階窓，排気はエコシャフトと呼ばれる屋外扱いのシャフトに設けた窓より行っている。自然換気は，外部環境が自然換気推奨条件を満足すると執務室に設けたランプの点灯と館内放送により居住者に知らせ，換気窓の開放を促し窓の開放と空調の停止をもって行われる。

ⅲ）特徴

この事例で工夫されている点は，外気取り入れと反対側にあたるコア部分に排気用の屋外扱いのシャフトを設けて換気効率を上げている点である。また，この屋外扱いのシャフトは建築計画上でも上手く活用されている。エコシャフトと呼ばれる通り，この屋外扱いのシャフトは自然換気の排気専用ではなく，暗くなりがちな奥まった執務室部分を自然採光で照らす役割を持たせている。

【参考文献】

1）空気調和・衛生工学会，空気調和設備委員会 ZEB 実現可能性検討小委員会：委員会成果報告書「ZEB 実現可能性に関する調査研究」，2016.10.31

3.5.3 地中熱の利用（クール/ヒートチューブ[*1]）

　地中温度は，図 3.5.3-1 に示すように，気温の年周期変動に対して，時間遅れのある振幅の小さい年周期変動を示す。また，地中深度が増すほどその時間遅れは大きくなり，年周期変動の振幅は小さくなる。これは，地中土壌の熱容量が大きいことが原因であり，地中の温度は外気温度に比べて冬期には高く，夏期には低くなる。このような地中温度を上手に利用する手法を，地中熱利用と称しており，クール/ヒートチューブや地中熱利用ヒートポンプシステムなどがその代表例である。

　ここでは，クール/ヒートチューブを取り上げて，システムの概要と導入事例，計画上の留意事項について述べる。

(1)　クール/ヒートチューブの原理と利用形態

　室内空気あるいは外気を地中に埋設したパイプ内（あるいは地下ピット内）に導入し，冬期には加熱され，夏期には冷却されるパッシブな手法である。

　図 3.5.3-2 にクール/ヒートチューブの概念図を示す。また，クール/ヒートチューブはその利用形態から，表 3.5.3-1 のように大きく2つに大別できる。

　クール/ヒートチューブ単独で，夏期のみのパッシブクーリングシステムとしての利用形態があげられる。この場合，本システムは夏のみの利用となるため，クールチューブとも呼ばれる。他方，従来の空調システムと併用し，その補助システムとして取入外気の予冷/予熱を行う手法がある。

　また，取り入れ外気の導入流路の違いによって，チューブ埋設型と地下ピット利用型に分類できる。

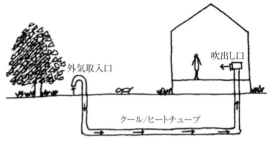

図 3.5.3-2　クール/ヒートチューブの概念図

表 3.5.3-1　クール/ヒートチューブの利用形態

利用形態別分類	パッシブクーリング	取入外気の予冷/予熱
主な特徴	従来空調システムを必要としない	従来空調システムと併用される
	取り入れ外気量の比較的少ない，または規模の小さい建物，主に住宅の導入例が多い	取り入れ外気量の比較的多い中規模以上の建物に導入可能
	夏のみの利用（ヒーター付きで冬期利用可）	冬期と夏期ともに利用
	空調負荷を処理	主に建物の空調用外気負荷低減を目的としており，室内負荷の一部を処理することも可能

(2)　クール/ヒートチューブの導入事例

　東京ガス立川ビル（4.11節参照）におけるクール/ヒートチューブの導入事例を紹介する。

　当該施設は，地下ピット利用型を採用し取り入れ外気の予冷・予熱を図る。ピットの総延長は約70 m，高さは1.0 m～1.5 mであり，取り入れ外気量は 14 000 m³/h となっている。2017年の実績値によると，取り入れ外気の最大加熱・冷却効果

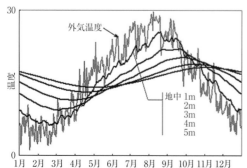

図 3.5.3-1　地中温度の年変動

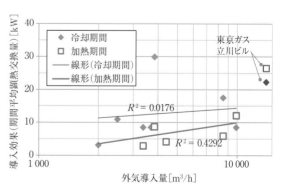

図 3.5.3-3　クール/ヒートチューブ導入事例の効果分析

はそれぞれ 26.5 kW，22.3 kW となり，外気負荷低減の効果が確認されている。

図 3.5.3-3 に東京ガス立川ビルのクール/ヒートチューブを含む 9 つの導入事例について，取り入れ外気導入量とその効果との関係を示す。なお，東京ガス立川ビルのみ期間最大顕熱交換量を示す。

クール/ヒートチューブを導入したことによって得られた顕熱交換量は外気導入量が多くなるほど多くなり，冷却期間平均値は加熱期間平均値に比べて大きいことがわかる。

図示の各導入事例における外気導入量当たりの顕熱交換量は，ばらつきはあるが，（東京ガス立川ビルを除く）8 事例の集計期間平均値は冷却期間と加熱期間それぞれで約 3.1 W/(m³h)，約 1.0 W/(m³h) となった。

(3) クール/ヒートチューブの計画留意事項

ここでは，クール/ヒートチューブの計画上の留意事項を，チューブ埋設型を中心に述べる。別途記載がない事項に関しては，地下ピット利用型にも準用できる。

a．導入地域（外気条件）

チューブシステムの熱交換効果は，外気温の年較差，また日較差が大きい地域ほど大きい[1),2)]。**図 3.5.3-4** に日本の代表都市におけるクール/ヒートチューブの年間効果量算定の一例を示す。

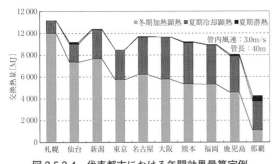

図 3.5.3-4 代表都市における年間効果量算定例

b．管内風速（導入風量）

チューブ内風速を速くするほど取得熱量は大きくなるが，チューブ出入口温度差は小さくなる[1)]。例えば夏期において外気温が低いとき，風量を大きくしたほうが冷却効果は大きく，外気温が高い場合，風量を小さくしたほうが冷却効果は大きい[3)]。適切な管内風速は，管内の空気抵抗による圧力損失（管内風速の 2 乗に比例して増加する）などを考慮すると，2.0 m/s である[2)]と指摘している。また，ほかの研究例では，管内風速は 2.0 m/s～2.5 m/s が適切である[4)]と述べている。

地下ピット利用型については，チューブ埋設型に比べて外気流路の断面積が大きいため，圧力損失の点から管内風速の制約が限定的である。しかし，流路形成のために施したコア抜き部での局所的な空気抵抗増加には留意すべきである。

c．配管長さ

配管長さは長いほど出入口の温度差は大きくなる。ただし，その長さが十分である場合，管内空気温度は，地中温度に収束してしまいそれ以上の冷却/加熱効果は期待できない。このため，費用対効果を考慮すると，地中温度や取入外気温度，管内風速に応じて適切なチューブ長さをとる必要がある[4)]と指摘している。

管径と管内導入風量によってその適切な長さは異なる[5)]。適切な配管長は，管径と管内風速によって異なり，40 m 以上の長さでは，管径が大きいケースのみ効果のよい挙動をみせる。また，期待できる最大冷却熱量の 80 ％ となる配管長が最適である[2)]と述べている。これによれば，配管径 φ300 の場合，約 50 m が適切といえる。

d．配管径

管径が大きくなれば取得熱量は多くなるが，熱交換効率は低下する[6)]。同じ風量であれば，管径を大きくするより風速を速くする方が良い[7)]と指摘する文献もあれば，管内風速より管径を大きくした方が良い[8)]と指摘するものもある。これは，異なるチューブ導入条件下では，配管径の適切な値のとり方は変わってくることを示している。これは，伝熱面積と管内熱伝達率のトレードオフにより生じるもので，これについては計画時に詳細な検討が必要である。また，最適な管径はチューブ長さ，コスト，管内風速，導入風量によってさまざまであるが，適切とされる管径は 0.15～0.5 m である[9)]と指摘している。

e．埋設深さ

チューブの埋設深さは深いほど取得熱量は大きくなるが，コストや掘削量の増分に対して取得熱量の増大効果は小さい。通常，最低 1.8 m，最適 2.5〜3.0 m の埋設深さが適当である[9]と述べている。

f．チューブ材質

熱伝導性のすぐれた材料の採用はチューブの熱交換性能向上に効果があり，金属製（アルミ，鋼管），コンクリート製や素焼粘土製，樹脂製（塩化ビニルやポリエチレンなど）の順に熱交換性能が高い。しかし，チューブ材質による熱交換性能の違いはわずかである[10]と指摘している。これは，熱抵抗の小さい管材料が熱交換効率の面でよいためであり，安価の塩化ビニル管の採用が著しく多い。

g．土壌の物性

土壌の熱伝導率が大きいほど熱交換性能は向上する。なお，熱拡散率の大きな土壌ではチューブの埋設深さが，熱拡散率の小さい土壌ではチューブの長さが重要である[7]とされている。土質の違いによってチューブの熱交換性能は 10〜30 % 程度異なる。また，この傾向は，各土質の熱物性からなる $\sqrt{c\rho\lambda}$ と比例関係にある[3]と述べている。ここで，$\sqrt{c\rho\lambda}$ は土質の熱容量と熱伝導率との積の平方根である。

h．チューブ直上部の地表面条件

チューブ直上部の地表面には日射が当たらないほうがチューブの冷却性能によい[7]。地被条件が芝生の場合に比べて，裸地がチューブの加熱性能によい[11]と指摘している。これは，チューブの埋設深さが 2〜4 m と比較的浅く，地表面の条件に影響されるからである。

i．その他

上記以外に，計画時に留意すべき点について列挙する。

・数本に分けたほうが単管より良い[12]。
・並列に埋設するときは，相互の間隔に注意が必要である[13]。配管間隔は 1 m が適切であり，それ以下の狭い間隔にすると，管相互の影響が大きくなってしまう[14]。
・間欠運転を行い，配管周囲の土壌温度の回復を図っても，1 日積算取得熱量の減少を防ぐ事は難しい[7]。
・1 日の運転時間が長いと取得熱量は大きくなるが，システム効率は低下する[15]。
・地下水があるところのチューブ導入には防水処理が必要である[14]。
・一般的に，本システムのメンテナンスは必要ないが，外気取り入れ口のフィルタやグリルなどの掃除には注意を払う必要がある[2]。フィルタの掃除は半年に 1 回程度が適切とされる。

【注釈】

＊1 クール／ヒートチューブは，英語表記では，Earth-to-air Heat Exchanger, Ground Coupled Heat Exchanger, Air-earth Exchanger などと記す。また，日本語では，アースチューブ，ヒートトレンチなどと呼ぶことがあるが，ここではこれらをすべて含めてクール／ヒートチューブと記す。

【参考文献】

1) 井上宇市，石野久彌ほか：実験計画法によるクールチューブの土壌蓄採熱効果に関する研究，空気調和・衛生工学会学術講演会講演論文集，pp.41-44, 1992.10
2) M.Zimmermann et al：Technology selection and early design guidance, Low Energy Cooling, Annex 28, IEA Energy conservation in building and community systems programme
3) 石原修，張晴原：クール／チューブの設計出口温度と冷却エネルギー量の検討−第 2 報　クールチューブによる室内熱環境の改善に関する研究，日本建築学会計画系論文集，第 477 号，pp.11-18, 1995.11
4) C.E.Francis：Cooling with Earth Tubes, SOLAR AGE, 9-1, 1984
5) V.P. Kabashnikov et al.：Analytical and numerical investigation of the characteristics of a soil heat exchanger for ventilation systems,International journal of Heat and mass transfer, 2001
6) D.W.Abrams et al.：Simulated and Measured Performance of Earth Cooling Tubes, ProCeedings of the 5th National Passive Solar Conference, 1980
7) 浦野良美ほか：蒸暑地域における付設地下室住宅の涼房効果，その 1〜その 3, 日本建築学会九州支部研究報告，第 31 号，1989.3
8) B.Chen et al.：Measured Cooling Performance of earth Contact Cooling Tubes, Proceedings of the American Solar Energy society, 1983
9) Earth cooling tubes,EREC Reference Briefs,

U.S.Department of energy

10) H.Wu and M.Ishida：Passive Cooling Calculation and Design Guidelines for Hot and Humid Climates, Proceedings of the 10th National Passive Solar Conference, 1985
11) G.Mihalakakou：The influence of different ground covers on the heating potential of earth-to-air heat exchangers, Renewable energy Vol.7 No.1, pp.33-46, 1996
12) D.B.Nordham：A Design Procedure for Under-ground Air Cooling Pipes Based on Computer Models, Proceedings of the 4th National Passive Solar Conference, 1979
13) 中島康尾孝，伊藤幸雄ほか：クールチューブのシミュレーション解析，空気調和・衛生工学会学術論文集，，空気調和・衛生工学会学, 1982.10
14) G.Mihalakakou *et al*：Parametric prediction of the buried pipes cooling potential for passive cooling applications, Solar Energy, Vol.55, No.3, pp.163-173, 1995
15) 鈴木建一ほか：クールチューブの涼房効果に関する研究，その1～その6，日本建築学会大会学術演梗概集，日本建築学会, 1983-1985

3.5.4 太陽熱の利用

建築における太陽熱利用は下記のようにパッシブシステムとアクティブシステムに分類することができる。パッシブシステムはもともと建築の構成部材として存在するものを有効に活用して太陽熱を利用するものであり、アクティブシステムとは集熱器などの機器を設置してさらに能動的に太陽熱を利用しようとするものである。

(1) パッシブシステム

パッシブシステムとして太陽熱を利用する場合は、暖房システムが中心となる。そして建物空間内に直接太陽熱を導入するダイレクトゲイン型と、建築部位を集熱部・蓄熱部としその後建物空間内に対流、放射などで放熱するインダイレクトゲイン型に分類される。

図3.5.4-1はダイレクトゲインの概念図であるが、集熱窓から取り入れた日射を床や壁に蓄熱し、夜間の室温低下に応じて室内に放熱するものである。図3.5.4-2はインダイレクトゲイン型の代表的なものであり、トロンブウォールと言われるものであり、ガラス窓を通過した日射をその背面（室内側）に配置した壁に入射させ、貫流による室内への放熱、ガラス窓と壁の間に空気を循環させることによる対流による放熱などによって室を温めるものである。これらの手法は床・壁などを蓄熱・放熱部位として活用するため主に住宅に使用されるものであるが、非住宅建築物でも室用途（内部のレイアウト）やその室の方位などによっては活用の可能性はある。ただし荷重や断熱の適正配置や強化に注意をする必要がある。

(2) アクティブシステム

太陽熱利用のアクティブシステムは給湯システム、給湯・暖房システム、給湯・暖房・冷房システムなどがある。いずれも太陽熱依存率を適切に設定し、また利用温度、熱源投入温度などを適切に制御することが必要である。

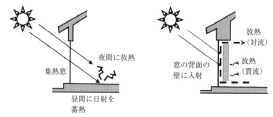

図3.5.4-1 ダイレクトゲイン　　図3.5.4-2 トロンブウォール

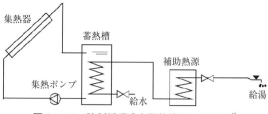

図3.5.4-3 強制循環式太陽熱給湯システム[1]

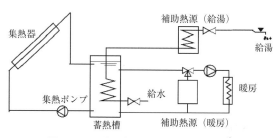

図3.5.4-4 太陽熱給湯・暖房システム[1]

a. 太陽熱給湯システム

太陽熱を利用した給湯システムには、太陽熱温水器を使用した自然循環式と強制循環式給湯システムがあるが、ここでは非住宅建物で利用される強制循環式給湯システムを紹介する。図3.5.4-3は強制循環式太陽熱給湯システムの例を示す。蓄熱槽内の熱媒水を集熱ポンプにより集熱器に循環させ、蓄熱槽内の温度を上昇させる。そして、給水は蓄熱槽内に設けた熱交換器を介して加熱され、さらに必要に応じて補助ボイラにより昇温させる。

b. 太陽熱給湯・暖房システム

太陽熱の暖房利用は、冬季のみとなるため、通年で需要のある給湯利用と併用される場合が多い。システムは集熱器、蓄熱槽、放熱器、補助ボイラなどで構成される。図3.5.4-4は太陽熱給湯・暖房システムの例を示したものである。

c. 太陽熱給湯・暖房・冷房システム

図3.5.4-5に太陽熱給湯・暖房・冷房システム

の概念図を示す。吸収式冷凍機のような熱駆動型冷凍機を設置し、太陽熱による低温再生と補助熱源による高温再生の二重効用冷凍機として冷熱を発生させる。吸収式の他には吸着式冷凍機、デシカント空調などが利用される場合もある。近年はコージェネレーションの排熱と太陽熱を併用して冷凍機の駆動熱源として利用する場合も多くみられる。

太陽熱駆動の二重効用吸収式冷凍機を利用する際には、冷凍機への投入温度（太陽熱投入温度）に留意する必要がある。投入温度は冷凍機の成績係数に影響し、また投入温度が低すぎる場合には、吸収式冷凍機から逆に熱をもらってきてしまうことになり、太陽熱はシステム駆動に十分に寄与できない、または増エネルギーになる場合がある。さらに、一般的な吸収式冷凍機の低温再生器が要求する温度としては最低限でも75℃は必要であり、集熱器も高温集熱に適したものを使用することが必要である。

デシカント空調では、予冷コイル（装置によってはない）、冷水コイルへの投入冷熱源は井水などが活用できることが望ましいが、予冷コイルでの冷却量が要求再生温度に影響を及ぼすなど、これらの温度設定のバランスを適正に保ち外部の熱源を含むシステムとしての成績係数を向上させることが必要である。

また熱駆動のシステムは上記のような設定がシステム内の状態変動に相互関係を持ちつつ影響しあうので、これらの相互関係を十分に把握した上で、設定値をリアルタイムに変更する動的な制御なども検討する必要がある。

(3) 太陽熱集熱器

太陽熱集熱器の集熱効率 η は一般的に下式で表され、図 3.5.4-6 のように表示される。

$$\eta = F'(\tau\alpha)_{i,e} - F'U_l(T_f - T_a)/I$$

τ：集熱器透過体の太陽光透過率
α：集熱版の太陽光吸収率
$(\tau\alpha)_{i,e}$：積 $(\tau\alpha)$ の有効値
F'：集熱器効率因子

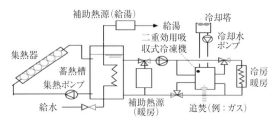

図 3.5.4-5　太陽熱給湯・暖房・冷房システムの概念図（吸収式冷凍機）

U_l：集熱板から外界への熱損失係数（W/m²℃）
T_f：平均集熱温度（℃）
T_a：外気温（℃）
I：日射量（W/m²）

式よりわかるように集熱効率を向上させるためには $\tau\alpha$ を大きくする、または U_l を小さくすることが必要である。α を大きくし U_l を小さくする手法としては、短波長での吸収率を大きくし長波長の放射率を小さくする選択吸収膜の塗布がある。また U_l を小さくするためには集熱器内を真空にすることも有効であり、これに対応したものとして真空管型集熱器がある。

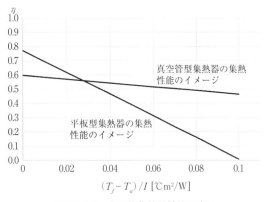

図 3.5.4-6　太陽熱集熱器性能の表示

【参考文献】

1) 業務用ソーラーシステム技術小委員会：業務用太陽熱利用システムの設計・施工ガイドライン、ソーラーシステム振興協会、2013.04 を参考に作成

3.6 未利用エネルギーを活用する

3.6.1 温度差エネルギー

ZEBを計画する上で，熱源設備のエネルギー消費量を削減する手法に，未利用エネルギーや排熱の利用が挙げられる。本節では未利用エネルギーの内，温度差エネルギーの利用について紹介する。

温度差エネルギー利用とは，外気温度に比べ，夏期の冷熱製造時に温度が低く，冬期の温熱製造時に温度の高い熱媒を熱源に用いることにより，外気温度と熱媒との「温度差」の分，ヒートポンプの効率が向上し，エネルギー消費量を削減する手法である。具体的には，河川水や海水，地下水，下水，下水処理水，下水再生水，中水等が建物や地域冷暖房に利用されている。

この内，とくに河川水や海水，地下水の熱等の「自然界に存する熱」は，エネルギー供給高度化法[*1]により「再生可能エネルギー源」と定義され，再生可能エネルギーの活用としても期待されている（3.7.5参照）。

ZEBに採用する場合，河川水や海水，下水や下水処理水，下水再生水は，敷地外よりオフサイト活用する事例が多い。一方，地下水や中水は敷地内でオンサイト活用する事例が多く，下水や下水処理水も下水処理場内で自ら活用する場合や，敷地内で排出した下水を利用する場合は，オンサイト活用となる。

本節では，代表的な温度差エネルギーとして，河川水，海水，地下水，下水，下水処理水，下水再生水，中水についてそれぞれの特徴と設計上の留意点を解説する。なお，代表的な温度差エネルギーの特徴と一般的な利用手法，留意点を表3.6.1-1に示す。

(1) 設計上の留意点

a．環境負荷

温度差エネルギーを自然界から採熱する場合，周辺の自然環境へ与える影響を考慮する必要がある。例えば地下水の場合，多くの自治体において地盤沈下抑制のために取水規制を行っており，河川水の場合は，河川法により取水時と放水時の温度差と取水量を制限されることが多い。また行政との協議が必要となることが多く，工程を計画する際には協議期間の要否に留意する必要がある。

b．熱媒温度

温度差エネルギー利用の採否を検討する上で，最も重要な要因が熱媒の温度である。温度差エネルギーはその種類により温度特性が異なり，例えば，河川水は外気温度よりは緩やかであるものの，夏期は水温が上昇し，冬期は低下する。一方，地下水は年間を通じて比較的安定している。また下

表 3.6.1-1 各温度差エネルギーの特徴と設計上の留意点

熱媒	特徴
河川水	・季節間の水温差が比較的大きい ・堤防に取水口を設け，上流側から取水し下流側へ放水して利用する ・河川法により温度差と流量が制限される ・河口に近い場合，防食対策と干満による水位変動への考慮が必要
海水	・季節間の水温差が比較的大きい ・堤防に取水口を設けて利用する ・取水口・放水口の設置位置は，ショートサーキットに留意を要する ・干満による水位変動に考慮が必要 ・十分な防食対策が必要 ・漁業組合との協議を要する場合がある
地下水	・年間を通じて比較的，水温が安定 ・地下水を汲み上げ，利用後に地下へ戻す方法と河川等へ放水する方法がある ・条例で取水を制限している自治体が多い ・立地により水質が異なるため，水質に応じた浄水対策が必要
下水	・生活排水が多い地区では，年間を通じて比較的水温が高い ・下水ポンプ場等から取水する方法と下水管に熱交換器を設置して採熱する方法がある ・十分な混入物対策と防食対策を要する
下水処理水 下水再生水	・下水と比べ水温はやや外気温度に近い ・下水処理場や下水処理水・再生水配管から取水して利用する ・水質によっては銅製の熱交換器を利用できる場合もある
中水	・水温は処理設備の環境により異なり，年間を通じ安定していることが多い ・水質が安定しており，防食対策等が不要であることが多い

水は生活排水を多く含む地区では比較的水温が高く、下水処理水は下水処理場で一定期間滞留するため、下水より外気温度に近くなる傾向がある。設計時の容量選定やシミュレーションを行う際には、極力、実際の取水方法に近い条件での熱媒温度データを利用することが望ましい。

c．搬送動力

温度差エネルギーを利用するときに、エネルギー消費量に影響するもうひとつの要因が、熱媒の搬送動力である。とくに低負荷運転時は相対的に搬送動力の割合が大きくなりシステムCOP[*2]への影響が大きくなるため、留意を要する。蓄熱システムと組み合わせ、常に定格運転することも、有効な手法のひとつである。

d．利用可能な熱量

温度差エネルギーにより賄える熱量についても、計画時に確認が必要となる。例えば大規模建築の場合、地下水の熱は取水制限があると必要な熱量の一部しか賄うことができない。一方、河川水は規制があるものの全量を賄えることが多い。下水は、近隣のポンプ場から取水する場合は十分な熱量が採熱できるが、下水管に熱交換器を設置して採熱する方式の場合は、限られた熱量しか利用することができない等、法規制や熱媒、採熱方法により採熱可能量が異なるため留意を要する。

(2) 導入事例

温度差エネルギーは、1980年代後半より地域冷暖房施設で採用され、現在17地区で利用されている（表3.6.1-2参照）。最近は建築単体での採用事例も増えてきている。

表3.6.1-2 地域冷暖房への導入事例

熱媒	地域冷暖房地区
河川水	箱崎、富山駅北、中之島二・三丁目、天満橋一丁目
海水	中部国際空港島、大阪南港コスモスクエア、サンポート高松、シーサイドももち
地下水	高崎市中央・城址、高松市番町、田町駅東北口
下水	盛岡駅西口、後楽一丁目
下水処理水	幕張新都心・ハイテクビジネス地区
中水	千葉問屋町、高松市番町、下川端再開発

a．河川水利用の事例（東京都市サービス 箱崎地区熱供給センター）

河川水の熱の空調利用は、1989年に日本で初めて地域冷暖房に利用した箱崎地区熱供給センターで本格的に始まり、現在、地域冷暖房では4か所の河川水利用設備が稼働している。河川水利用を計画する上で最も留意すべき事項は、河川法に基づく行政の許可等を要することである。箱崎では河川法により、流量と温度差について、**表3.6.1-3**に示す水利使用規則に基づき運用している。この規則は地区ごとに定められ、数値も地区ごとに異なる。ここで温度差「5℃以内」と定められた規則を確実に遵守するために、実用上は設定温度を4.5℃差で運用しており、設備容量の設計やシミュレーションの際にはこの点も留意を要する。

また河川水を利用する上で、混入物の除去方法も十分に検討する必要がある。箱崎では、堤防に設置した水中ポンプで取水し、オートストレーナーおよびY型ストレーナーで混入物を除去し、ヒートポンプで直接、熱交換して、ふたたび河川

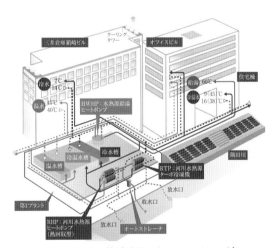

図3.6.1-1 箱崎地区のシステムイメージ

表3.6.1-3 箱崎地区の水利使用規則

期間	時間最大量（m³/sec）		日最大量（m³/日）	
	取水	排水	取水	排水
4/1～10/31	1.00		56 826	
11/1～3/31	0.60		22 293	
取水と排水の温度差	冷水製造の場合：5[℃]以下 温水製造の場合：3[℃]以下			

に放水している（**図 3.6.1-1** 参照）。他の事例では，熱交換器を介して間接的に利用する方式も採用されている。

河川水の温度差エネルギーを利用した箱崎地区の総合エネルギー効率（一次エネルギー換算COP）[*3] は 1.24 となり，全国の地域冷暖房の同平均値 0.74 を大きく上回っている。

b．下水再生水利用の事例（イオンモール堺鉄砲町）

イオンモール堺鉄砲町（以下，商業施設）は，堺市上下水道局三宝水再生センターにて処理した下水再生水を，商業施設に送水し，給湯と空調の熱源水として利用した後，内川緑地せせらぎ水路を経由して内川に放流するシステムを採用している。

下水再生水の温度は，外気温度と比べ，冬期は高く，夏期は低いため，冬期の日中は下水再生水を外調機の予熱用熱源として利用，夜間は通年，ヒートポンプ給湯機の熱源として利用し，温度が低下した下水再生水をブラインチラーの熱源水として利用することで，効率を高めている。なお，熱交換器は塩化物イオン対策としてチタン製を採用している。下水再生水の複合利用により，従来の冷却塔や空気熱源式ヒートポンプ給湯機，予熱用熱源のない外調機を利用した場合と比較して，年間で 11.5％ の省エネ効果が得られている（2016 年実績）。

熱利用した後の下水再生水は，商業施設内で膜処理装置による浄化処理を行った上で，施設内の「憩いの場せせらぎ」や「トイレ洗浄水」として活用している。また，商業施設に隣接した内川緑地において，せせらぎ水路の水源としても活用している（**図 3.6.1-2** 参照）。

【注釈】

[*1] エネルギー供給高度化法：エネルギー供給事業者による非化石エネルギー源の利用および化石エネルギー原料の有効な利用の促進に関する法律（2009 年施行）
[*2] システム COP：冷却塔やポンプ等の補機動力を含む熱源システムの COP
[*3] 総合エネルギー効率（一次エネルギー換算 COP）：冷温水等の供給熱量を熱供給センターのエネルギー消費量（一次エネルギー換算値）で除した値。エネルギー消費量は熱源機，補機の他，所内電灯等を含む

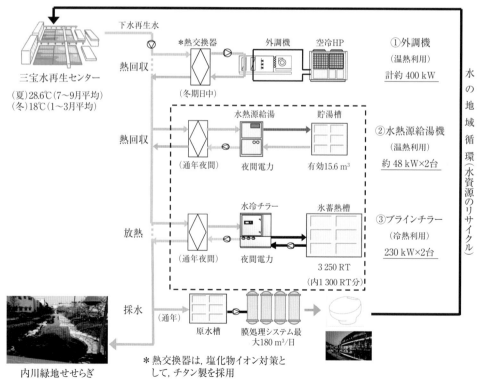

図 3.6.1-2　イオンモール堺鉄砲町のシステムイメージ

3.6.2 排熱の活用

排熱には，ごみ焼却工場や下水処理場，地下鉄や変電所，工場や発電所，地域冷暖房の排熱のほか，建物の空調や発電のプロセスにおいて，利用されないまま大気に放出されている建物排熱などがある。ZEB化に貢献する技術としてこれらの都市排熱を活用することは有効である。しかし，一般に，都市排熱を有効に活用するためには，都市，街区レベルでの取り組みが必要となり，建築単体での取り組みは困難であることが多い。建築レベルで比較的容易に利用可能な排熱としては，自身の建物排熱である。そこで，ここでは，建物排熱に着目して紹介する。

(1) コージェネレーション排熱の高度利用

コージェネレーションシステムはオンサイトでの発電と発電時に生じる排熱を有効利用することで一次エネルギーの総合効率が高いZEB化に有効な技術である。病院やホテル等の温熱・給湯負荷が大きい用途では，コージェネレーションシステムの省エネルギー効果が高く（建物全体で10〜15％程度の省エネ），採用も多い。業務用途で使われるコージェネレーションシステムは発電効率の高いガスエンジンのタイプが一般的で，コージェネレーション排熱（温水）は排熱投入型吸収冷温水機により冷熱変換も可能である。冷熱を製造する場合は，実際に利用できる排熱は，排熱投入型冷温水機での投入排熱→冷熱への変換効率分（約90℃の排熱投入で約0.8）となる。

冷房需要が大きい事務所ビル用途等では，排熱の冷熱への最大限有効利用が必要となる。近年では，事務所ビルでのBCP性能を高めるためにコージェネレーションシステムを導入することも増えてきている。ガスエンジンコージェネレーションシステムの場合，大多数の機種で排熱が温水のみの場合と温水・蒸気で取り出すことが選択できる。"温水取り出し"，"蒸気・温水取り出し"いずれも熱量としては同等であるが，温水からの冷熱変換より，蒸気からの冷熱変換のほうが効率が高いため（約1.5），"蒸気・温水取り出し"のほうが冷

〈蒸気・温水取り出しコージェネレーションシステムの場合〉
投入エネルギーXに対する冷水出力Y_aは
$$Y_a = (X \times \eta_s \times COP_s) + (X \times \eta_{h1} \times COP_h)$$

〈全量温水取り出しコージェネレーションシステムの場合〉
投入エネルギーXに対する冷水出力Y_bは
$$\begin{aligned}Y_b &= X \times \eta_{h2} \times COP_h \\ &= X \times (\eta_s + \eta_{h1}) \times COP_h \\ &= (X \times \eta_s \times COP_h) \times (X \times \eta_{h1} \times COP_h)\end{aligned}$$

$$Y_a - Y_b = X \times \eta_s \times (COP_s - COP_h) > 0$$

図 3.6.2-1 コージェネレーション排熱の省エネ効果試算

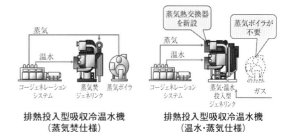

図 3.6.2-2 高効率な排熱投入型吸収冷温水機のイメージ

房需要の省エネ化に貢献できる（図3.6.2-1）。

温水・蒸気取り出しの場合，一般的な設計では，排熱利用機器としては，温熱利用用の熱交換器の他，温水→冷水用の排熱投入型吸収冷温水機，蒸気→冷水用の蒸気吸収式冷凍機，バックアップ用ボイラが必要となるが，温水・蒸気を1つの機械で排熱利用できる吸収式冷凍機が近年は開発されており，排熱投入型吸収冷温水機（蒸気焚仕様）や排熱投入型吸収冷温水機（温水・蒸気仕様）など高効率な廃熱利用機器が販売されている。これらの技術の進展により，コージェネレーション排熱を最大限有効利用することが可能となり，ZEB化に寄与する（図3.6.2-2）。

(2) デシカント空調への建物排熱利用

快適性の観点からも注目を集めているZEB化

技術の一つに潜熱・顕熱分離空調，デシカント空調があるが，本システムでは，デシカントローターの再生のためのエネルギーが必要なため，この熱源において再生可能エネルギー，未利用エネルギーの利活用が重要である。

まだ試行的な段階ではあるが，空調排熱，とくに採用が多い個別空調GHPをベースとしたGHPチラーにおいては，排熱を有効利用できるシステムの実証が行われている。東京ガス立川ビル(4.11参照)では，GHPチラーの排熱を回収し，その熱をデシカント空調の再生系統へ供給している。再生系統への熱が足りない場合は，太陽熱やCGSをバックアップ熱源として活用している。今後，技術が確立し，個別空調での排熱が活用できれば，省エネポテンシャルが拡大でき，ZEBに貢献できる（図3.6.2-3）。

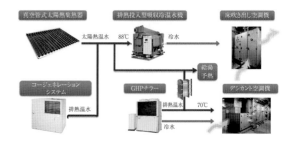

図3.6.2-3　GHPチラー排熱のデシカント空調への利用（東京ガス立川ビルでの熱源フロー）

(3) 熱のカスケード利用

再生可能エネルギーや建物排熱のポテンシャルを最大限に活用する熱源システムの例として，東京ガス平沼ビルで採用したダブルカスケード利用を紹介する。再生可能エネルギーである太陽熱と，建物排熱としてのコージェネレーションシステムをカスケード的に利用して，より高度な省エネ性を実現する。コージェネレーション排熱および太陽熱を約90℃で回収し，排熱投入型吸収冷温水機の冷水製造に充てる。利用された熱は更に多段階に活用され，デシカント空調の再生に充てられる。これにより往還10℃差の熱利用が可能となる。また，本システムでは，製造された冷水のカスケード利用を行っており，空調機やデシカント空調の予冷コイルで利用するほか，室内で採用している放射冷暖房パネルの冷水にも供給しており，室内温熱環境における快適性に配慮したシステムとしている（図3.6.2-4）。

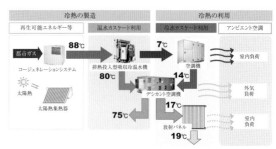

図3.6.2-4　熱のカスケード利用（東京ガス平沼ビル）

(4) 地域冷暖房の排熱利用

地域冷暖房施設の排熱を有効利用した例として，清水建設本社ビル（4.3参照）のシステムを紹介する。一般に地域冷暖房の往還温度差は8℃程度で運転されており，冷凍機からの排熱は冷却塔に

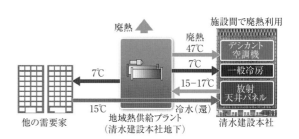

図3.6.2-5　地域冷暖房の排熱利用（清水建設本社ビル）

より大気に放出している。しかし，室内側の天井放射パネルに供給する冷水が20℃前後であるメリットを生かし，地域冷暖房施設より熱供給を受けている他の需要家で利用された還りの冷水を放射パネルに供給し，温度差をさらに大きく取り地域冷暖房施設に戻している（図3.6.2-5）。

これにより冷水のさらなる大温度差搬送が可能となり，ポンプ搬送動力や蓄熱槽の運用も含めた熱源システム全体の効率向上に寄与している。また，デシカントの再生用温水には，地域冷暖房施設の冷凍機排熱を利用している。これらにより，本システムと地域冷暖房施設を組み合わせた都市排熱の有効利用が可能となり，地域冷暖房施設の高効率化による地域レベルでの省エネに貢献でき，エリアZEB化の実現が期待できる。

3.7 設備・システムの高効率化をはかる

3.7.1 照明システムの高効率化

照明システムの高効率化の計画においては，省エネルギー性と視環境の質の確保を両立させる必要がある。電源の需給逼迫時の節電対策や通常の省エネ対策として，照明の間引き点灯がなされる場合があるが，一方で均斉度の低下や輝度ムラによる居住者に対する視環境の質が課題となっている。

すなわち，光の用途に応じて，必要とされる場所と時間において適切な光を提供することが，効率的な照明計画である。ターゲットとアンビエントに分けた照明設計，固有エネルギー消費効率の高い照明器具の選定，昼光利用の活用，照明制御の導入などの照明手法は，消費エネルギーの削減をはかりつつ，人の感覚や満足度など人を主体とした視環境の質を確保するメソッドである。

(1) ターゲット照明とアンビエント照明による計画

建築学会の照明環境規準 AIJES-L0002-2016[1]では，照明の役割をターゲット照明とアンビエント照明の2つに分けている。ターゲット照明に分類されるもののなかで，机上での作業用途に対し，視認性，視作業性を確保することを目的とするものがタスク照明であり，机上面照度で設計される。アンビエント照明は，空間の明るさを確保することを目的とし，空間の天井面，壁面における平均輝度を設計値とすることが推奨される。より人の感覚を考慮しながら省エネルギーを図ることが可能な規準となっている。事務室の壁面平均輝度は20 cd/m^2，天井面平均輝度は15 cd/m^2 が推奨される最小値として定められている。

事務所の場合，JIS Z9110：2011 で示される主な作業領域・活動領域の照度は，推奨照度が750 lx，照度範囲が 500～1 000 lx である。タスク・アンド・アンビエント照明による照明計画においては，全般照明でアンビエントの壁面・天井面の輝度を確保し，タスク照明で机上面の照度を確保することで，室内全体の光束（エネルギー）を低減することができる。

アンビエント照明による壁面・天井面輝度の確保により，室全体の平均の机上面照度は 200～400 lx 程度確保されるので，これにタスク照明で 300～600 lx を上乗せすることで作業・活動に必要な照度を確保することができる。

アンビエント照明では，壁面・天井面輝度を効率的に確保する計画が必要となる。天井面に設置される一般的な全般照明は主に下方に配光されるので，壁面・天井面の輝度は，机上面や床面で反射された間接的な光束によりもたらされる。内装デザインとの調和を図りながら，机上面・床面の反射率を高めるとよい。また，壁面へのコーニス照明・ウォールウォッシャーや天井面へのコーブ照明・アッパーライト，上下配光のペンダントなどを用いることで，効率的に壁面・床面の輝度を高めることができる。

タスク照明の傾向として，近年では，紙面による作業に比べて，OA 化・ペーパーレス化の進展により，自ら発光するディスプレイによる作業が中心となり，デスクワークで要求される机上面照度が低下しつつある。タスク照明は，紙面作業や個人の好みへの対応の役割となりつつある。

タスク照明は，一般的にはスタンド型やパーティション取付け型が用いられ，建築に付随しない什器であるが，タスク・アンド・アンビエント照明を成立させるための重要なアイテムであり，一体的に照明計画を行うべきである。また，ワー

(a) 従来照明方式　　　(b) タスク・アンビエント照明

図 3.7.1-1　タスク・アンド・アンビエント照明の説明（パナソニック提供）[2]

カーの目に近接する光源であり，選定に留意が必要である。近年ではLEDの採用によりコンパクト化が進んでいるが，点に近い光源のものは，机上面での手暗がり・多重影，強いコントラストを生じさせたり，自らのタスクライトの光により，自分や隣接するワーカーへのグレアの発生源となったりする場合がある。面に近い光源のもの，明るすぎないように調光可能なもの，照射範囲の広いもの，アームの可動性がよいもの，デザイン性のよいものを選定するとよい。

図 3.7.1-2　面発光光源である有機EL タスクライト[3]

以上のように，壁面・天井面輝度に配慮したアンビエント照明，ワーカーに配慮したタスク照明を計画することで，ベースの机上面照度として200 lx程度の照明空間を成立させることができる[3), 4)]。

(2)　SSL照明

LEDや有機ELなどは，SSL照明（Solid-state lighting：半導体照明）と呼ばれ，省エネルギー性能が高く，「新成長戦略」，「エネルギー基本計画」（2010年）では，高効率次世代照明（LED照明，有機EL照明）を2020年までにフローで100 %，2030年までにストックで100 %普及させる目標が掲げられている。国内の主要な照明器具メーカーにおいても，蛍光灯器具の生産が中止されつつある。

LED照明器具は蛍光灯照明器具に比べ消費電力は約50〜60 %，光源寿命は約3.3倍であり[5)]，ランニングコストが大幅に削減できる。

LED光源の特徴として，効率的な調光制御が可能なことが挙げられる。調光率の下限は5〜10 %であり絞り込んだ制御が可能で，消費電力は調光率とほぼ比例関係にある。設計段階では設計照度を多様なニーズに合わせて高照度としつつ，運用段階では低照度に設定することができる。また，人感センサによる在席検知制御の不在エリアでは，明るさ感の確保を目的として50〜300 lx程度の低照度で運用することが可能である。

また従来のガラス管の蛍光灯に比べ，LED照明は，光源が発光素子で構成されており[6)]，小型化により，照明器具のデザインの自由度が高まっている)。樹脂成型レンズ，プリズム拡散板による配光制御が可能であり，照明器具として小型化，薄型化，軽量化が可能となっている。造作をコンパクトにした折上げ天井，軽やかなペンダントライト，天井面に設置しつつ天井面に配光可能なベース照明（図 3.7.1-3）など，より効率的に明るさを演出するアンビエント照明が実現できる。

図 3.7.1-3　天井面への配光を考慮したベース照明（三菱電機HPより）[7)]

(3)　照明制御

LED照明とともに調光制御が普及しており，必要な場所，必要な時間帯に，必要な光束を提供することで省エネルギー化を図ることができる。調光区分は，窓からの距離，空間のゾーニングに合わせて計画する。

明るさセンサによる昼光連動調光制御は，昼光により得られる照度と連動して，人工照明の調光率を低減する制御である。昼光利用が期待できる窓際では，下限の調光率を低く設定することで，消費電力を低減することができる。

人感センサによる在席検知制御は，人の在/不在を検知し，不在エリアについては，消灯または低照度とする制御である。従来の人の動きに反応する焦電型赤外線センサに加え，より人の在/不在を精度高く検知可能なセンサが開発されており，

執務室での積極的な省エネルギーが図れるようになっている[8]。従来のセンサでは，検知範囲が広いため，広い検知範囲から人がいなくなる頻度が小さいこと，また人が静止した状態での不在判断の回避のため保持時間を長く設定することから，実効的な省エネルギー効果が小さくなる場合が多かった。サーモパイルや画像センサを利用した最近の高精度な人検知センサでは，1.8 m 程度の格子間隔での在／不在を，人が静止している状態でも誤動作なく検知できるため，不在エリアと判断して調光率を下げる時間帯，エリアを確保することができる。

(4) 照明の計画事例

ここでは，4つの光を組み合わせ，それぞれの光の役割に合わせて制御を行い，明るさ感と省エネルギー性の両立を図った照明計画について述べる[3]。

この方式では，明るさ感と省エネルギー性の両立のため，最小限の光で最大限の効果を得る照明システムを目指し，光の役割を，空間の明るさをもたらすもの（以下の①・②）と，執務作業に必要な照度をもたらすもの（以下の③・④）に分解している。

①採光装置からの昼光は，明るさ感の向上に寄与するが，天候により成り行きで光の量が決定される。②LED 照明［上向き］は，採光装置による昼光と協調して，天井面を照らして間接光により室内の明るさ感を確保する。上向き明るさセンサの天井面輝度により，減光・消灯制御され，机上面照度で 200 lx 確保される。③LED 照明［下向き］は机上面照度で 100 lx の出力をもち，上向き照明在席エリアの PC 作業に十分な 300 lx を確保するため，人検知センサによる人の在／不在に合わせて ON/OFF 制御される。④有機 EL タスクライトは，紙面作業の 700 lx を確保するなど，個人の好みと作業に応じて点滅する。以上のように，4つの光は個別の手法で調整され，制御上の相互の干渉や誤動作がなく，適切な光環境をもたらすことができる。

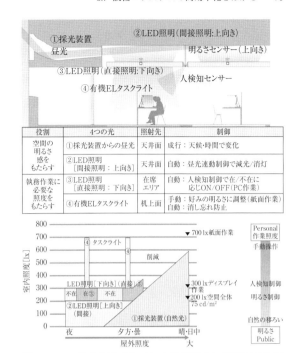

図 3.7.1-4　光の組み合わせによる制御（大成建設 ZEB 実証棟の例（4.4 参照））

【参考文献】

1) 日本建築学会環境基準 AIJES-L0002-2016 照明環境規準・同解説，2016.6
2) http://www2.panasonic.biz/es/lighting/plam/knowledge/document/0203.html
3) 張本，市原ほか：ZEB 実証棟の採光装置および照明システムの性能評価−都市型 ZEB® の実現に向けた実証研究 その3，大成建設技術センター報，2015.12，No.48
4) 伊藤，長谷川ほか，井水を利用した放射冷暖房システムのエクセルギー評価に関する研究 その1：エクセルギー概念の適用，空気調和・衛生工学会大会学術講演論文集，空気調和・衛生工学会，2013.9
5) https://dl.mitsubishielectric.co.jp/dl/ldg/wink/ssl/wink_doc/m_contents/doc/FREE_PARTS/1502Lfineecoseries.pdf
6) 市川，鳥居：LED 照明技術のさらなる進化／技術展望，電気設備学会誌，電気設備学会，2017.1
7) http://www.mitsubishielectric.co.jp/ldg/ja/lighting/products/fixture/myseries/advantage_02.html
8) https://www.taisei.co.jp/about_us/wn/2010/100722_3411.html

3.7.2 放射空調システム

(1) 放射空調とは

一般的な空調設備は，温度と湿度により，室内の熱環境を調整している。しかし実際は，人の快適性は，『温度』，『湿度』だけでなく，『放射温度』『気流速度』，『着衣量』，『代謝量』の温熱環境の6要素によって決まっている。

6要素の中の『放射』を調整するシステムとして，『放射空調』システムがある。これは放射により体感を整えることで，室内設定温度を緩和して，省エネルギーを実現するシステムである。また，気流のドラフトによる不快感が少なく，快適なシステムであると言える（図3.7.2-1）。

近年では放射空調により，快適でかつ省エネルギーな空間を提供している例が多く見られる。

(2) ZEB化と放射空調

ZEBの実現のために，天井放射空調は有効な技術の一つである。放射天井パネルを用いた天井放射空調の特徴として，①空気搬送動力が少なくて済むこと，②冷水温度が高くても負荷処理ができるので，熱源が高い効率で運転が可能となること，③地中熱や井水などの自然エネルギー利用と親和性が高いこと，④放射環境を制御するので，ドラフト感が少ないこと，⑤室内の上下温度のムラが小さいこと，⑥発生騒音が少なく静粛な室内環境が得られる，ことが挙げられ省エネルギー性と快適性の両面で優れた空調システムである。しかし，天井放射空調はいまだにわが国において適用実績が少なく，今後の普及と展開に向けて，天井放射空調の設計手法の確立が急務である。

放射空調を熱媒体で分類すると水を熱媒体とした「水式」と空気を熱媒体とした「空気式」に分類される。水式は地域冷暖房やセントラル熱源の7℃の冷水を熱交換したり，還り冷水をそのまま利用するなど16℃程度の中温冷水が比較的容易に製造できるので，現在の主流となっている。一方，空気式にはパッケージ型空調機を利用できる，室内への水配管が不要となるなど，メリットも多い（図3.7.2-3，3.7.2-4）。

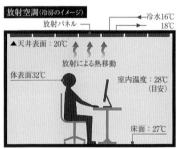

図3.7.2-1　従来空調と放射空調のイメージ（冷房）

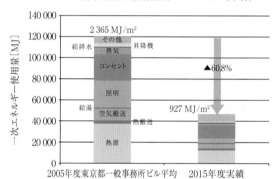

図3.7.2-2　ZEB化のイメージ図

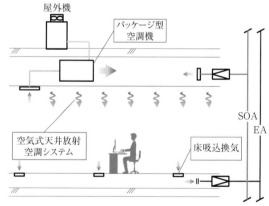

図3.7.2-3　空気式放射空調の例[2]

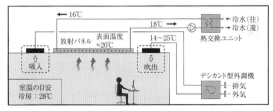

図3.7.2-4　水式放射空調の例

(3) 放射空調と自然エネルギー利用

放射空調は従来の空調には適していなかったさまざまな自然エネルギーが活用可能となる。この特性を活かして熱源に自然エネルギーを使用することでZEB化への取り組みが進んでいる。使用可能な自然エネルギー源としては井水・外気・地中熱がある。

a．井水利用

井水温度は年間を通じて 14～15℃ と安定しているが，従来の空調では冷房に利用するには高すぎてほとんど活用されていなかった。しかし，放射空調で要求される冷水温度は 16℃ 程度であり，井水が活用できる可能性が広がっている。

図 3.7.2-5 は井水利用の例であるが，井水を汲み上げて熱交換器を介して天井パネル用の中温冷水に変換し，放射空調に利用している。

ただし，計画の際には計画地周辺の井水温度の調査と，水質（鉄分やマンガン等の配管阻害要因の有無）の調査は必要である。

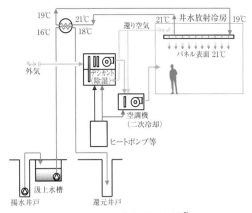

図 3.7.2-5　井水利用の例[3]

b．外気利用

冷凍機を使用せず，外気を利用して冷水を作る「フリークーリング」という方法がある。外気温度が低い中間期，冬期や夜間に限られるが，冷却塔単独で冷水を作るので大きな省エネルギー効果が見込める。使用する冷水温度が高い放射空調では有効な手段となり得る。図 3.7.2-6 はフリークーリングを利用した放射空調の例であるが，16℃ 程度の中温冷水でも冷房ができるので，フリークーリングの運用期間が広がる。この例では1年の半分以上にわたってフリークーリングが活用できている。

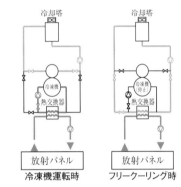

図 3.7.2-6　外気利用の例

c．地中熱利用

地中の年間温度変化は地下5mで約3℃，地下10mではほとんどなく，16℃ 程度で安定している。この地中熱を直接利用して空調に活用できるのも放射空調のメリットである。

図 3.7.2-7 にその例を示す。ボアホールと呼ばれる地中熱汲み上げ用の井戸を掘り，熱交換用のチューブを設置してそこで地中熱と中温冷水の熱交換を行っている。建物の杭を利用したり平面的に建物底盤を利用する例もみられる。

熱交換した中温冷水は直接利用できるが，ヒー

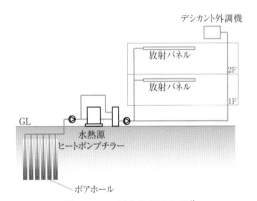

図 3.7.2-7　地中熱利用の例[1]

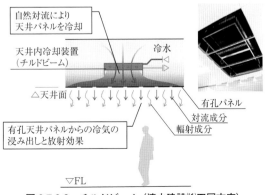

図 3.7.2-8　チルドビーム（清水建設㈱四国支店）

トポンプを設置して熱源として切り替えることも可能である。

(4) 新しい放射空調システム

a．チルドビーム併用型放射空調システム

放射空調の長所を活かしつつ，さらに熱負荷特性の課題を解決する方法としてチルドビームを組み合わせる方法が開発されている。チルドビームには「パッシブチルドビーム」と「アクティブチルドビーム」がある。パッシブチルドビームはコイルで冷却された空気を自然対流の効果でゆっくり室内へ落下させる仕組みで，冷房のみの使用となる。アクティブチルドビームは外気の一次空気のノズルで室内空気を誘引してコイルで冷却し，天井面に沿って吹き出す仕組みで，電気的可動部はなく，どちらかと言うと対流空調である。図3.7.2-8はパッシブチルドビームを利用した放射空調の例である。天井内にチルドビームを設置し，天井に有孔パネルを敷設することで冷気の侵みだしと天井自体が冷えることで放射効果を狙ったものである。チルドビームはオフィスビルのペリメータ部分にも有効である。図3.7.2-9は放射パネルとチルドビームを組み合わせた例である。

b．ハイブリッド放射空調システム

テナントビル向けに従来空調と組み合わせて，フレキシビリティを付加させた放射空調システムも開発されている。イニシャルコストの増加をなるべく抑えるために放射空調パネルの面積を天井面積の約30％程度に抑えて，放射空調はインテリア空調負荷の約半分を受け持つ。これはすなわち常に発生するベース負荷ととらえる。ベース負荷以外の変動分はファンコイルユニットまたはパッケージ型空調機にて処理する。いわゆる放射空調＋対流空調のハイブリッド方式となっている。空調負荷変動分は対流空調で受け持つことによって，テナントビルとしてのフレキシビリティも確保している。図3.7.2-10はテナントビルに「ハイブリッド放射空調」を適用した例である。放射パネルとパッケージ型空調機，外気処理空調機を組み合わせて最適制御を図っている。

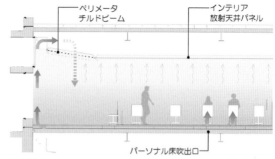

図3.7.2-9　ペリメータチルドビーム[4]

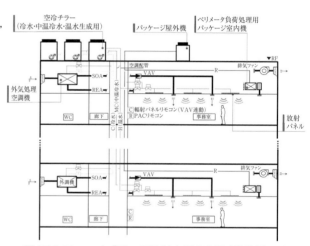

図3.7.2-10　ハイブリッド放射空調の事例（秋葉原アイマークビル）

この例はBEIが0.5以下となり，BELSのZEB Readyを取得している。

【参考文献】

1) サスティナブル建築事例集，竹中工務店東関東支店ZEB化改修
2) 2018年日本建築学会賞（技術）受賞業績，調湿・放射パーソナル空調システムの開発と普及展開による省エネルギー・快適空間の創出
3) 中国電力：省エネ・高効率電化システム採用事例，電算新本社における環境配慮計画
4) 空気調和・衛生工学会：ZEB（ネット・ゼロ・エネルギービル）先進事例集，清水建設本社ビル

3.7.3 デシカント空調システム

(1) デシカント空調とは[1]

デシカント空調は、乾燥剤（Desiccant）を用いて空気中の水分を除去する。乾燥剤に空気が接触すると、空気中の水蒸気が吸着され、空気が乾燥する。この水蒸気を含んだ乾燥剤から、水分を放出し乾燥させる（脱着）ために、温度が高く相対湿度の低い空気を接触させることによって、乾燥剤の再生を図る。

(2) 除湿剤の分類[1]

デシカント空調で用いられる除湿剤は、乾式と湿式に大別できる。乾式デシカント空調の除湿剤として、シリカゲル系、ゼオライト系、架橋ポリエチレン系（高分子収着剤）などが利用され、必要再生温度は、それぞれ80～140℃、85～180℃、40～90℃程度である。シリカゲル系、ゼオライト系では、物質表面に水蒸気が吸着する現象により、架橋ポリエチレン系は吸収と吸着が同時に行われる収着現象により空気を除湿する。

湿式デシカントの除湿剤として、塩化リチウム系や臭化リチウム系などの水溶液が挙げられる。塩化リチウム系の再生温度は45℃程度である。湿式デシカント空調機は、上記水溶液の水蒸気の吸収作用を利用したものである。

(3) 吸着・脱着フローによる分類（乾式空調機の場合）[1]

除湿剤の吸着と脱着による除湿空調を行う方式は、構造的にローター方式とバッチ方式に分けられる（図3.7.3-1）。ローター方式は、除湿剤を塗布した除湿ローターが回転することにより、水分の吸着と脱着（再生）を繰り返す。空気を除湿する流路を処理側、デシカントローターを再生する流路を再生側とする。処理側では、外気や還気などの水蒸気をデシカントローターで除湿する。これによりデシカントローターに吸着している水蒸気の量は増加する。再生側では、再生熱交換器によって高温低湿状態となった空気が水蒸気を含む

デシカントローターを通過することにより脱着が完了する。脱着されたデシカントローターは、処理側へと回転し、再度除湿を行う。

一方バッチ式は、処理側と再生側の流路を切り替えることにより、吸着と脱着（再生）を行う。

除湿剤に水蒸気が吸着する際、理想状態では通過空気は等エンタルピー変化をしながら絶対湿度は低下するが、水の吸着熱やローター等の顕熱移動によりエンタルピーは増加する。このため、除湿された空気は温度が高くなるため、冷却器等を用いて冷却する必要がある。

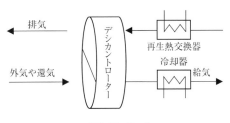

(1) ローター式

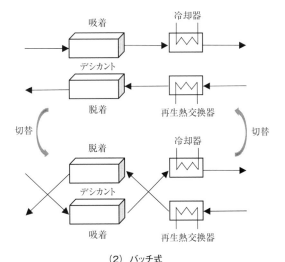

(2) バッチ式

図3.7.3-1 吸着・脱着フローによる分類[1]

(4) 処理プロセス

構成例として、東京ガス立川ビル（4.11参照）のデシカント空調機を図3.7.3-2に示す。外気（①）をまず予冷コイルで予冷・予除湿（②）したのち、デシカントローターにて設定給気湿度まで除湿する（③）。その後還気との顕熱交換（④）、および冷水コイルにて給気温度に制御して給気を行う（⑤）。再生側は、還気（⑥）を顕熱交換ロー

ター（⑦）と再生コイル（⑧）にて昇温し，デシカントローターにて再生を行い，排気される（⑨）。空気線図上での変化プロセスは，代表日である2017年8月2日の1時間平均値をプロットしている（図3.7.3-3）。

東京ガス立川ビルでは，クール/ヒートチューブを採用しているため，予冷コイルに投入される外気は，約25℃程度と安定している。予冷コイルおよび冷水コイルへの冷水は，GHPチラーから送水されており，GHPチラーの冷水製造の際に発生する低い排熱温水を再生熱源として活用している。再生温度は60～65℃程度である。この例のように，高分子収着剤を活用することで，低温の温熱源でも利用できる。

(5) デシカント空調機の給気温湿度条件

デシカント空調機の給気温湿度は，処理する負荷によって異なる。デシカント空調機で処理する負荷は，例えば外気負荷と室内潜熱負荷，外気負荷，室内潜熱負荷および室内顕熱一部負荷など，採用している他の空調設備の能力との兼ね合いによって決定される。

デシカント空調機で外気負荷と室内潜熱を処理する場合の給気温湿度条件の計算例を示す。

室内温湿度条件を26℃，50%，10.5 g/kg′とする。外気量を25 m³/(h・人)とし，上記室内温湿度条件下で人体潜熱を64 W/人とする。本計算では，室内潜熱を人体からの潜熱のみとし，隙間などからの潜熱は無視している。

デシカント空調機での給気絶対湿度 Xd.sa [kg/kg′]は以下のように算出できる。

$$Xd.sa = Xroom - Q_L * 3.6 * (C * \rho * V)$$
$$= 0.00105 - 64 * 3.6 / (C * \rho * 25)$$
$$= 0.0075 [kg/kg']$$

Q_L：外気潜熱負荷以外の潜熱負荷 [W]（本計算では 64 W/人）

Xd.sa：デシカント空調機給気絶対湿度 [kg/kg′]

Xroom：室内設定絶対湿度 [kg/kg′]

C：蒸発潜熱 [=2501 kJ/kg′]

ρ：空気密度 [1.2 kg/m³]

V：風量 [m³/h]（本計算では 25 m³/(h・人)）

したがって，デシカント空調機で外気負荷と室内潜熱を処理する場合の給気温湿度条件は，26℃，0.0075 kg/kg′と求められる。

上記計算においては，別途採用している空調機などで室内顕熱負荷はすべて処理できるとして考えているが，室内顕熱負荷をデシカント空調機で一部分担する場合には，算出された未処理顕熱負荷分をデシカント空調機の風量で賄えるように給気温度を決定すればよい。

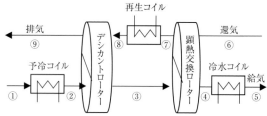

図 3.7.3-2 デシカント空調機の構成（東京ガス 立川ビルの例）

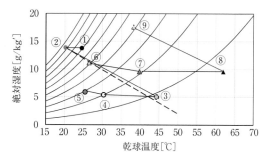

＊図中の番号は，図3.7.3-2のデシカント空調機内部状態の番号を参照している。
＊点線は，予冷コイル出口エンタルピーと等エンタルピーとなる線である。ローターの回転によって，再生側から処理側への顕熱移行があるため，処理側除湿ローター出口空気状態は，除湿ローター入口エンタルピーよりも大きくなる。

図 3.7.3-3 東京ガス立川ビルにおける代表日（2017年8月2日）の12時のデシカント空調機内各部状態の変化プロセス

(6) 冷熱源と温熱源

図3.7.3-4に温熱源から再生コイルへ投入される温度変化に伴うデシカント空調機内各状態値に関する考え方のまとめを示す。温水温度が高い場合には，その温度ポテンシャルを生かして，デシカントローターで多くの除湿が可能となる。一方，温水温度が低い場合，デシカントローターのみでは要求除湿量を満足できない可能性があるため，予冷コイルにて除湿量を増やして，除湿量の分担

を行う。

　冷熱源は，各種冷凍機や吸収式冷温水機からの冷水のほかに，井水や地下水などの再生可能エネルギーの活用が考えられる。デシカント空調機を採用する場合には，冷却除湿する必要がないため，中温冷水が利用でき，冷凍機などの効率向上に寄与する。ただ，デシカントローターのサイズ等が大きくなる，必要再生温度が高くなりすぎるといったケースにおいては，(5)で示した例のように予冷コイルで冷却除湿する必要がある。このように予冷コイルとデシカントローターで必要除湿量を分担する場合は，デシカント空調機へ送水できる冷水温度と温水温度の両方を鑑みて，適切にその分担を設定する必要がある。

　温熱源は，多くのシステムでCGSや太陽熱，GHPの排熱が採用されており，再生可能エネルギーや排熱を利用することが不可欠である。再生コイルへの投入温度は，採用する温熱源によって異なるため，除湿限界に注意して設計する必要がある。また，デシカント空調機では，トイレ等からの局所排気があるため，処理側風量＞再生側風量となることが多い。そのため風量バランスによっては高い再生温度が必要になることに注意する。

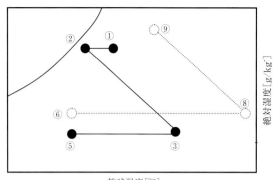

(1) 温水温度が高い場合

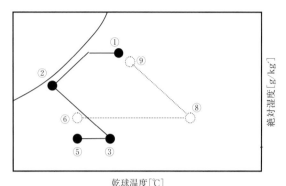

(2) 温水温度が低い場合

＊　図中の数字は，図3.7.3-2に示す空調機内部状態の番号を示している。

図3.7.3-4　再生コイルへの送水温度による空調機内部状態への影響

【参考文献】
1）空気調和・衛生工学便覧 第14版，3 空気調和設備編
　　第6章 新型・特殊空調の設計　6.6 デシカント空調

3.7.4 個別分散空調システムの高効率化

個別分散空調システムは，近年の普及とともに性能が格段に向上しており，適正な選定や正しい使い方を行うことで，中央熱源方式に匹敵する省エネルギーを達成することが可能になった。このためZEBを目指す先進的な建物においても当該システムを適用する事例が多くみられる。

(1) 機器・システムの高効率化

機器の高効率化の手法としては，機器そのものの定格効率（冷暖房平均COP）を高くする方法と，図3.7.4-1のように実際に運転される負荷領域の効率を高くして通年エネルギー消費効率（APF）を高くする方法がある。また，潜熱処理と顕熱処理を分離することで，顕熱処理側の機器は除湿のための低温や水加湿のための高温を製造する必要がなくなるため，冷凍サイクル上，効率を上げることが可能になる。近年，冷房時の蒸発温度を上げて効率を高めた高顕熱型機器や蒸発温度を可変にできる機器が開発・市販されている。さらに，冷房時に屋外機の熱交換器にミストを噴霧することで，水の蒸発潜熱により熱交換器の周囲温度を低下させ凝縮器の効率を向上させるようなシステムも開発されている。なお，温度低減効果は外気の相対湿度により異なる。さらに，従来は水滴が直接熱交換器に付着し蒸発する際に水に含まれる硬度成分が析出するなどの不具合が報告されていたが，水滴をより微細化して熱交換器通過前に気化させるシステムなどが開発されている。ダイキ

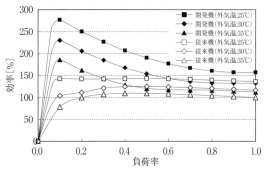

図3.7.4-1　最新型機器の部分負荷時の効率例

図3.7.4-2　微細水噴霧冷却システム設置事例（TIC）

ン・テクノロジー・イノベーションセンター（TIC，図3.7.4-2，4.9参照）では，微細水噴霧冷却システムの導入により，屋外機周辺の空気冷却効果は4.5～5.3℃，屋外機消費電力削減率は15.9～17.7％と報告されている。一方，ZEBを目指すような先進的ビルでは，高性能な機器を採用するだけではなく，システム全体を統合的に制御することで，より高い省エネルギー性能を達成している。

KTビル（図3.7.4-3，4.5参照）では，従来のように室温に基づき屋内機に供給する冷媒量を制御するだけではなく，在室状況や外気温度もセンシングすることで，対象エリアへの給気の発停や冷媒温度の可変制御を行っている。さらに，室内のCO_2濃度に基づき外気処理用の室内ユニットの取り入れ外気量を制御することで外気処理に関するエネルギーの最小化を図っている。

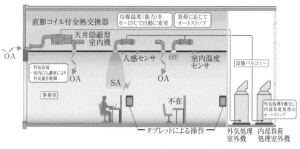

図3.7.4-3　KTビルにおける高効率個別分散空調システム

関西電力南大阪営業所（図3.7.4-4，4.10参照）では，従来は室内外機に標準的にパッケージングされた制御システムに対して，建物側から制御指令を行えるようチューニングすることでシステムの高効率化を達成している。具体的には，①システムの効率が最も高い領域での運転時間を確保す

る「高効率制御」，②外気処理ユニットの給気温度と湿度を室内の温度・湿度にあわせて適正化する「温湿度制御」，③室内CO_2濃度に応じて外気処理ユニットの台数制御を行うことにより外気負荷の低減を図る「CO_2濃度制御」，④室内の設定温度や屋外機出力を建物のデマンド状況に応じて段階的に制御することにより，室内環境の悪化を最小限にとどめる「連続デマンド制御」により，室内環境の維持と省エネルギーを両立している。このうち②の温湿度制御では，非制御時と比較して42％の省エネルギーを達成している。

ント領域の内部負荷処理（天井カセット型）および，外気冷房やタスク領域の補助空調（床吹出）を行っている。当該システムの組み合わせによる徹底した省エネルギー化とあわせて，敷地に隣接する河川からの自然風を取り入れるため自然換気を併用した空調の運用も可能にしている。空調モードは，通常空調の他に，自然換気モード，自然換気＋外気冷房モード，ハイブリッド空調モードからなる。また，エントランスホール他共用エリアで採用している水熱源個別分散空調システム（図 3.7.4-6）では，地中熱交換器を利用するとともに，システムの性能を最大限に引き出すために，空調負荷に応じて水循環量を調整し，ポンプ動力を削減する制御システムを新規開発した。当該システムには，温熱源として太陽熱集熱器システムも接続できるようになっている（供給温度：45 → 40℃）。

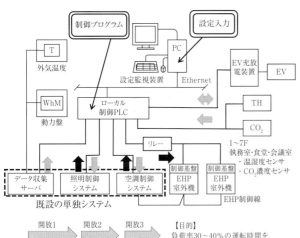

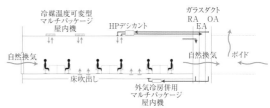

図 3.7.4-5　自然換気併用型個別分散空調システム（TIC）

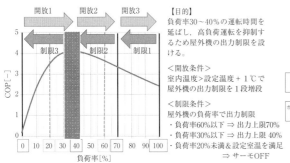

図 3.7.4-4　関西電力南大阪営業所における最適制御の事例

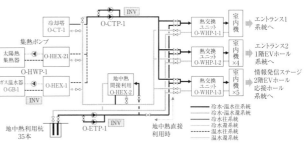

図 3.7.4-6　地中熱・太陽熱利用型水熱源個別分散空調システム（TIC）

（2）　自然エネルギー利用

個別分散空調システムにおいて自然エネルギーを利用する方法としては，二次側空調で自然換気を併用する方法と，水熱源ヒートポンプ方式の熱源水に地中熱などを利用する方法がある。

TIC の事例では，一般執務エリアの空調（図3.7.4-5）を，ヒートポンプデシカント調湿外気処理機で外気処理および湿度調節を行い，蒸発温度可変型の個別分散空調システムで，室のアンビエ

（3）　計画上の留意点

個別分散空調システムに限らず，高性能な機器やシステムを導入する前段階として，徹底した無駄を排除することがZEBへの近道となる。個別分散空調方式においてエネルギーロスに繋がる要因として，①過大な機器設定，②屋外機の設置環境（日射やショートサーキット），③室内外機設置位置に起因する過大な冷媒配管の距離および高さ，④冷暖房同時運転型システムにおけるミキシ

ングロス，などがあげられる。これらのうち①以外の要素は，建築計画の初期段階に決定することが多く，十分な配慮が必要となる。

雲南市役所新庁舎（4.2 参照）では，外調機による顕熱処理分，室用途ごとに想定した人員負荷・機器負荷の同時使用率などを考慮して，屋内機能力の合計より，屋外機容量を約 17 % 低減している。また，屋外機を日射が当たらない 2 階北側に設置することで効率低下を抑制している。

コラム　コージェネレーションシステムの動向

省エネルギーというと，電力需要の削減が注目されるところではあるが，経済産業省が出している 2030 年のエネルギーミックスにおける最終エネルギー需要に着目してみると，徹底した省エネルギーにより，2013 年比で電力需要はほぼ横ばいであるのに対して，熱はかなりの削減が求められている。ZEB はまさに熱と電気を同時に省エネルギー化する技術の体系であり，ここでは，オンサイトで熱と電気を効果的に生成するコージェネレーションシステムの動向について語りたい。

コージェネレーションシステムは，都市ガスを燃料としたものが一般的で，内燃機関（エンジン，タービン）や燃料電池で発電を行ってその際に発生する排熱を活用するものであり，一次エネルギーとして 75 % 程度の総合効率の高いシステムである。近年では，原動機の高効率化が進み，ガスエンジンでは 40 %（LHV）以上の発電効率のものが増えており，大型なものであればより高効率なものとなる。

民生用の建物では，熱電比の観点から，ガスエンジン系のコージェネレーションシステムが採用されることが多い。発電だけでも省エネルギーとなるが，更に排熱を利用することでより省エネルギーとなっている。都心では冷熱需要主体の事務所用途の建物が多く，冷熱の高効率な変換が可能な冷熱源（排熱投入型吸収冷温水機）も開発が進んでおり，未利用熱としての排熱を有効に活用することが可能となっている。

家庭用では，燃料電池型のコージェネレーションシステムで近年，開発が進んでいるのが SOFC タイプ（固体酸化物形）の燃料電池で，50～60 %（LHV）に及ぶ非常に高い発電効率が特徴である。しかし，機械の作動温度が高温のため，一度起動すると発停するまでに時間がかかってしまい，民生用で一般的な DSS（日間起動停止）に向いていない。近年の事務所ビルでは，オフィスの OA 化等で待機電力が問題となっており，その電源として活用すれば ZEB 化に貢献できると考えられる。

また，東日本大震災以降，レジリエンスの観点からも，強靭な中圧ガスインフラによるコージェネレーションシステムの導入が注目されており，建物単体だけでなく，街区での自立分散型の電源としての活用事例が増えてきている。建物側で保有する非常用発電機や太陽光発電と共にリダンダンシー（冗長性）を確保しており，エネルギーセキュリティの向上に貢献している。地域エネルギー供給のように大規模なエネルギーポテンシャルのあるシステムには大規模で高効率なコージェネレーションシステムの導入が可能となる。再生可能エネルギーとも親和性が高いので，熱と電気を建物間で面的かつ効率的に利用することも，今後の ZEB 化の有効的な技術であると考える。

3.7.5 高効率ヒートポンプと蓄熱システム

(1) 高効率ヒートポンプ

ヒートポンプは，1990年代後半より飛躍的にエネルギー効率が向上し，現在，ZEBに導入される最も主要な技術となっている。ヒートポンプは，CO_2削減技術として期待を集め，経済産業省によるトップランナー制度創設も影響し，高効率化技術の開発が進展した（図3.7.5-1参照）。機器単体COPは，例えばターボ冷凍機の場合，この10年間で約4割向上するなど，大幅に向上している。

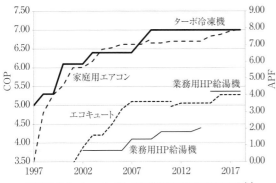

図3.7.5-1 ヒートポンプの機器単体効率の推移[*1]

そして，定格効率だけでなく実運用時に出現頻度の高い低負荷時の運転での効率向上を図るため，インバータ化やモジュール化等の技術開発が進み，年間効率を評価する指標として，主にパッケージ空調機にAPF（Annual Performance Factor），主にターボ冷凍機等の大型のヒートポンプにIPLV（Integrated Part Load Value）が用いられるようになってきている。

a．再生エネルギー熱の利用

近年，ヒートポンプは再生可能エネルギーの観点でも注目されており，EUでは，ヒートポンプによって採熱されるエアロサーマル（大気熱等），ハイドロサーマル（河川水熱等），ジオサーマル（地中熱等）が再生可能エネルギーと定義された（再生可能エネルギー推進指令[*2]，2009年）。これは，太陽が地表を温め，地表が大気や河川水を温めることより，大気や河川水の熱のエネルギー起源は太陽である，すなわち再生可能エネルギーである，と捉えているためである。そして，温熱製造時にヒートポンプによって供給される再生可能エネルギー量を次式で定義している[1]。

$$E_{RES} = Q_{usable} \times (1 - 1/SPF) \quad (1)$$

E_{RES}：HPにより供給される再エネ量［GWh］

Q_{usable}：HPにより供給される推定熱量［GWh］

SPF：推定平均季節性能係数［-］

（HPはヒートポンプを示す）

式(1)に基づき，EU加盟国では導入量の把握，目標値に対する進捗管理を行っており，ヒートポンプによる再生可能エネルギーの導入量はEUで導入された再生可能エネルギーの約4％を占め，太陽光発電の3％を上回る実績となっている[2]。

一方，日本においてもエネルギー供給高度化法[*3]によりヒートポンプが採熱する大気中の熱，河川水や海水の熱，地中熱等の「自然界に存する熱」は，再生可能エネルギー源であると定義された（2009年）。そのためEUと同様の捉え方をすると，「空気熱源ヒートポンプは，大気から採熱し，再生可能エネルギーを供給している」と言うことができる。こうした熱分野の再生可能エネルギーは，太陽光発電等による再生可能エネルギー電気に対し，再生可能エネルギー熱と呼ばれ，注目され始めている。主に晴天日の日中に集熱する太陽熱給湯等と異なり，年間を通じて昼夜に亘り採熱することが出来るヒートポンプは，再生可能エネルギー熱を効率的に利用する技術としても期待されている[3]。

b．設計上の留意点

本節では，ZEBへの高効率ヒートポンプの採用にあたり，実際の運用時に一層のエネルギー消費量を低減するための留意点を述べる。

i）凝縮温度，蒸発温度の検討

ヒートポンプは，文字通り，熱（ヒート）を汲み上げる仕組み（ポンプ）により熱を製造している。そのため，汲み上げる高低差が小さい程，つまり熱源温度と冷温水出口温度との温度差が小さい程，効率の高い運転が可能となる。具体的には，蒸発温度を上げる，または凝縮温度を下げることによ

り効率が向上するため，設計する上で，二次側への供給温度の緩和，または温度帯に考慮した熱源の選定が有効となる。前者は，冷房時は供給温度を高めに，暖房時は低めに緩和する中温度送水空調や，中温度の冷水で冷房を行う放射空調が代表的である。また後者は熱源を冷房時は低めに，暖房時は高めとなるよう，冷却塔の冷却水温度制御の他，河川水や地下水の熱等の温度差エネルギーの利用が挙げられる (3.6.1 参照)。

ⅱ) 熱回収

ヒートポンプの最も高効率な運転方法のひとつは熱回収運転である。熱回収とは冷熱製造時に放出される熱を温熱として利用することで，冷熱と温熱を同時に利用するため，COP がおよそ 2 倍となる。具体的には，年間冷房の負荷がある建物において，冬期に温熱と冷熱を同時に製造するのが最も一般的な手法である。また ZEB に採用される技術のひとつであるデシカント空調は，夏期にデシカントローターの加熱用に温熱負荷が発生するため，夏期も熱回収運転を行うことができ，ヒートポンプの効率運転が可能となる。

ⅲ) 低負荷時の対応

民生分野の建物の空調負荷は，年間を通じて低負荷の出現頻度が高いことが知られている。そのため，年間を通じてエネルギー消費量を低減するためには，蓄熱システムの導入によりヒートポンプを定格で運転する方法 ((2) 参照) や，低負荷の運転を考慮し，インバータの採用や台数分割等の検討が有効となる。ヒートポンプの圧縮機のインバータ制御は多くの機器にラインナップされ，また台数制御を内蔵したモジュール型ヒートポンプも多くのメーカーで製品化されている。ただし高負荷時にはインバータ効率や台数分割の影響でエネルギー消費量が増えることも考慮する必要がある。計画時には年間を通じた負荷を想定し，台数分割の容量設定や運転方法を検討することが重要となる。

ⅳ) 補機動力および待機電力

空調システムのエネルギー消費量を低減するには，補機動力を含むシステム COP の向上を図る必要があり，とくに低負荷時は相対的に補機動力の比率が高まるため，年間を通じたシミュレーションによる検討が重要となる。

ZEB を目指すとき，実運用時のエネルギー消費量には待機電力も影響し，例えば制御電源やクランクケースヒータは停止時も通電しており，停止期間が長い場合は，注意を要する。

(2) 蓄熱システム

高効率ヒートポンプをより高効率に運用するために，熱回収運転時の冷房負荷と暖房負荷との発生時間のズレの解消や，低負荷時の省エネルギー化を図る有効な技術として，蓄熱システムがある。利用される熱媒としては，水蓄熱と氷蓄熱が最も一般的で，その他に潜熱蓄熱材を利用した蓄熱システムがある。

a．蓄熱のポテンシャル

蓄熱システムは，建物のピーク負荷を蓄熱により夜間へシフトする等，系統電力の負荷平準化に資する他，以下のポテンシャルを有している[4]。

ⅰ) 熱の生産と消費の分離

例えば，冬期の熱回収において，冷房負荷は 24 時間ほぼ一定で，暖房負荷は早朝ピークと，負荷の発生時間にズレが生じることが多い。その場合，冷房負荷に合わせてヒートポンプを運転して温熱を蓄熱しておき，早朝ピーク時に放熱させることで，冷温熱の発生時間のずれを調整することができ，また温熱製造用のヒートポンプの機器容量を縮小することも可能となる。

ⅱ) ヒートポンプの定格運転

民生分野の多くの建物で年間の大半を占める低負荷時においても，蓄熱槽からの放熱により負荷追従することで，ヒートポンプは常に定格運転を維持することができる。これにより，高効率運転が可能となるとともに機器の耐久性の向上にもつながる。

ⅲ) 熱源機器容量の縮小

蓄熱システムの導入により，ピーク負荷に対して熱源の機器容量を 100 ％ 持つ必要がなくなり，機器容量を低減することが可能となる。とくに

ZEBを目指す建物では，設備設計時の余裕率を見直し，熱源機器容量を縮小する傾向がみられるが，一方で，近年，異常気象とも言える猛暑や厳冬に対応する機器容量の選定が課題となりつつある。蓄熱システムでは，ヒートポンプの運転時間を延長することや蓄熱時の温度差を拡大することで柔軟に負荷増に対応することができる。また温度差エネルギーを利用する際に，例えば河川水の取水設備や地下水を汲み上げる井戸の配管やポンプ設備の機器容量を縮小することができ，未利用エネルギー活用の障壁となる建設コスト増や設置面積増の抑制が可能となる。

ⅳ） セルフデマンドレスポンス

ZEBのように太陽光発電等の供給側と，空調や給湯等の需要側が同一建物の場合，自らの電力供給，および熱需要等を最適にコントロールし，電力送電網に対する負荷を最小限にし，エネルギーを自立に近い状態で運用するために蓄熱システムは有用な技術となる。

ⅴ） デマンドレスポンス

電力系統の需給逼迫時や卸市場価格の高騰時に需要家側で電力の使用を抑制するデマンドレスポンスへの活用に期待されている。

ⅵ） 冗長性

設備機器は常に故障のリスクを抱えており，ヒートポンプの場合，コンプレッサーや主電動機の交換を伴う故障が生じると，修理に一週間以上を要する場合もある。蓄熱システムの場合は，ヒートポンプが故障した際，他のヒートポンプの運転時間の延長や，蓄熱時の温度差拡大（冷房の場合，出口温度を下げる）等により，柔軟に対応するポテンシャルを有している。

ⅶ） BCP対応

大規模災害時の電力・ガスの途絶時に（放熱ポンプに非常用電源を設備しておくことで），蓄熱槽の冷温水を利用して，非常時の優先業務などに必要な空調を行うことができる。また，蓄熱槽の水を生活用水や消防用水として活用するコミュニティタンクの事例も増えている。

b．蓄熱の効率と大温度差化

ⅰ） 蓄熱の効率

蓄熱の効率には蓄熱効率と蓄熱槽効率があり，両者は混同されやすく，例えば，蓄熱槽効率が80％の蓄熱槽イコール熱ロスが20％と誤認され，ZEBの検討時に懸念されることがある。蓄熱効率は，蓄熱槽へ投入した熱量のうち，どれだけの熱量が有効に使われたかを示すもので，一定期間における「放熱量／投入熱量×100」で表され，1－熱ロスが，蓄熱効率となる。熱ロスは，例えば晴海アイランド地区熱供給センターでの温度成層型蓄熱槽の実績では，0.25〜0.38％と，きわめて小さい値であった。一方，蓄熱槽効率は，水の容積から定まる本来蓄熱できるはずの熱量に対する，実質的に利用できる熱量のことを示し，「放熱量／槽の水容積全部が基準利用温度差で利用すると仮定したときの熱量×100」で算出され，熱ロスを意味するものではない。蓄熱槽効率の一般的な値は，温度成層型が85〜95％，平型完全混合型が70〜80％程度と言われている。

ⅱ） 大温度差の確保

蓄熱槽の構築に要する設置スペースや建設コストを低減するには，前述の蓄熱槽効率を向上させるとともに，蓄熱槽の利用温度差の拡大を図ること（例えば7℃差を10℃差へ拡大する等）が有効である。

(3) 導入事例：京橋1・2丁目地区熱供給センター，清水建設本社ビル

「ヒートポンプの熱回収運転による高効率化」と「蓄熱槽の大温度差利用」を実現した事例として，東京都市サービス京橋1・2丁目地区熱供給センターと清水建設本社ビルとの協調による面的熱利用の取り組みを紹介する。

熱供給センターは，清水建設本社ビルの地下にあり，本社ビルの建設に合わせてリニューアルを行い，ターボ冷凍機および熱回収ヒートポンプ，大型の温度成層型蓄熱槽（水深12.3 m，合計4 040 m^3）を採用している。一方，熱の供給先である本社ビルはデシカント空調と放射空調を組み合わせた潜

熱・顕熱分離空調を導入している（図3.7.5-2参照）。

デシカント空調機は，夏期の除湿に用いるローターの再生に47℃の温水を利用するため，夏期においても温水負荷が発生し，その温水をヒートポンプが冷熱を製造する際の熱回収運転により供給することで，ヒートポンプの高効率運転が可能となっている。また熱供給センターの大型蓄熱槽は，ピーク負荷の夜間シフトとともに，熱回収時の冷熱負荷と温熱負荷との発生時間のズレを調整する役割も果たしている。

また放射空調は，18℃の中温冷水を用いており，温度差2℃で利用して20℃となった還り冷水と，他の空調機で用いる7℃冷水の還り冷水を地域からの還り冷水に混合して，15～17℃の還り冷水を熱供給センターへ還している。これにより熱供給センターでは，7℃→15～17℃の8～10℃差で蓄熱することができ，従来の7℃差の蓄熱の約1.3倍の蓄熱量を保有することができている。

熱供給センターの総合エネルギー効率（一次エネルギー換算COP）*4は1.39となり，全国の熱供給地区の同平均値の0.74を大きく上回り，トップクラスのエネルギー効率を達成している（詳細は4.3参照）。

【注釈】
* 1　機器単体効率の指標　ターボ冷凍機：COP/JIS B8621，家庭用エアコン：COP/JIS C 9612（2009年以降はAPF），エコキュート：中間期COP/JRA 4050（2011年以降は年間給湯保温効率/JIS C 9220），業務用ヒートポンプ給湯機：各期COP/JRA 4060（2014年以降は年間給湯効率）
* 2　再生可能エネルギー推進指令　Renewable Energy Directive（2009/28/EC）
* 3　エネルギー供給高度化法：エネルギー供給事業者による非化石エネルギー源の利用及び化石エネルギー原料の有効な利用の促進に関する法律（2009年施行）
* 4　総合エネルギー効率（一次エネルギー換算COP）：冷温水の供給熱量を熱供給センターのエネルギー消費量（一次エネルギー換算値）で除した値。エネルギー消費量は熱源機，補機の他，所内電灯等を含む

【参考文献】
1）ヒートポンプからの再エネの計算に関するガイドライン，the guidelines for Member States on calculating renewable energy from heat pumps（2013/114/EU）
　本文中の式(1)および下記の式(2)により算出される
$$Q_{usable} = H_{HP} \times P_{rated} \qquad (2)$$
　　H_{HP}：全負荷相当運転時間[h]
　　P_{rated}：ヒートポンプの暖房定格能力[GW]
2）再生可能エネルギー進捗報告書（2014年実績），Renewable energy progress report（SWD 2015 117 final）
3）山川智ほか：ヒートポンプによって供給される再生可能エネルギー量に関する研究（第1報）再生可能エネルギー量の算定方法の検討，空気調和・衛生工学会大会 学術講演論文集 2016年10巻 F-42，空気調和・衛生工学会
4）蓄熱式空調システムが実現するエネルギーマネジメント～計画・設計から運用まで～，空気調和・衛生工学会，2017.4.1

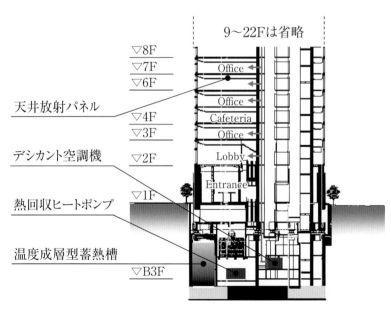

図3.7.5-2　熱回収ヒートポンプ等の採用技術

3.7.6 高効率吸収式冷凍機

吸収式冷凍機には，都市ガス等の燃料を熱源とするものが一般的であるが，近年では，建物排熱や再生可能エネルギーを組み合わせた機種等，高効率化を図ったものが増えており，ZEB化に貢献する技術として，注目されている。

(1) 吸収式冷凍機の原理・種類

吸収式冷凍機の原理は図3.7.6-1で概略される。

加熱源には蒸気（低圧，中圧），温水（75～190℃），ガス（または油），排ガスなどが使用されている。とくに温水製造機能を持たせた吸収式冷温水機は，冷房や暖房に使用可能である。

蒸気を加熱源とするものでは，中圧（490～882 kPa）蒸気を使用する二重効用蒸気吸収式冷凍機が大規模建物（とくに病院，ホテル，地域冷暖房）に使用されている。また低圧（98～187 kPa）蒸気を用いる一重効用蒸気吸収式冷凍機は，沸騰冷却エンジンを用いたコージェネレーションシステム，工場などで排蒸気が得られる場合に使用されている。ガスタービンを用いたコージェネレーションシステムでは，排ガスボイラから中圧の蒸気が得られるため二重効用が使用できる。

150～190℃の高温水を熱媒体とする高温水吸収式冷凍機が，地域冷暖房方式に使用されている。

90℃前後の温水を加熱源とする温水吸収式冷凍機や一重二重併用形は，太陽熱利用やガスエンジンのコージェネレーションシステムに使用されている。温水を主な熱源として，補助的にガス直焚きを利用する排熱投入型吸収冷温水機は，ガス消費量を最大40％削減することができる。

(2) 吸収式冷温水機の高効率化

現在では，吸収式冷温水機といえば二重効用形を指すようになっているが，その技術的特徴は，溶液熱交換器の効率向上と排ガス熱交換器の採用である。

機器の省エネルギー設計により，開発初期に比べCOPは格段に向上し，現在では，大型は

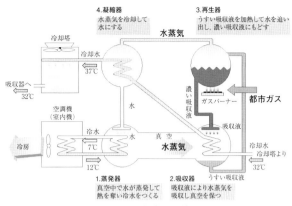

図 3.7.6-1　吸収式冷凍機の原理

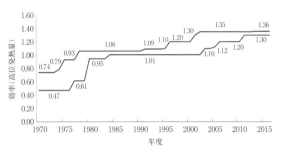

図 3.7.6-2　吸収式冷凍機の高効率化（大阪ガス調べ）

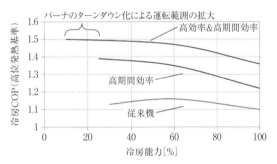

図 3.7.6-3　高期間効率機の冷房COP特性（冷却水JIS基準）

COP＝1.36（HHV（高位発熱）基準），中小型はCOP＝1.30の実用機が登場している。さらに2005年には吸収式冷温水機では，世界最高効率となる三重効用吸収冷温水機（ガス熱源のみCOP＝1.6）が発売されている（図3.7.6-2）。

また，近年100％負荷時だけでなく，部分負荷時の効率も大幅に向上した高期間効率機のラインナップも拡充している。高期間効率機は負荷が下がるほど効率が向上する特性があり，またバーナの燃焼制御範囲（ターンダウン比）についても従来機より広くなっているため，低負荷運転時のON-OFF動作によるエネルギーロスが低減でき，実運転における効率向上を実現している（図3.7.6-3）。

(3) 節電型吸収式冷温水機

これまでの機器開発としては，吸収式冷温水機本体の効率向上が図られてきたが，熱源機本体以外の補機動力エネルギーも削減しシステムの効率向上を図ることも重要である。システム効率の向上と節電を目的に開発されたのが，節電型吸収冷温水機である。

吸収式冷凍機を用いた熱源システムにおいて，電力使用の大きな部分を占める冷却水ポンプ動力を削減するため，定格時の冷却水流量をこれまでの70 %の0.7 m^3/RT以下，部分負荷時の変流量の下限値は定格の50 %以下の目標で開発された。冷却水流量を低減させると，能力が低下する方向となるが，節電型の開発では冷却水系の伝熱性能の強化などにより，能力の低下を抑制している。

冷却水流量は定格時にはこれまでの70 %以下となり，低負荷時には変流量によりさらに低減され，35 %以下となる。消費電力は理論的には流量の3乗に比例するが，インバーターロス等を考慮し，2.5乗とすると，定格時には約60 %の消費電力の削減が可能であり，さらに変流量制御により大幅に消費電力の低減が図れる。また冷却水流量を削減することにより，冷却水配管や弁類，冷却塔のサイズダウンも図ることができるケースもあり，設備コスト低減にもつながる（図 3.7.6-4）。

(4) ソーラー吸収式冷温水機（ソーラークーリング）

冷房時には太陽熱集熱器からの温水（70～90 ℃）を温水回収ガス吸収式冷温水機に投入し冷水を作り冷房に利用，暖房時は太陽熱集熱器からの温水（60 ℃程度）を暖房に利用するシステムである。太陽熱が不足する場合はガスでバックアップを行う。年間を通じて太陽熱を効率よく利用することにより，省エネを図ることができる（図 3.7.6-5）。

延床面積4 000 m^2（3～4階建て）の事務所ビルの場合で，太陽熱を組み込まない従来のガス空調システムと比べ，冷暖房に使われる年間の一次エネルギー消費量が約24 %，CO_2排出量が約21 %（約34トン）低減する。

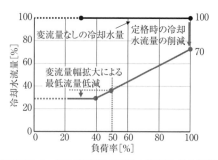

図 3.7.6-4　節電型吸収式冷温水機の冷却水流量

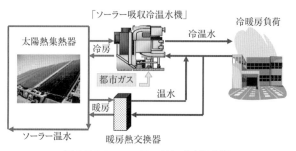

図 3.7.6-5　ソーラー吸収式冷温水機

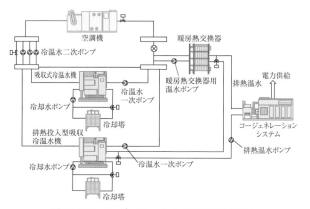

図 3.7.6-6　コージェネレーション排熱利用システム

(5) コージェネレーション排熱利用システム

3.6.2(1)節で解説したが，このシステムは，ガスエンジンのコージェネレーションシステムを駆動して発電を行うとともにエンジンのジャケット冷却水および排ガスから熱回収を行い，冷暖房，給湯に利用するものである（図 3.7.6-6）。

排熱温水の冷房利用には，排熱温水を直接投入することができる排熱投入型吸収冷温水機を用いている。排熱投入型吸収冷温水機は，排熱を優先利用して冷水を製造することによりガスの消費量を削減することができ，冷房負荷が少ない時には排熱単独での運転が可能な機器である。逆に排熱が不足する場合には，ガスで追い焚き運転することにより冷房出力を担保している。

(6) 木質ペレット焚吸収式冷温水機

ZEBの達成には、未利用エネルギー・再生可能エネルギーの有効的な活用が重要である。木質ペレット焚吸収式冷温水機は、燃料として再生可能エネルギーである木質ペレットを利用することが可能で、ガスバーナの代わりにペレットバーナを搭載した二重効用形の吸収式冷温水機が商品化されている。他の構造は従来の吸収式冷温水機と同様で、木質ペレットをバーナに供給する搬送装置が別途必要となる（図3.7.6-7）。

(7) 吸収ヒートポンプ

吸収冷凍サイクルは圧縮式の冷凍機と同様にヒートポンプとしても利用することが可能である。吸収サイクルは再生器・蒸発器が入熱部となり、凝縮器・吸収器が出熱部となる。それぞれの部位の温度、圧力を適正に設定することで、未利用エネルギーなどさまざまな熱を取り込んだヒートポンプサイクルを形成することができる。

吸収ヒートポンプは凝縮器・吸収器から熱を利用するものを第一種、吸収器からの熱のみを利用するものを第二種として分類されている。第一種吸収ヒートポンプサイクルは「増熱型」とも呼ばれ、再生器に蒸気、ガス等の高温熱源を導入し、40℃程度の排温水を蒸発器に導入して、凝縮器と吸収器から約90℃の温水を生成することができる。排温水から熱をくみ上げているため、一般的にCOPは高温熱源ベースで1.6～1.8となり、再生器へ導入した高温熱源より多くの熱量を温水として取り出すことができる（図3.7.6-8）。

第二種吸収ヒートポンプサイクルは「昇温型」とも呼ばれ、蒸発器と再生器に70～90℃の排温水を導入し、吸収器から100～120℃の高温水あるいは蒸気を取り出すことができる。発生する熱のうち凝縮器から出てくる熱は冷却水で放熱されるため、一般的にCOPは投入熱量ベースで0.5程度となる。しかし、投入温水より高い温度の温水や蒸気が得られるため、利用度は高くなる（図3.7.6-9）。

排熱投入型吸収冷温水機ベースの吸収ヒートポ

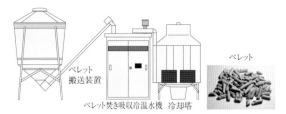

図3.7.6-7　木質ペレット焚吸収式冷温水機の構成図

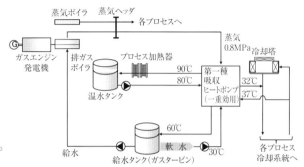

図3.7.6-8　第一種吸収ヒートポンプ適用事例

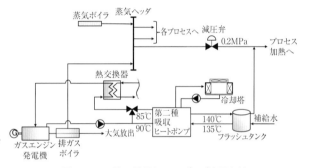

図3.7.6-9　第二種吸収ヒートポンプ適用事例

ンプがある。暖房時は蒸発器に下水処理水、地下水などの12℃程度の熱源水を導入し、再生器にはガス以外に蒸気、排温水が導入できるため、蒸発器と再生器で未利用エネルギーの利用が可能であり、凝縮器・吸収器で発生する熱から45℃の暖房用温水を取り出す。COPは2.38になる。冷房は通常の二重効用の吸収冷凍サイクルと同様で、蒸発器で冷水を作り凝縮器・吸収器の熱を冷却水で放熱させる。冬季に冷房負荷がある場合には熱源水を冷房用の冷水とすることで冷暖同時運転が可能で、COPは3.68になる。事務所ビルや商業施設等の空調システムに有効なZEB化技術であると言える。

3.7.7 蓄電システム

近年実用化されている電力貯蔵技術には，電池貯蔵の他，超電導電力貯蔵，フライホイール，圧縮空気貯蔵や揚水発電などがある。その中でもZEBへの適用拡大が最も期待されているのが電池貯蔵（以下，蓄電システムという）である。ただし，蓄電システムは冷却や保温など補機電力が必要となる他，交直変換や電圧変成などの損失により使用電力は増エネ（システム効率70～85％）となる。しかしながら，再生可能エネルギー（以下，再エネという）に蓄電システムを組み合わせた場合，その余剰電力を蓄電システムに吸収できれば再エネ出力抑制・不要停止が回避できる。蓄電システムは，秒オーダーの出力変動に対しても高速で応答追従することが可能であり，ZEB全体としての効果的かつ有効的な設備利用につながることから，本節では広義の省エネルギー対策として，蓄電システムの基本構成，種別や設計管理上の留意点など活用方法を紹介する。

(1) 蓄電システムの基本構成

蓄電池は直流電源設備であることから，交流電源に系統連系するため，交直変換装置，連系変圧器，連系遮断器，補機変圧器，系統連系リレーなどによるシステム構築が必要となる。システムの回路構成イメージは，次項のシステム機能の中で図示する。

(2) システム機能

ZEBへの蓄電システム適用事例として基本となるのが再エネ余剰吸収機能であるが，これ以外にも負荷平準化，非常電源や瞬低対策の機能を付加することで電源信頼度の向上やBCP（事業継続計画 Business Continuity Plan）へ貢献できる機能が実用化されている。

① 再エネ余剰吸収機能（図 3.7.7-1）

風力発電設備や太陽光発電設備は，天候次第で発電設備の出力が変動するため，系統連系点電力は安定しない。これに蓄電システムを併設すると再エネ余剰電力などを充電，放電することで，再エネ余剰電力が蓄電池に吸収される他，再エネ出力不足の際に蓄電システムからの放電により系統連系点電力の安定化が可能となる。システム回路構成は，図 3.7.7-2 と同様で，内部の制御演算回路により電力制御を行っている。

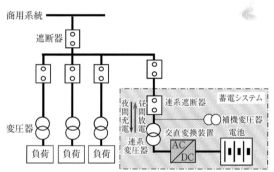

図 3.7.7-2　負荷平準化システムの回路構成イメージ

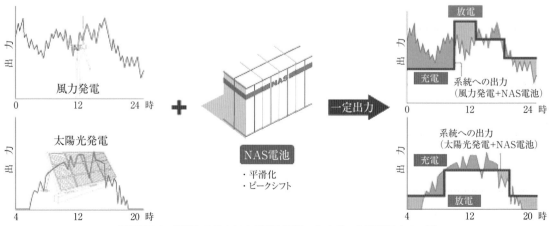

図 3.7.7-1　蓄電システムによる再生可能エネルギー余剰吸収イメージ

② 負荷平準化機能（図 3.7.7-2）

電力需要の低い時間帯に充電，電力需要の高い時間帯に放電することで契約電力が低減できる（図 3.7.7-3）。

＜電池容量算定の考え方＞

負荷平準化のための電池容量算定は，設置スペース，費用対効果，建物の設備状況や負荷実態（昼夜間の負荷バランス）などを考慮する必要がある。標準的な事務所ビルの契約電力を最小にする条件の算出例では，おおむね契約電力の40％が最適な容量となる場合が多い。

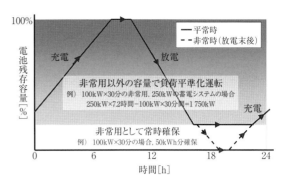

図 3.7.7-5　非常電源容量の確保の考え方

3.7.7-5）。

④　瞬時電圧低下補償機能（図 3.7.7-6）

一般負荷と重要負荷の間にGTO素子などの半導体スイッチを用いた高速遮断器を負荷平準化システムに追加し，電力系統への落雷時に発生する瞬時電圧低下を検出した後，数ミリ秒程度でこれを遮断し，電源信頼度を必要とする重要負荷に対して安定した電源を補償供給する。

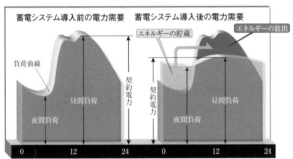

図 3.7.7-3　蓄電システム導入による契約電力低減イメージ

③　非常電源兼用機能（図 3.7.7-4）

一般負荷と防災負荷を区分するための開閉器（以下，区分開閉器という）を負荷平準化システムに追加し，火災発生などの停電時に区分開閉器を開放して消防用負荷や保安用負荷の非常電源系統へ数十秒程度の短時間で電源供給する。

＜電池容量算定の考え方＞

負荷平準化容量の他に非常容量分（出力と必要時間）を加味して電池容量を算出する（図

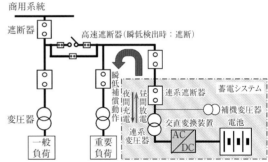

図 3.7.7-6　瞬低対策兼用システムの回路構成イメージ

＜電池容量算定の考え方＞

非常電源兼用システムと同様の考え方による。瞬低対策専用の場合，重要負荷の運転継続時間を満足する電池容量を算出する。

a．電池種別

電池の種類は，電極材料や化学反応方式によって多くの種類が実用化されている。用途としては，蓄えられるエネルギー容量［kWh］が大きい容量型電池と短時間の出力［kW］が大きい出力型電池の2種類に大別される。表 3.7.7-1 には，現在実用化されている代表的な電池の中から，ナトリウム・硫黄電池，レドックスフロー電池，鉛蓄電池，

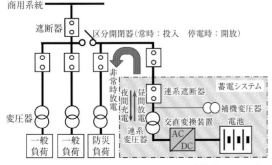

図 3.7.7-4　非常電源兼用システムの回路構成イメージ

リチウムイオン電池（電気用品安全法は「リチウムイオン蓄電池」と規定），ニッケル水素電池の特徴を示すが，それぞれの蓄電池の入出力特性や容量の他，用途，規模，制約，要求事項などを考慮し総合的な判断により電池種別を選択することが重要である。

b．代表的な電池の設計・管理上の留意点

表3.7.7-1に示す各種電池の中でも導入実績の大きいナトリウム・硫黄電池，リチウムイオン電池をピックアップし，設計・管理上の留意点を紹介する。

ⅰ）ナトリウム・硫黄電池

正極活物質は硫黄（第2類：可燃性固体），負極活物質はナトリウム（第3類：禁水性物質），電解質にはβアルミナセラミックスを用いた高温作動型電池（約300℃で動作）である。このナトリウムと硫黄は消防法上の危険物に該当し，最小単位のモジュール電池1台（30kW）であっても危険物指定数量の指定倍数は1以上（約20）となるので，危険物一般取扱所として消防法およびその他関連法規に基づいた設計・管理が必要となる。

また，運転パターンの検討では電池容量を超過しないよう配慮する他，放電運転中の電池内部温度上昇（放電時の発熱）によってシステム停止に至らないよう放電出力と継続時間を考慮した運転パターン（電池容量の範囲であっても）の検討が必要となる。

過去（2011年9月），茨城県某所で火災事故を経験したものの，消防関係機関の調査，第三者委員会の評価を受け，総務省消防庁から火災対策文書も発出されている。この経験を踏まえた更なる安全性向上のため，内部構造などの抜本的見直しがなされた新型電池が開発され，販売されている。パッケージ構造の他，コンテナ内部にモジュール電池を収納したタイプも新規導入が進められている。ただし，屋外設置が附帯条件となっているため，設置に際しては所轄消防署と事前相談や綿密な協議の上，進めていくことが望ましい。

ⅱ）リチウムイオン電池

正極活物質はコバルト，マンガン，ニッケル，鉄等を主成分としたリチウムイオンを含有した金属複合酸化物，負極活物質は炭素系材料やチタンを主成分とした金属複合酸化物，電解液には有機溶媒電解液を用いた電池である。有機溶媒電解液

表3.7.7-1 主な蓄電池の特徴

電池種別	ナトリウム・硫黄電池	レドックスフロー電池	鉛蓄電池	リチウムイオン電池	ニッケル水素電池
代表的な製造者	日本ガイシ	住友電気工業	日立化成他	東芝・村田製作所他	川崎重工
蓄電池種別	容量型電池	容量型電池	出力型電池	出力型電池	出力型電池
システム規模	0.5～3.4 MW - 7.2 h	0.5～15 MW - 1.5～10 h	3kW～5 MW - 1～8 h	6kW～40 MW - 0.5～8 h	10～300 kW - 0.2～6 h
システム効率	80%	70% ポンプ補機損失含む	75%	85%	85%
耐久性	4 500サイクル 15年	カレンダー寿命 20年以上	完全充放電4 500サイクル 中間充電状態約20年	3 500サイクル以上	3 500サイクル以上
正極活物質*	硫黄	バナジウム（5価）	二酸化鉛	リチウムイオン含有金属複合酸化物	オキシ水酸化ニッケル
負極活物質*	ナトリウム	バナジウム（2価）	鉛	炭素，チタン酸リチウム	水素吸蔵合金
電解質	βアルミナセラミックス	硫酸バナジウム溶液	硫酸水溶液	有機溶媒電解液	水酸化カリウム水溶液
理論エネルギー密度 (kWh/kg)	786	100	167	～585	225
開路電圧/セル (V)	2.1	1.4	2.1	2.3～3.8	1.2
作動温度（℃）	約300	室温	室温	室温	室温
システムコスト (万円/kWh)	4	10	5～10	5～26	10～
特徴	高温作動型 定置型大容量の実績大 活物質が危険物 現在は地下への新設は不可	不燃性 定置型大容量の実績あり	自動車，UPS実績大 定置型大容量の実績あり	自動車，UPS実績あり 定置型大容量への普及拡大 電解液は危険物	自動車，電鉄実績あり 定置型大容量への普及拡大

＊ 正極・負極活物質は，主成分を示した。
[出典] 電力貯蔵用電池規程 JEAC5006-1994 など

は消防法上の危険物第4類引火性液体の第2・3石油類に該当するため,システム規模に応じて電解液総量の指定数量の倍数が5分の1以上,1未満の場合には少量危険物貯蔵取扱所としての設計・管理が必要となる。また,複数設置する場合については,所轄消防署に電解液総量の考え方などを事前相談することが望ましい。指定数量の倍数は1以上となった場合には,ナトリウム・硫黄電池と同様に危険物一般取扱所となるので注意が必要である。

また,この電池固有の特徴としては,電池周辺の環境温度が高くなると電池容量が低下するので,一定の使用環境にするための冷却が重要なポイントとなる。さらには電池内部の特定部位で発熱した影響で,内部反応を引き起こして更なる発熱を招く熱暴走(電池全体の温度上昇が継続する現象)という安全面の課題も有している。これら課題に対して製造者は,使用環境における容量想定の他,構成材料や安全機構・多重防護など安全性確保の取り組み,改良を行っているので,リチウムイオン電池を採用するにしても,製造者ごとに異なる特徴などを比較検討した上で選定することが重要である。

iii) 今後の利用拡大と課題

今後,蓄電システムを活用した更なるエネルギー利用の領域拡大としては図3.7.7-7に示すように,

① 電力システム改革を見据えた容量市場構築(デマンドレスポンス・バーチャルパワープラント)への対応
② 電力系統の短周期・長周期の周波数変動抑制による発電事業者の火力発電所運用合理化などの環境価値の創造
③ 電気自動車や急速充電器まで含めた複数・分散した蓄電システムをAI制御や統合制御への機能拡張

などが期待されている。

また,更なる蓄電システムの普及拡大を図るためには,

・蓄電システムの更なる効率向上
・電池の品質向上や信頼性向上
・電池の火災安全性能の向上
・量産化,自動化や使用材料調達改善などによる電池価格の低減

が鍵となっている。

近年,各地で発生している大災害(局地的な豪雨災害,非常に強い勢力を保った台風や震度7クラスの地震など)に対するBCP対策として,また,再エネの有効活用による低炭素から脱炭素社会への取り組みを加速させるためにも,分散電源と大容量蓄電システムの他,電気自動車や急速充電器との協調なども視野に入れた先進的なパワーグリッドの構築が必要不可欠である。

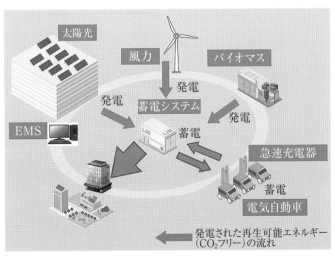

図3.7.7-7 蓄電システムのCO_2フリーへの貢献イメージ

3.7.8 自動制御による省エネルギーシステム

(1) 自動制御の概要

自動制御は，快適性や安全性，そしてZEBを目指した省エネルギーを実現する上で，重要なものである。自動制御の対象は，空調設備から建物の窓の開閉など多岐にわたり，現代では建物を運用稼動させていく上で欠かせないものとなっている。

冷凍機やボイラなどの熱源機器，ポンプなどの熱搬送機器，そして二次側の空調機器を組み合わせて構築するセントラル空調システムや，セントラル給湯システム，コージェネレーションシステムなど，多くの機器を同時に動かす建築設備ではすべてを人の手に委ねるわけにはいかず，自動で機器を無駄なく効率よく動かす技術として自動制御は活用されている。

(2) 自動制御の基本構成

自動制御の基本ロジックとしては，大きくはフィードバック制御，フィードフォワード制御，シーケンス制御があり，これらの制御を組み合わせて構築されている。そして，制御を行うための制御機器は，検出部，調節部，操作部の3つを基本としている。

空調で多く用いられるフィードバック制御とは，制御結果を目標値（設定値）と比較し，一定範囲内に収まるように訂正動作を行う制御である。

検出部は，制御結果を計測し，計測値を調節部へ出力する。調節部は，検出部から出力された計測値を設定値と比較し，その偏差を小さくするように操作部へ信号を出す。操作部は，調節部からの信号により作動し，制御対象の流量・風量等を調節する。空調制御における操作部は制御弁・ダンパ・インバータなどがある。

(3) 自動制御による省エネルギー

ZEB化へ向けては，高効率機器を採用するだけでは達成するのは難しい。自動制御によって，外部環境や室の使われ方に応じ，外部からの負荷を抑制したり，時には上手く活用したりすることや，必要な分だけ必要な機器を動かすといった効率の良い運転を行うことなど，実際の状況に合わせた適切な省エネルギー運用を行うことが重要である。

また，機器廻り個別の制御だけではなく，システム全体が連携して最適化する制御によって，省エネルギー性が高められる（図3.7.8-1）。例えば，在室人員に合わせて必要な外気量を制御するCO_2濃度制御は，室内のCO_2濃度を検出し，必要な外気量に絞るために取り入れダンパの開度を変更，またはファンのインバータ周波数を変更する。さらに，処理する外気量が減ることで，空調機に必要な冷温水量が少なくて済むため，空調機の冷温水バルブ開度を変更し，搬送系の二次ポンプの流量を変更する。そして，必要な製造熱量を演算し，熱源機器の運転を制御することとなる。

熱源機器廻り，空調機廻りなどのそれぞれの制御系が適切に運転しているかの確認や，制御系相互が連携した運転となっているかの確認など，中央管理室に設備の運転情報を集約させ，一元管理し効率よく運用を行うことが重要となる。また，制御内容は具体的な設定値，動作等を図や文章で記述し管理していくことも重要である。

表3.7.8-1に，主な自動制御の省エネルギー技術を記述する。建築計画，設備計画の検討と合わせて採用を検討し，ZEBへ向けて計画を進める必要がある。

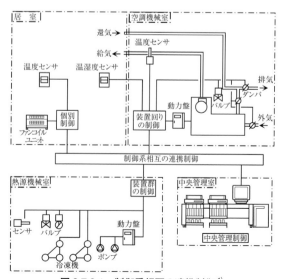

図3.7.8-1 制御系相互の連携制御[1]

表 3.7.8-1(1)　主な自動制御による省エネルギー技術(1)[2]

分類		制御	概要
熱源		熱源機器の台数制御	・建物の冷暖房負荷は，季節，曜日，時間帯，気象条件によって大きく変動するため，熱負荷に応じて最適な熱源機器の組合せになるように，運転台数や発停順位を調整することで，熱源機器の高効率な運転が可能になる。
		熱源機器出口設定温度の遠方制御	・冷暖房ピーク負荷時期以外は低負荷率・低効率運転（増エネルギー）となっている場合がある。季節やビル使用状況（冷暖房負荷）から判断し，冷温水出口温度設定を負荷に対して最適に制御することで，熱源機器の高効率運転が可能になる。
空気調和設備	冷却塔	冷却塔ファン等の台数制御または発停制御	・冷却塔の冷却水出口側に取付けた温度検出器により冷却水温度を検出し，冷却水温度が設定値になるように，冷却塔ファン等（密閉式の場合の散水ポンプを含む）の台数制御または発停制御を行うことで，負荷に合わせた効率的な運転が可能になる。
		冷却塔ファンインバータ制御	・冷却塔ファンにインバータ制御を導入することで，特に低負荷時の最適な運転が可能になる。
		フリークーリング制御	・冬期の冷えた外気を利用して冷凍機の運転をせずに，冷却塔にて冷水を製造することで，熱源エネルギーを削減する。 ・冷凍機の入口冷水をフリークーリングシステムにて予冷することで，年間のフリークーリング運転時間を増し，さらなるエネルギー削減につながる。
	ポンプ	冷却水ポンプ変流量制御	・冷凍機が部分負荷運転をしている場合には，冷却水出口温度でインバータによる変流量制御を行い，搬送エネルギーを低減する。熱源機器の種類によっては，定流量で冷却水温度を下げて運転した方が効率が良くなる場合があるため，導入には検討が必要である。
		空調一次ポンプ変流量制御	・変流量対応の熱源機器では，流量を定格値の50～70％まで絞ることが可能であるため，空調一次ポンプの台数制御またはインバータによる変流量制御を導入し，搬送エネルギーを削減する。熱源機器の必要最小流量を確保する必要があることに留意する。
		空調二次ポンプ変流量制御	・空調二次ポンプは，系統ごとの熱負荷に応じて流量が大きく変わるため，負荷に追従できるように台数分割し，負荷流量または負荷熱量により台数制御することで，負荷に合わせた効率的な運転が可能になりエネルギー削減につながる。 ・ポンプにインバータを導入することで，ポンプが複数台運転している場合，必要な圧力まで周波数を下げることが可能になるため，より大きな削減効果を期待できる。インバータによる削減効果として流量は3乗，圧力は3/2乗で効いてくる。
		空調二次ポンプの末端差圧制御	・末端差圧制御は，最遠端の空調機の差圧により，インバータ制御を行う。 ・推定末端差圧制御は，負荷流量に応じて変化する配管系の圧力損失の増減分を考慮し，推定末端差圧が確保できるように，負荷流量から吐出圧力またはバイパス差圧の設定値を演算してインバータ制御を行う。
		空調二次ポンプの送水圧力設定制御	・送水圧力設定制御は，冷温水自動制御バルブの開度情報等，空調機DDCと連携しながら，中央監視システムで演算された二次側負荷の冷温水過不足状況により，最適な送水圧力設定値に自動的に変更する制御（カスケード制御）を行う。
	空調	変風量制御	・定風量システムでは，常時最大風量で運転してしまうが，変風量システムとし負荷変動に応じたインバータによる風量制御を行うことにより，搬送エネルギーを低減する。
		ウォーミングアップ時の外気遮断制御	・空調のウォーミングアップ時は，必要のない外気を遮断し，要求する室内温度に短時間で立ち上げることで，外気負荷と搬送エネルギーを削減する。暖房時で外気温度が低い時や冷房時で熱帯夜などにより外気温度が高い時は，外気遮断による省エネ効果が大きい。 ・単純にタイマーで給気ダンパを閉鎖するウォーミングアップ制御より，毎日のウォーミングアップ運転時の室内温度状態を見て，ウォーミングアップ運転時間を演算する最適起動制御と組み合わせたウォーミングアップ運転の方が省エネ効果が大きい。
		外気冷房制御	・冬季や中間期の冷房負荷に対して，外気取入量を増やして冷房を行うシステムで熱源運転によるエネルギーを削減する。

表 3.7.8-1(2)　主な自動制御による省エネルギー技術(2)[2]

分類		制御	概要
空気調和設備	空調	ゼロエナジーバンド制御	・室内環境がある一定の温度領域におさまっている場合は，冷房も暖房もしない「不感帯」を設定し，その範囲を超えた場合にのみ空調による制御を行うことで，ミキシングロスによる熱損失を削減できる。 ・一定範囲の中で，室内温度・湿度が成り行きとなることから，不感帯を広くする場合は，利用者の理解・協力が必要になる。
		CO_2 濃度による外気量制御	・室内の CO_2 濃度によって，外気導入量を変化させ，在室人員に最適な外気導入量とすることで，外気負荷を低減する。 ・実際には，設計人員に比べて，在室人員が少ない場合が多いため，外気量制御を導入することで省エネ効果が期待できる。在室人員の変動が大きい施設では特に有効となる。 ・外気エンタルピーによって外気冷房制御と組み合わせることでより省エネとなる。
		ファンコイルユニットの比例制御	・室内温度または還気温度を検出し設定値になるように制御弁を制御する。冷温水の流量を空調負荷に応じて比例制御し，低負荷時の流量を減らすことにより搬送エネルギーを削減する。 ・還気温度による比例制御の場合は，冷房時に還気温度が照明発熱などにより設定温度に比べて常に高くなり，省エネルギーにならないことがあるため，設定温度などには十分留意する必要がある。
		空調のセキュリティー連動制御	・フロア単位または室単位で，セキュリティーシステムの入館信号や最終退出信号などと空調設備が連動することにより，無駄な空調の運転時間を短縮することができ，エネルギー削減につながる。
		空調の最適起動制御	・最適起動制御は，空調が必要となる時間に最適な室内温度となるように空調設備を起動する時間を予測する制御で，予冷予熱時間の適正化を図り，空調エネルギーを低減する。
		非使用室の空調発停制御（室毎のCAV制御）	・変風量装置VAVや定風量装置CAVを用いて，スケジュールまたはスイッチによる発停で非使用室の空調を停止することにより，空調エネルギーを削減する。人感センサやセキュリティー等によって非使用室を判断し，VAV・CAVを全閉した上で，空調機，排気ファン等のインバータによる風量制御と組み合わせることで，更なる省エネルギーにつながる。
		空調機の間欠運転制御	・空調機を一定時間以上停止する（例えば室内温度と CO_2 濃度等を監視しながら，ある一定の周期で空調設備の運転と停止を繰り返す）ことで，快適性を損なうことなく空気搬送エネルギーを削減する。
機械換気設備	一般換気	エレベーター機械室・電気室の温度制御	・エレベーター機械室・電気室の代表点に取り付けた温度検出器により，空調機および給排気ファンの運転を制御し，無駄なエネルギーを削減する。外気温度と室内設定温度との関係によって，空調機および給排気ファンの最適運転を行うことが重要となる。
		駐車場ファンのCOまたは CO_2 濃度制御	・駐車場のCOまたは CO_2 濃度により，換気ファンを発停制御，台数制御またはインバータによる風量制御を行うことにより，換気エネルギーを低減する。
		人感センサーによる換気制御	・便所および湯沸室の排気ファンを，人感センサで感知して，自動的に運転および停止させることで，残業時間等の空調停止時の換気エネルギーの低減や，還気量を増やすことができるため全熱交換器の効率向上による空調エネルギーの低減が可能になる。
		熱源機械室ファンの燃焼機器等連動停止制御	・ボイラーや直焚吸収冷温水機等の燃焼機器が設置されている熱源機械室等は，通常の換気設備に加えて，機器が稼動している間，燃焼に必要な空気を供給しなければならないが，機器が停止している間も燃焼に必要な空気を供給することで換気エネルギーが増大する。燃焼機器の発停と連動してファンが発停する制御を導入することにより，搬送エネルギーを低減する。
	厨房換気	厨房外調機・ファンの風量モード切替制御	・厨房は常にレンジ等を使用しているわけではないため，厨房の使用状況等により，厨房外調機やファンの風量制御を行うことで，換気エネルギーが低減するとともに，厨房外調機は外気処理のための空調エネルギーも低減する。
		厨房外調機の換気モード切替制御	・外気条件が良好な中間期等は，冷水・温水等による外気処理を用いずに外気を導入することで，空調エネルギーを低減する。
建物外皮の省エネルギー性能		ブラインドの日射制御・スケジュール制御	・太陽位置や晴天度合いに応じて，ブラインドを昇降またはスラット（羽）角度を調整させることにより，日射遮蔽することができ，外皮負荷を低減して，空調エネルギー削減につながる。

(4) 照明と空調の統合制御

近年，ZEB化を目指しさらなる省エネ・合理化を図るため照明と空調を統合した制御が導入されている。先進的な3事例について以下に示す。

a．大成建設 ZEB 実証棟

「適切なエリア」に「適切なタイミング」で「適切な省エネ制御」を行うための技術として，次世代型人検知制御システムを開発し，全館に導入した。サーモパイルを利用した人検知センサは人の状態（不在／滞在／進入／退去）をリアルタイムに検知することができる。この人検知センサから得られる在・不在情報を活用して，照明・空調を自動で最適に制御することで誤作動や無駄なエネルギー消費を抑制し，大幅な省エネルギーを実現している（図3.7.8-2，3.7.8-3）。人検知センサで人の在／不在を判断し高効率に下向きLED照明を制御し，また，空調は在席情報による外気量制御と吹出口のON/OFF制御を行うことで，省エネ性を高めている。照明については，制御が無い場合と比較すると，人検知センサを用いた場合，30〜50％の削減効果が得られた。

b．KTビル

人感センサ，昼光利用センサ，室温センサをモジュールに沿って配置し，ゾーンごとのオフィス環境を形成している。センサ情報はネットワーク上で共有され，設備管理や空調，換気，照明，ブラインドの制御や操作に活用している（図3.7.8-4）。

照明は，明るさセンサ＋人感センサ制御による省エネ調光制御を採用し，一部のフロアには窓面輝度測定用センサによる在室者視点での明るさ感評価に基づいた新開発調光制御を採用し，省エネと良好な光環境との両立を図っている。空調は，外気処理系統と内部負荷処理系統での協調を行うことで，外気処理を優先的に運転し，負荷の少ない時は自動的に室内機が停止する制御を組み込んでいる。さらに，外気や室内の状態に応じて機器能力（冷媒蒸発温度）を自動的に可変する制御やCO_2濃度による外気量制御を導入している（図3.7.8-5）。これらの制御により，従来機器と比較して機器効率を約40％向上させることができた。

図3.7.8-2　次世代人検知センサを活用した低照度タスク＆アンビエント照明システム

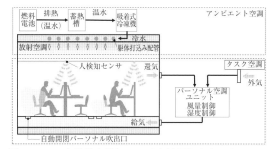

図3.7.8-3　次世代人検知センサを活用したタスク＆アンビエント空調システム

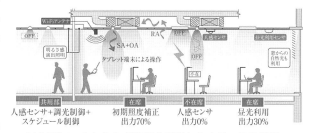

図3.7.8-4　センシング情報を活用したオフィスの空調・照明制御

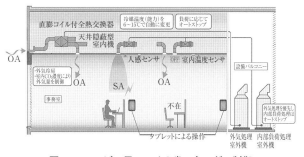

図3.7.8-5　ビル用マルチの省エネルギー制御

c．関西電力南大阪営業所

本建物では，マルチパッケージ形空気調和機（EHP）を全面的に採用している。EHPは，通常は制御内容がメーカー独自の方式となっているが，徹底した省エネルギーと室内環境の維持の両立を追及するため，メーカーの協力を得て，EHPの運転データを取得することで，外部からEHPに

対して高効率なポイントでの運転指令を行うことが可能な空調・照明外部指令制御システムを開発し導入した。

また，EHPと点消灯・調光機能を備えた照明設備に対して，室外機出力や設定温度，照明照度を段階的に制御することにより，対象機器のON/OFFによる室内環境の急な変化を伴わずに，デマンドを抑制できる空調・照明統合連続デマンド制御手法を開発し導入した。削減効果を月別にみると，連続デマンド制御により冷房ピーク期で最大約20％，暖房ピーク期で最大約9％のデマンドを削減することができている。なお，開発した制御は蓄電池と連携した制御機能も併せ持ち，デマンドレスポンス制御への対応も可能で汎用性を高めている。

(5) 計画上の留意点

省エネルギー制御の導入にはコストがかかるため，あらかじめ効果が得られるかどうかを検討の上，採用する必要がある。設備システムとの組み合わせによっては，効果が期待していたほど出ない場合があるため留意が必要である。

例えば，全熱交換器とCO_2濃度制御の併用システムを構築する場合，CO_2濃度制御により外気量を絞っていくと，便所排気などの一定量の排気とバランスし，全熱交換器に還る空気がほとんどなくなってしまうことで，全熱交換器の導入効果が小さくなる可能性がある。

また，省エネルギー制御は，導入後に適切な設定値や制御ロジックで運用がなされているかを確認することも重要となる。例えば，電気室に温度制御を導入していても，室内温度設定値を25℃など低い温度で運用すると，給排気ファンや空調機の運転時間が長くなり，効果があまり出ないことがある。また，CO_2濃度制御を導入しても室内のCO_2濃度の設定値を500 ppmなど低い値に設定していると，外気量を絞る量が少なくなり効果が出にくくなる。

建物の運用段階においてコミッショニング（性能検証）を実施し，導入した省エネルギー制御が

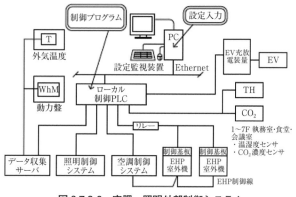

図3.7.8-6　空調・照明外部制御システム

図3.7.8-7　連続デマンド制御の概要

適切に動いていないことが分かったときには，ビル管理者，設計者，施工者，制御メーカーなど関係者で協議し原因分析を行い，各種設定値の見直しなど最適な運転方法にチューニングすることで，本来の目的を達成することができる。さらにZEB化へ向けては，チューニングと検証を繰り返し，最適な運用を目指して粘り強くフォローアップしていくことが非常に重要となる。

【参考文献】
1) 井上宇市編：空気調和ハンドブック
2) 東京都優良特定地球温暖化対策事業所の認定ガイドライン，東京都，2018

3.7.9 IoT/AI の活用

(1) ZEB に向けたインターフェイスの構築

図 3.7.9-1 に，ZEB の実現に向けた対象建物の自動制御システム（Building Automation System, BAS）と情報系ネットワーク間のインターフェイスのイメージを示す。

データベース（Data Base, DB）とデータの処理機能を持つサーバ（以降，サーバ）は，対象建物内に設置する方式（図の (a)）と建物外に設置する方式に大別される。また，サーバを専ら対象事業者が開発・構築・運用する方式（同 (b)）と，IT ベンダがあらかじめ準備した環境やハードウェア・ソフトウェアを用いて構築する方式（同 (c)）に分けられる。本節ではクラウド環境に設置する場合，前者の方式のクラウドをプライベートクラウド，後者の方式をパブリッククラウドと定義する。さらに，サーバを対象建物に設置する方式およびプライベートクラウド方式の運用をオンプレミス運用，パブリッククラウドによる運用をクラウド運用とする。

サーバを対象建物に設置する方式は，その建物に特化した ZEB の推進に適している。一方，建物外に設置する方式は，対象を複数の建物に広げた推進に適している。なお，建物外から制御出力を行う場合，万一通信が不通になっても建物の運用に支障をきたさないよう，対象建物の BAS はサーバからの信号がなくても建物設備を制御できる仕様としなければならない。

オンプレミス運用は事業者のニーズに合った機能で構築しやすく，比較的セキュリティも保ち易いシステムであるのに対し，クラウド運用は迅速なインターフェイスの構築が可能であること，外部との連携が比較的容易であることが特長である。

(2) データ活用の流れ

上述のインターフェイスにて，データはサーバ上で①収集，②加工処理，③蓄積，④出力の順に処理される。

① 収集

データは対象建物の BAS および BAS とは別のシステムからサーバの DB に集められる。別システムからは BAS にはない ZEB に必要なデータを収集する。

② 加工処理

DB のデータは，必要に応じて演算や推論，学習などの加工処理（以降，処理）を行う。この処理の手法として，後述する人工知能（Artificial Intelligence, AI）の適用がある。

③ 蓄積

収集および処理されたデータは実績値および知識として DB に蓄積する。これらのデータは出力および学習に活用される。

④ 出力

蓄積されたデータは，図表や文章による見える化・見せる化や対象建物設備の制御値として用いることができる。

(3) ZEB に必要なデータ

ZEB に向けて収集したいデータは，BAS による計測データの他に3つある。1つ目は，ZEB の評価に必要な対象建物データのうち BAS で取得できていないデータである。例えば，建物設備の運転データや，温熱や空気質などの居室の環境データ

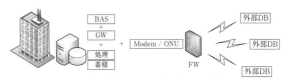
(a) 対象建物へのサーバ設置による運用

(b) プライベートクラウド運用

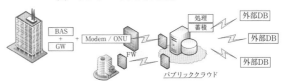
(c) パブリッククラウド運用

GW: ゲートウェイ装置
Modem/ONU: モデム/光回線終端装置
FW: Fire Wall
VPN: Virtual Private Network

図 3.7.9-1 IoT/AI 活用に向けたインターフェイス

が挙げられる。これらのデータは後付けのセンサで収集することになる。センサのインターフェイスは有線と無線の方式があり，無線センサには電池を持つものと持たないもの（エネルギーハーベスト）がある。データのインターフェイスは，直接サーバにアップロードする方法が一般的である。

2つ目は，制御や評価を行うための建物外部データである。具体的には，今後の予測負荷に順応する制御に向けた気象情報や，節電要請やネガワット取引，複数の建物のエネルギーの最適利用のためのデマンドレスポンス信号，建物用途の特性データが該当する。特性データとは，百貨店やショッピングモールであればPOSデータ，ホテルや工場であれば稼働率などが挙げられる。

3つ目は，ヒトの生体データ（バイタルデータ）である。バイタルデータにて，居室の滞在人数を把握できるだけでなく，居場所を特定し，タスク環境に絞った空調によるエネルギー消費量の削減，さらには快適度および健康度の満足に寄与する。

これらのデータを融合し，収集，処理，蓄積，出力できるインターフェイスを構築，運用することで，ZEBに向けたモノのインターネット・IoT（Internet of Things）が確立される。

(4) クラウド運用の利活用

クラウド運用ではインターネットを用いて，外部DBから必要なデータを収集し，それらを処理の上，図表や文字による有用な情報の提供，さらには制御値の出力も可能である。

クラウド運用のメリットは3つある。1つ目は，複数建物の群管理によるエネルギーやファシリティのマネジメントができることである。例えば，ある建物で良好な設備運用ができると，その運用を他の建物にも横断的に適用しやすく，事業者としてのZEBの取り組みが加速される。また，データも一元で収集されることから，AIに用いる学習データも多く収集され，学習精度の向上も期待できる。

2つ目は，ITベンダが提供するインターフェイスやソフトウェアにより，迅速に環境を構築できることである。具体的には，サーバやストレージ，セキュリティなどを目的に応じて構成できるIaaS（Infrastructure as a Service），オペレーティングシステムやデータベース，アプリケーションの開発環境や動作環境を提供するPaaS（Platform as a Service），ユーザーの目的にあったアプリケーションを提供するSaaS（Software as a Service）などがベンダより提供されている。

3つ目は，対象建物の設備やシステムの更新や，新規物件への適用が容易なことである。さらに見える化・見せる化や制御のソフトウェア（アプリケーションやコンテンツ），ベンダが提供する最新のソフトウェアをタイムリーに更新できることである。

(5) AIの適用

2010年代の第3次AIブームはブームで終わらないと言われている。本ブームは情報処理技術の高度化によりもたらされており，与えられた問題を解決する情報処理モデルの精度向上およびコンピュータの高性能化がAIを実現している。AIは減災や医療，マーケティングの分野で活用されており，建物設備についても機器保全やZEBへの適用が期待される。

AIは，ある事象を自ら認識し，その事象に対して自ら思考し答えを出力する『強いAI』と，プログラムに則り，収集したデータから決められた処理や知識を用いて答えを出力する『弱いAI』に大別されるが，現時点（2019年）におけるZEBに向けた適用は弱いAIである。建物の設備運用では，建物の使い方や外気条件，さらには経時によるシステム・機器の性能変化により正しい答え（ZEBのための出力）も常に変化することから，たとえ強いAIを導入してもその答えが求められないためである。統計的手法で設備運用を分析（処理）し，その結果を知識としてDBに蓄積し利用（出力）するフローが，情報処理技術のZEBへの適用手法であり，弱いAIの適用先である。

今後，ディープラーニング（深層学習）や強いAIが精度の高い性能検証を行い，その結果を照合の上，瞬時に最適な設備運用を判断する時代がくるかもしれない。

3.8 再生可能エネルギーを導入する

3.8.1 太陽光発電

(1) 太陽光発電とZEB

ZEB・PEBを実現するためには太陽光発電システムの導入が不可欠であり、通常は設備機器などに利用される屋上のスペースを、最大限に太陽光発電システムのために活用する必要がある。さらに、窓や壁面、庇なども有効に活用して、太陽光発電システムの導入を可能な限り計画する。

(2) 太陽電池の種類

現在、開発されている主な太陽電池を分類すると、図3.8.1-1のようになる。太陽電池はシリコン系と化合物系、有機系に大別できる。

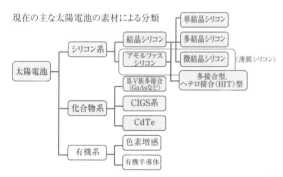

図3.8.1-1 太陽電池の種類（産業技術総合研究所HPより）[1]

(3) 太陽光発電助成制度

再生可能エネルギーの普及拡大を目的にさまざまな助成制度が設定されている。助成制度の代表的なものに固定価格買い取り制度（FIT）がある。2012年7月から全量買い取り制度が開始され、初年度は産業用太陽光発電の場合、買い取り単価40円/kWhで、その単価は20年間固定だった。その後、制度が適用された太陽光発電容量の増加に伴い、買い取り価格が低下し、さらに地域によっては出力制御装置の設置が義務付けられた。2018年度には買い取り単価が18円まで引き下げられた。

年間で電力消費量が多くない2018年秋期には、九州電力では消費と発電のバランスが崩れることが予想され初めて出力制御を行い、発電事業者に発電停止を求めた。このことは太陽発電システムで発電できても売れない時があることを意味する。売電と買電の価格差が少なくなってきたことや、発電しても売電できない出力制御の可能性があることから、発電した電気を売るよりも上手に自家消費することも、太陽光発電を有効利用する1つの方法である。自家消費の場合には、出力制御の影響や買い取り価格の低下などの直接的なデメリットを受けないばかりか、企業BCP対策や送電ロスの減少、節電意識が高まるなどのメリットがある。

(4) 建築と太陽光発電

建築に太陽電池を設置する場合、BIPV（Building Integrated Photovoltaics）とBAPV（Building Attached Photovoltaics）に大別することができる。BIPVは太陽電池パネルが建材としての機能を有するもので、サッシ組込型や外壁一体型、屋根一体型などが挙げられる。一方、BAPVは本来の建材としての機能を有さないもので、屋根置き型などが該当する。

(5) BIPVの建築計画上の留意点

BIPVは太陽電池としての「発電する」機能と建材としての室内を外界から守る機能を併せ持つ。現在の太陽電池の寿命は15〜20年とされている。一方、建築の寿命は50年以上求められるので、この寿命の違いからさまざまな課題が出てくる。

また、太陽電池パネルを屋上に設置する場合には人の目に触れることが少ないが、外壁や窓に設置する場合には建物としての意匠性にマッチしたものでなければならない。さらに、壁面特有の周囲建物などの影の影響がある。以上のことを踏まえてBIPVの計画上の留意点を示す。

a. 意匠性

外壁や窓部分に太陽電池パネルを設置する場合

には太陽電池パネルの選定や設置方法などのデザイン上の制約，配線ルートを考慮して計画する必要がある。

b．壁面にできる影による発電能力の低下

太陽電池パネルに影が当たるとその発電能力が低下するばかりでなく，影の部分で逆電圧が発生し，ホットスポットになる場合がある。屋上では周囲の建物などの影が比較的予測しやすいが，壁面の場合には複雑に影ができるので，その影を考慮して最適な太陽電池パネルの向きやパネルの接続方法，バイパスダイオードの設置位置を計画する必要がある。

c．交換性

太陽電池パネルが何らかの影響でその発電性能が劣化した場合，竣工当初の建物全体の発電性能を維持するためには新たなパネルと交換する必要がある。そのために太陽電池パネルを交換可能にするいくつかの計画の配慮が必要になる。詳細な配慮のポイントを以降に示す。

ⅰ）パネルへのアクセスルートの確保

外壁や窓に太陽電池パネルを設置する場合，パネル交換のために外部からアクセスするには清掃用ゴンドラを利用するか，足場を設置する方法がある。コスト面や安全面を考慮すると，可能なら室内側からパネルにアクセスできる経路を確保する計画が望ましい。

ⅱ）安価で安全な交換方法の検討

BIPVの場合，建材としての止水性能や耐風圧性能を維持する施工方法を採用しなければならない。反面，パネルを交換するために多大な労力を必要としない施工方法を考える必要がある。

ⅲ）配線の簡便な切替え技術の検討

意匠上パネルからの配線ルートを隠す計画が必要だが，パネル故障時に接続部にもアクセスできなければ，パネルを交換できない。室内外からは見えない配線ルートを確保するとともに，故障時にはパネルの配線コネクタ部にアクセスできるように計画する必要がある。また，パネルには配線のボックスが設置されているが，それも配線同様に隠せる位置にあるパネルを選定する必要がある。

ⅳ）パネル在庫の確保

太陽電池パネルはその発電性能が日進月歩で，性能向上と同時にパネル形状も変わることが多い。壁面に設置するBIPVの場合，形状やパネルの色調が変わると意匠性が大きく低下する。そのためにも，パネルの在庫期間や形状が変わった場合にはアタッチメントなどの対応が太陽電池メーカーに期待される。

ⅴ）パネルを交換しない選択

パネル交換のためのスペースやアクセスルートの確保が室内空間やコスト的に難しい場合には，故障したパネルは発電としての性能に期待しないで建材としての性能のみを維持させるという考え方もある。その場合には，

・建材としての性能の維持
・他のパネルの発電性能の確保
・ホットスポット等発熱による安全性確保
・ZEBとしての性能確保

に留意する必要がある。直列に接続された太陽電池パネルの性能が部分的に劣化したら，影の場合と同様に，その直列系統の発電が低下するばかりでなく，ホットスポットが発生する危険性がある。そのために故障したパネルの配線を外すことが望ましいが，パネル間の配線やバイパスダイオードの設置計画にある程度の故障も考慮できると良い。

(6) 計画事例

大成建設ZEB実証棟（4.3参照）（図3.8.1-2）では，ZEBの普及に向け，建物の屋上だけでなく，壁

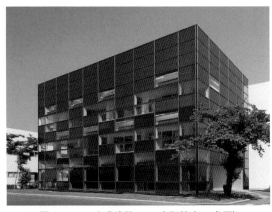

図 3.8.1-2　大成建設 ZEB 実証棟（4.3参照）

面部分も有効に利用し，最大限の太陽光発電が得られる計画としている。将来性を含め「有機薄膜太陽電池」に着目し，有機薄膜PVシート（三菱ケミカル製）を組み込んだ発電する建物外壁ユニットを開発した。有機薄膜PVはモジュール寸法や色に制約がある結晶系等のパネルと異なり，比較的形状，寸法，色の自由度があるため，外壁デザインの自由度を高めている。また，軽量で施工性がよく，建材一体化が容易である（**図 3.8.1-3**）。

【参考文献】
1） 産業技術総合研究所 太陽光発電研究センターホームページ：太陽電池の分類，図1 主な太陽電池の材料による分類 https://unit.aist.go.jp/rcpv/ci/about_pv/types/groups2.html

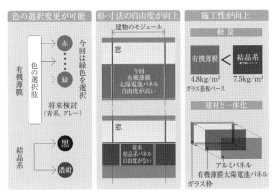

図 3.8.1-3　太陽電池外壁ユニットの特徴

としまエコミューゼタウン（**図 3.8.1-4**）は，低層階が豊島区役所など，高層階が集合住宅になっている。低層階の事務所には2種類のPVパネルの他に，緑化パネル，ルーバー状パネルがちりばめられ，意匠的に工夫をしながら発電機能と日射遮蔽機能，壁面緑化機能を持たせている。高層階の住宅にはベランダの腰壁部分にシースルー型太陽電池が設置され，視界と明るさを維持しながら，発電を行っている。

図 3.8.1-4　としまエコミューゼタウン（豊島区役所）

3.8.2 バイオマス

(1) バイオマスとは

バイオマスとは，生物資源（bio）の量（mass）を表す概念で，「再生可能な，生物由来の有機性資源で化石資源を除いたもの」である。

太陽エネルギーを使って水と二酸化炭素から生物が光合成によって生成した有機物であり，持続的に再生可能な資源である。石油等化石資源は，地下から採掘すれば枯渇するが，植物は太陽と水と二酸化炭素があれば，持続的にバイオマスを生み出すことができる。

このようなバイオマスを燃焼させた際に放出される二酸化炭素は，化石資源を燃焼させて出る二酸化炭素と異なり，生物の成長過程で光合成により大気中から吸収した二酸化炭素であるため，バイオマスは，大気中で新たに二酸化炭素を増加させない「カーボンニュートラル」な資源といわれている。エネルギーの利用面から見た場合，木質等のバイオマスをペレット化やチップ化して燃料として直接燃焼させ，発電利用（バイオマス発電：図 3.8.2-1）や熱利用（バイオマスボイラー：図 3.8.2-2）する方法がある。また，バイオマスを物理的，化学的ないし生物学的に変換し，バイオディーゼル燃料やアルコール燃料，ガス化燃料として利用する方法がある。また，これらのバイオマス由来の燃料は自動車の燃料に用いるなどの利用方法があり，エネルギー利用には幅広い利用方法がある。

(2) バイオマス利用と ZEB

バイオマス利用は前述のように「カーボンニュートラル」という考え方に立っており，燃焼等を行っても結果的に大気中の CO_2 の増加にはつながらない利用方法とされている。また，化石燃料とちがって再生可能なエネルギー源を用いるので，バイオマスエネルギーは再生可能エネルギーと位置づけられている。

電源としてとらえれば，太陽光や風力といった自然環境に左右される不安定な電源とちがい，燃

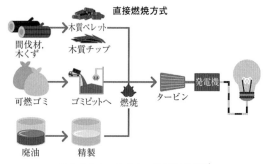

図 3.8.2-1 バイオマス発電の例 [1]

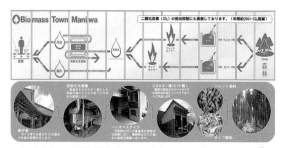

図 3.8.2-2 岡山県真庭市のバイオマスボイラーの例 [2]

料さえ確保することができれば，安定した発電量が見込めるので，再生可能エネルギーの"ベース電源"として ZEB の要素技術として活用することも十分可能である。

ベース電源にするためには，安定的に燃料を確保することと，その保管場所等のスペースを確保することが課題になるが，バイオマス燃料の供給が不安定な場合は，石炭等の化石燃料と一緒に燃焼することで，発電を安定化させる「石炭・バイオマス混合燃焼」の手法をとる例もある。

バイオマス発電はベース電源として 24 時間連続運転している例が多い。蓄電池を設置したマイクログリッド等の分散型電源や分散型電力網のネットワーク化を利すれば更なる ZEB 化を促進するものと考えられる。

(3) バイオマス利用の導入例

a. 雲南市役所新庁舎（4.2 参照）

島根県雲南市では，里山再生の一環として市民参加型の林地残材等の収集運搬システムと地域通貨の利用で里山を整備するとともに，「地産地消の木質チップ」によるエネルギー活用を推進している。新庁舎では，木質バイオマスを利用し木質

チップボイラーにて温水を供給している。供給先は空調のデシカント外調機，放射冷暖房パネルおよび床暖房である。供給温度を安定化させるために蓄熱タンクを設置し，トラブル時も考慮して重油焚きのバックアップ用のボイラーも併設している。

木質バイオマスで熱利用するうえで最も気を付けなければならない点は，温水の温度レベルが低く，温度も安定しない点である。安定供給のために蓄熱槽とバックアップボイラーの組み合わせとなっているが，使用する温度レベルもデシカント再生用：約70℃，冬期の暖房用：40℃と低い温度帯を計画し，創エネルギーの利用率向上を図っている（図3.8.2-3）。

b．生長の家（4.2参照）

地元製材所から出た端材などを利用した木質チップをガス化炉において高温でガス化させ，ガスエンジン発電機で補助燃料と混燃させるシステムを採用している。補助燃料には植物排油を利用したバイオディーゼル燃料（BDF）を使用している。ガス化炉から再生されるガスはマイクロガスエンジン発電機にて，電力と温水を供給している。木質チップ供給不能時にはBDFのみによる運転も可能としている。

ガスエンジン発電機からの排熱温水供給の補助として木質ペレットボイラーによる温水供給も行っている。バイオマス発電機を電主でベース運転とし，熱量不足時にペレットボイラーを運転する。温水は利用温度が高い給湯⇒暖房⇒ロードヒーティングの順に無駄なくカスケード利用している（図3.8.2-4）。

(4) バイオマス発電の今後の動向

木質バイオマスについては，戦後植林された全国の山林樹木が十分に成長し伐採期を迎えており，公共建築物も木質利用を促進するなど，国をあげて木質利用に動きつつある。建築部材に木質を利用すれば，製材プロセスの中で大量の端材が生じ，それを活かしたバイオマス発電が注目されてくるだろう。ただし端材なので，長距離輸送で運送コ

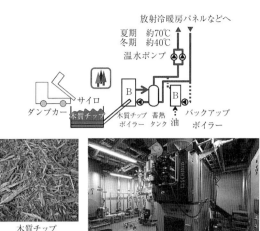

図3.8.2-3 雲南市役所新庁舎の木質バイオマスの例[3]

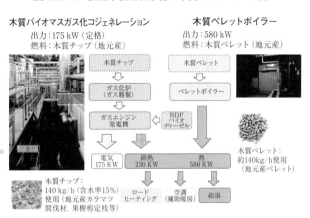

図3.8.2-4 生長の家の木質バイオマスの例[4]

ストがかかれば収支が合わないうえ，CO_2を大量排出することになる。バイオマス発電は地域に密着し適正規模であることが大事なことであり，適正規模のバイオマス発電は「地域産業の活性化・雇用促進・町おこし」や「新たなZEB施設の創生」などさまざまな可能性を秘めている。

【参考文献】
1) SBエナジー：みるみるわかるEnergy
2) 真庭氏産業観光部：バイオマス産業都市の先駆けに中国山地で発電と観光を両立
3) 空気調和・衛生工学会：ZEB（ネット・ゼロ・エネルギービル）先進事例集，雲南市役所新庁舎
4) 生長の家"森の中のオフィス"～自然との共生と日本初のZEB達成～，平成28年度空気調和・衛生工学会大会学術講演論文集，空気調和・衛生工学会

3.8.3 オフサイト再生可能エネルギー

オンサイト（敷地内）の再生可能エネルギーの生成量には限りがある。とくに高層建築物では，延床面積に対して十分な屋根面積が確保できないため，エネルギー消費量に対するエネルギー生成量（太陽光発電量）の比率はわずかとなる。そういった場合に，オフサイト（敷地外）の再生可能エネルギー源を検討する必要があるが，密集した市街地等においては，これらのオフサイト再生可能エネルギー源の確保も厳しく，ネットゼロエネルギーを目指すことはさらに困難である。その場合，遠隔地にて再生可能エネルギーを生成し，市街地の建物に供給することでオフサイトZEBを目指すことも考えられる。

オフサイトの再生可能エネルギー源の一例として，下記が挙げられる。本節ではこれらの事例や導入検討の留意点について述べる。

- 近接所有駐車場の屋根（ソーラーカーポート）
- 隣接建物の屋根貸
- 遠隔地の発電施設

(1) ソーラーカーポート

東京都環境公社は，平成27年度から，都内における太陽光発電設備の普及促進を図るため，都内の屋外の駐車場にソーラーカーポートを導入するソーラーカーポート普及促進モデル事業を都と連携して実施している。

(2) 隣接施設の屋根貸

隣接施設の屋根を賃借し，そこに太陽光発電や風力発電等を設置し，ZEB建物へ供給するケースでは，構造上の制限，高さ制限，契約等さまざまな課題がある。屋根貸でなくとも既存建物の屋根を利用する際は同様であるが，構造設計上の耐荷重や，高さ制限等の規制に関して事前検討が必須である。

また，契約に関しては，東京都環境公社より「太陽光発電「屋根貸し」契約書モデル：ガイドライン」が公開されている。とくに，屋根のメンテナンスについては，建物側と発電設備側の2者が存在するため，事前検討が必要である。

(3) 遠隔地の発電施設

遠隔地にメガソーラー施設を所有する企業では，オフサイトメガソーラーを利用し，高層オフィスビルのオフサイトZEB化に取り組む事例もある。このケースにおける電力利用のスキームは，①高層オフィスビルにおける電力使用を目的とした発電所を遠隔地に保有し，②遠隔地で発電した電力をいったん特定規模電気事業者に売却し，同じ特定規模電気事業者から同量を買電することで，メガソーラーの発電価値をオフィスビルにおける創エネの価値と同等ととらえる考えである。

ZEBだけでなく，RE100を目指す企業等が増加している昨今において，このようなケースは普及が期待される。

以上のように，オンサイトでは再生可能エネルギーが十分に確保できない場合であっても，地域の特性や建築条件に合ったオフサイト再生可能エネルギーの導入を検討することによって，ZEBを実現することが可能である。また，今後大量にFIT切れの発電設備が出てくる。これら設備をオフサイト電源として活用することで，オンサイトで再生可能エネルギーの確保が難しい高層建築物等のZEB実現可能性が高まることが期待される。

若洲海浜公園（若洲ゴルフリンクス）
建築場所：東京都江東区若洲3-1-2
延面積：114.07 m²
駐車場7台分
建築物の構造：鉄骨造
発電設備総合出力：18.0 kW（最大出力）
パワーコンディショナー：2台
LED表示盤，日射計，気温計
OVGR導入

東京都水道局八王子給水事務所

建築場所：八王子市元本郷町4-19-1
延面積：117.32 m²
駐車場8台分
建築物の構造：鉄骨造
発電設備総合出力：15.0 kW（最大出力）
パワーコンディショナー：1台
LED表示盤，日射計，気温計

図 3.8.3-1　ソーラーカーポートの例

[出典] 東京都環境公社：平成27年度ソーラーカーポート普及促進モデル事業報告書

3.9 エネルギーマネジメントを実施する

3.9.1 BEMSの活用

(1) BEMSとは

BEMS（Building Energy Management System）とは，ビル等の建物内で使用する電力使用量等を計測蓄積し，導入拠点や遠隔での「見える化」を図り，空調・照明設備等の接続機器の制御やデマンドピークを抑制・制御する機能等を有するエネルギー管理システムのことをいう（エネルギー管理システム導入促進事業費補助金（BEMS）における定義）。

中央監視・自動制御システムとは区別するために，見える化・データ保存・分析・診断装置だけを指して，BEMSと呼ばれることもある。

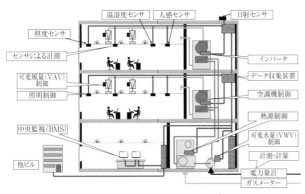

図 3.9.1-1　BEMSのイメージ

(2) BEMSの機能

省エネ法の工場等における「エネルギーの使用の合理化に関する事業者の判断の基準」には，BEMSについては，次に掲げる事項等の措置を講じることにより，以下の項目についてエネルギーの効率的利用の実施について検討することと記載されている。

① エネルギー管理の中核となる設備として，系統別に年単位，季節単位，月単位，週単位，日単位または時間単位等でエネルギー管理を実施し，数値，グラフ等で過去の実績と比較したエネルギーの消費動向等が把握できるよう検討すること。

② 空気調和設備，電気設備等について統合的な省エネルギー制御を実施することを検討すること。

③ 機器や設備の保守状況，運転時間，運転特性値等を比較検討し，機器や設備の劣化状況，保守時期等が把握できるよう検討すること。

(3) BEMSの活用

BEMSを導入するだけでは大きな省エネルギーにつながらない。BEMSデータを活用して導入設備の省エネ達成状況の確認し，省エネが達成できていない場合には，原因や不具合を発見する必要がある。設計時と運用時の負荷状況が異なる場合には，シミュレーション等を用いてBEMSデータを分析することにより，問題点を発見することが容易になる。その結果，設計どおりの省エネルギー性能が期待できる。また，機器の経年劣化の把握や次期改修時における適正設計の元データとしても活用できる。さらに，外部から監視・制御を行うことにより，ディマンドリスポンス（DR）への対応も可能となる。

ZEBにはさまざまな省エネ設備が導入されており，それらの省エネ設備が設計意図通り動作しているか，設計と違う負荷条件においても適正に動作しているか等を確認するため，BEMSによるデータ保存・分析等を行う必要があり，経済産業省のZEB実証事業の補助要件にも「要件を満たすエネルギー管理システム（BEMS）を導入すること」と記載されている。

次章で今回紹介している建物にはほとんどBEMSが導入されており，そのデータを活用して運転状況の確認，運用改善等を行い，実績でZEBを実現している。ZEB実現のためにはBEMSの設置・活用が必須と言える。

(4) BEMS活用事例

関電ビルにおけるBEMSの導入・活用事例を

示す。

a．BEMSの導入

建物のエネルギー使用状況を即時に「見える化」し，機敏な運用改善に役立てられるように，高機能エネルギー分析システムを導入した。約7 000点の熱量，電力量，温度などのデータを毎時保存し，任意のポイントで必要な期間を設定すると自動的にグラフ化されるシステムで，昼間と夜間の分類などのフィルタ機能を備えている。また，これらのデータは汎用表計算ソフトを活用しており，汎用パソコンでも取り扱うことができる。

b．BEMSの機能

各種設備システムを適切に運用して継続的にエネルギー削減を行うためにはPDCAサイクルに基づくエネルギー管理が不可欠である。図3.9.1-2にPDCAサイクルの各段階にいて有効な判断をするために提供できるBEMSのコンテンツを示す。

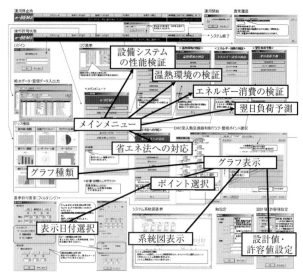

図3.9.1-3　BEMS画面推移イメージ

化の他に，不具合原因を特定するため，計測値間の相関関係を示す散布図を表示できるようにした。検証精度を上げるため，散布図用データ処理に運転停止時のデータなどを除外できるフィルタリング機能を設けている。また，利用者が性能判断に迷わないように，図3.9.1-4に示すようにグラフ中に設計値と許容値を表示できるようにしている。また，設備システムについて理解を深められるように計測値に関連するシステム系統図と設計意図を別ウインドで表示できるようにした。

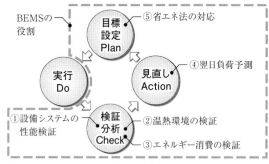

図3.9.1-2　PDCAサイクルの中のBEMSのコンテンツ

BEMSには，検証・分析段階として①設備システムの性能検証，②温熱環境の検証，③エネルギー消費の検証，見直し段階として，③翌日負荷予測，目標設定段階として，⑤省エネ法の対応という5種類のコンテンツを搭載しており，エネルギー管理のPDCAサイクルの各段階で有効な判断材料が提供できるよう，各コンテンツは利用者が直感的に理解しやすいよう図3.9.1-3に示すように画面をクリックすることで画面推移，グラフ表示がされるシステムとしている。

c．BEMSによる検証例

設備システムの性能検証では，計測値の経時変

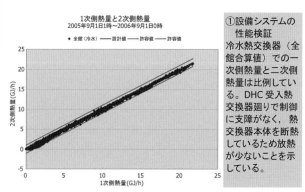

図3.9.1-4　BEMSの表示例（熱交換器の例）

BEMSを利用してデータ分析することで，導入された設備が設計意図通りの動作をしているか，また経年により建物使用状況が変わったときにも適正に動作しているかの確認をし，運用改善を行うことで継続的な省エネルギー活動を続けている。

3.9.2 ライフサイクルエネルギーマネジメントの実施

ZEBを実現するためには，建築物の各種システムを適切に運用する必要がある。そのためには，企画，設計，施工，運用を通じて，継続的にエネルギー性能の目標設定，性能検証，改善等を実施するライフサイクルエネルギーマネジメントが不可欠である。また，ライフサイクルの中では複数の関係者が（時には交代で）かかわっていくことになるが，目標や設計意図等を後の段階へ適切に引き継ぐことが重要である。さらに，一貫して関与する評価者を設けることがスムーズなライフサイクルエネルギーマネジメントを可能とする。例えば，第三者によるコミッショニングの実施や，設計意図に沿った適切な運用のために運用段階まで設計者が関与することが考えられる。

ライフサイクルエネルギーマネジメントの概念と各段階における主な実施項目を**図 3.9.2-1** に示す。ここでは，ZEBを実現するにあたって，これらの実施ポイントについて述べる。

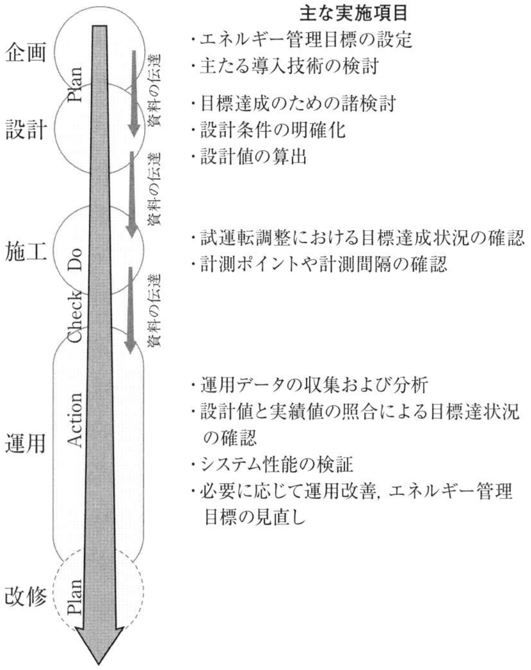

図 3.9.2-1 ライフサイクルエネルギーマネジメントの概念の主な実施事項

(1) 企画段階

企画段階では，エネルギー管理目標の設定が主項目である。計画の早い段階から関係者間で一貫した数値目標を持つことはZEB実現においては有益となる。

まず，エネルギー管理目標は，建物全体の指標だけではなく，その内訳として用途別（空調，照明，換気等）の指標を設定することが望ましい。指標としては，ZEBレベルの他，一次エネルギー消費原単位がある。後者は，類似施設の実績値や，文献値を参考に設定することが考えられる。

また，主たる導入技術のリストアップを企画段階で行い，イメージ共有を行うことが望ましい。

(2) 設計段階

設計段階では，企画段階で設定した目標値を確認した上で，それを満足するための建築的要素（パッシブ技術）および各種設備システム（アクティブ技術）を選定し，エネルギー性能を評価する。

建築的要素（パッシブ技術）と設備システム（アクティブ技術）の選定については前述のとおりであるが，それらを導入した際のエネルギー消費量を用途別に試算し，目標値を満足しているか確認する。また，空調システムであれば単体COPやシステムCOP等の機器のエネルギー性能についても設計値を算出する。なお，定格性能だけでなく，部分負荷性能も考慮した期間性能を確認することが望ましい。

エネルギー性能の試算手法については，さまざまであるが，その試算における設定や設計意図等を後の施工，運用段階へ引き継ぐために整理しておくこともライフサイクルエネルギーマネジメントにおいて重要である。

また，運用段階において，用途別に設定したエネルギー目標値の達成状況を確認するために，用途別のエネルギー消費量を計測できるよう計測ポイントを設定することが望ましい。

(3) 施工段階

施工段階では，設計段階で評価したエネルギー

性能との比較検証を行いつつ，適切なエネルギー性能の機器を導入し，目標値を満たすシステムの試運転調整を行う。空調システムにおいては，定格性能は満たしているが，部分負荷性能が異なるため，期間性能を満たさない可能性もあるので，ここでも期間性能を確認することが望ましい。

また，運用段階における検証に必要な計測ポイントや，その計測間隔，計測単位が適切に設定されているか確認しておくことも重要である。運用段階に入り，いざデータを分析しようとした際に，計測間隔や単位が粗く詳細分析が難しいことがわかるケースも多いので留意が必要である。

(4) 運用段階

運用段階では，設計時および施工時に確認したエネルギー性能が出ているか，そして目標を達成しているかを検証し，必要に応じて運用改善を実施していく。

そのために，まずデータの収集と分析を行うが，高度なBEMSを導入していたとしても，データ収集や分析が適切に実施されないことも多い。高度分析は，運用管理者とは別の第三者が実施する場合もあるが，基本的なエネルギー性能の確認を継続的に実施していくためには，データ収集と分析を通常の運用管理委託業務の中に含める等工夫が必要とされる点に留意したい。

データ分析等によって，確認すべき主な項目として下記が挙げられる。
・建物レベル，用途別の目標が達成されているか
・各システムの性能が設計値を満たしているか

これらが達成されていない場合，機器の不具合が生じているか，設計意図とは異なる運用がされているか，もしくはデータ収集が適切に行われていないかということが考えられる。これらのどこに要因があるのか確認し，改善していくことを運用段階では繰り返していく，つまりPDCAを継続的に回していくことが必要である。なお，設計時の想定と異なる使い方，例えば用途が変更した場合等，必要に応じて設計値や目標値の見直しも考えねばならない。

運用段階における性能確認項目の例を表3.9.2-1に挙げる。繰り返しになるが，計測計画はこれら検証が可能となるようポイントを設定する。計測ポイントについては「設備システムに関するエネルギー性能計測マニュアル（空気調和・衛生工学会，2006）」等を参考にされたい。

また，運用改善項目の一例を表3.9.2-2に挙げる。これら運用改善項目は実施有無にかかわらずリスト化して実施状況を管理し，引継ぎ書類の一部とすることが望ましい。

表3.9.2-1　性能検証項目の例

用途	項目
建物全般	一次エネルギー消費量，一次エネルギー消費原単位，CO_2排出量，CO_2排出原単位等
室内環境	室内温湿度，照度，CO_2濃度等
熱源・補機	熱量，システムCOP，単体COP，負荷率特性，外気温度（冷却水温度）特性，流量‐吐出圧特性，WTF等
空調	ATF，加湿効率，熱交換効率等
換気	送風機総合効率，単位搬送動力等
照明	昼光利用率等

表3.9.2-2　運用改善項目の例

用途	項目
熱源・空調	外気冷房（中間期・冬期の外気導入運転）
	冷却水設定温度の調整
	室内設定温度の緩和
	空調機・ファンコイルユニット等のフィルタの清浄
照明	照度の調整（居室照度条件の適正化，居室以外の照度条件の緩和）
	タイマー設定の見直し
換気	エレベーター機械室・電気室の室内設定温度の適正化（温度制御ファン）
給排水・衛生	暖房便座の夏期加熱停止
	給水ポンプの流量・圧力調整
給湯	洗面所給湯期間の短縮（夏の給湯停止）
昇降機	夜間・休日等のエレベーターの運転台数の削減

以上より，適切なライフサイクルエネルギーマネジメント実施において，重要なポイントは，下記の3点にまとめられる。これらを意識して，資料の引継ぎや計画を進めることが有効である。

① 情報の共有と各段階への伝達
② 適切な計測ポイント・間隔・単位の設定
③ 運用段階における継続的なPDCAの実施

3.9.3 エネルギーの見える化

(1) 見える化の対象と目的

ZEBは，その運用を通して，建物管理者が建物や設備機器を適正に管理し，建物利用者や所有者がそのエネルギー性能を実感し，建物にかかわる多くのステークホルダーに広くかつわかりやすくその価値を示すことで，真価が発揮される。そのため，ZEBにおけるエネルギー性能の積極的かつ効果的な見える化は重要な要素である。見える化システムの具体コンテンツとしては，デジタルサイネージやダッシュボード，Webアプリケーションなどの形で計画がなされるものである。

エネルギーの見える化の仕組みを計画する上で，その対象と目的を整理する必要がある（**表 3.9.3-1**）。

表 3.9.3-1 エネルギーの見える化の対象と目的の分類

	管理者	利用者	社会全般
目的	・管理目標 ・不具合検知	・性能認知 ・行動変容	・性能明示 ・PRブランド化
機能	高い	⇔	低い
デザイン	詳細	⇔	概要
情報	多い	⇔	少ない
公開範囲	クローズ	⇔	オープン

対象は，エネルギー管理者から建物利用者，広くはその建物をとりまく社会全般（建物の地域コミュニティや企業のアライアンス先，など）まで考えられる。また，その目的も建物管理者であれば日々の運用情報の整理から管理目標を定め，不具合の検知などを含めた適正な運用管理に活用することであり，建物利用者であれば，日常的に建物のエネルギー性能を認知させることで，建物への愛着や信頼感を高めながら，省エネ意識を向上させ，行動変容につなげるなどの狙いが考えられる。建物にかかわるステークホルダー全般を対象とした場合には，インターネット経由で広く情報を公開し，建物のエネルギー性能や健全性を社会にPRすることや不動産価値の維持・向上につなげる狙いとなる。

大切なのは設計段階において，建物竣工後に適切な運用が継続されるよう，建物コンセプトや利用者・管理者目線での評価軸（エネルギー性能はもちろん，建物として大事にしている要素などを適切に表現した評価方法など）を明確にし，建物の価値を定量的に明示することである。

閲覧者属性により，情報の見え方に階層を設けたり，公開の範囲に制限を設けるなどの対応や，視覚的なデザインに配慮したコンテンツ作りなども怠ってはならない。理想的にはステークホルダー参加型の仕組みづくりとしZEBを起点としたコミュニティの醸成などが考えられる。

機能面では，まずは，ZEBとしてのエネルギー実績をわかりやすく示すこと，その次に建物利用者や管理者によりエネルギーへの関心を高め，省エネ行動やこまめなエネルギーコミッショニングを誘発することがあり，そのために，掲載情報の取捨選択やユーザーインターフェイスのデザインが重要となる。

また，見える化のためのデバイスも多様化しており，従来からの一般的な手法である建物エントランスへのサイネージ画面の設置以外に，建物利用者が自身の端末から情報にアクセス可能な仕組みやWeb上にリアルタイムに情報を公開するなどの仕組みが考えられる。今後は，より気軽なアクセスの仕組みにより，一層の見える化が進むと考えられる。

(2) 見える化の実施例

図 3.9.3-1は，大成建設ZEB実証棟（4.4参照）の見える化画面である。建物利用者や来館者を主対象とし，ZEBの最大の特徴であるエネルギー収支の状況を一目で確認できる表現とし，情報過多になりがちな見える化画面を，コンセプトを伝えることに主眼を置いてデザインされている。また，例示のリアルタイムの1分ごとのエネルギーバランス（NOW）以外に，日，月，年別の積算エネルギーバランスやその推移の画面を切替えて閲覧することが可能である。

図 3.9.3-2は，三建設備工業つくばみらい技術センター（4.12参照）の見える化画面である。より広い閲覧を可能にするため，Web上に見える

化画面を構築し，公開している例である．建物を訪れたことがない方でも，誰でも，どこからでも，エネルギーの状況が閲覧可能（夜間は閲覧不可）で，閲覧者の興味次第で情報の階層を深めていくことができ，詳細なデータの確認も可能である．

図3.9.3-3は，ダイキン・テクノロジー・イノベーションセンター（4.9参照）の見える化画面である．高度なエネルギー見える化画面の例であり，シミュレーション技術などを組み込み，エネルギーだけでなく多様な要素を確認することが可能である．その対象は一般利用者だけでなく，ビル管理者のために機器の挙動を反映したエネルギーシミュレーションとの比較により，実運用のエネルギーフォルト検知をサポートする仕組みが組み込まれている．

近年では，計測・通信技術の進化により，リアルタイムかつより詳細な情報収集が可能になるとともに，その活用方法も多様化している．建物利用者がスマートフォンやタブレット端末から気軽

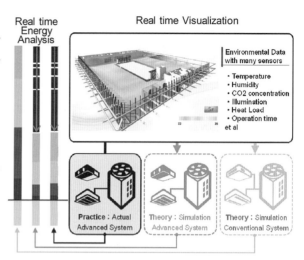

図 3.9.3-3　高度なエネルギーの見える化画面の例

にエネルギーの状況を確認することが可能であったり，ユーザー同士や建物テナント間のエネルギー消費量を比較するサービス，エネルギーの消費や生成の状況をクラウドやWeb上に公開する事例などが出てきている．

(3) 設計上の配慮点

ZEBの定義に基づくエネルギー量の把握と単位や一次エネルギー換算係数の整理が必要である．計量値を数値表示やグラフ表示をする際は，最大桁数や数値軸に配慮して適正に定める必要がある．

ピーク時だけでなく，中間期など負荷が小さい時期や夜間などの見た目などにも配慮したデザインが望ましい．

また，設備システムやエネルギーフローを図示する際は，閲覧対象者に合わせたデザインに配慮し，将来的な設備システムの改修などを想定して事後変更などへの対応にも考慮した設計としておく必要がある．

図 3.9.3-1　建物利用者向け ZEB 見える化画面の例

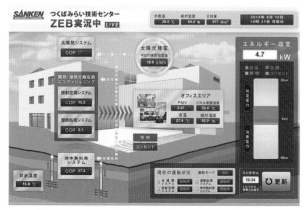

図 3.9.3-2　Web 公開エネルギーの見える化画面の例

3.9.4 スマートエネルギーシステム

(1) スマートエネルギーシステムとは

スマートエネルギーシステムとは，電気や熱などのエネルギーグリッド（格子状に張り巡らされた送電網，配管網）内に設けた分散型電源や分散型熱源から生成（発生）されるエネルギーを建物で消費されるエネルギーとして効率的に利用する仕組みであり，適正化制御のため各エネルギーの生成（発生）側と消費側を情報通信ネットワークで結び，エネルギーマネージメントシステム（EMS）で統合制御するものである。このスマートエネルギーシステムは電力の自立性が確保でき，商用電力系統への逆潮流の抑制が可能で，電力安定化にも大きく貢献できる。さらに，地震時などにインフラ（商用電力や都市ガスなど）が途絶するような非常時においても，エネルギーの供給ができるためBCP機能としての付加価値に加え，ピーク電力の低減も可能で契約電力を抑えられ電気料金の節約にも貢献できる。このように，スマートエネルギーシステムはZEBの運用適正化だけでなく，商用電力系統の安定化やBCP機能を有するシステムと言える。スマートエネルギーシステムの概念構成図を図3.9.4-1に示す。

スマートエネルギーシステムのエネルギー利用の効率化には，建物で消費されるエネルギーの予測（需要予測）と分散型電源・熱源から供給されるエネルギーの予測（供給予測）を基にしたエネルギー収支の適正化制御が求められる。この適正化制御を行うためには，正確なエネルギー需給予測が不可欠である。さらに，グリッド内にデマンドレスポンス（DR）を導入すれば，運用時におけるエネルギー消費のピークカットに貢献できるため，電源や熱源設備容量の適正化も図られ，過剰な施設投資を抑制する効果も期待できる。

このスマートエネルギーシステムは，ZEBの構成要素である再生可能エネルギー（電気や熱）を計画的に蓄放電または蓄放熱させ，余すことなく効率的に利用するための手段として有効である。スマートエネルギーシステムを計画する際は，次の点の工夫が求められる。

① グリッド内で生成（発生）するエネルギーを正確に予測：太陽光発電など気象に左右される再生可能エネルギーは短期的な予測（数時間先）にとどまらず，中長期的（1週間先）に予測することも有効である。

② グリッド内で消費されるエネルギーを正確に予測：過去の運転実績データだけに頼ることなく，稼働状況の予測や気象情報も含めたビッグデータを活用し予測することも有効である。

③ グリッド内にエネルギーのバッファ機能として蓄電・蓄熱装置を設け適正化：蓄電・蓄熱装置の選択肢として，蓄電池や蓄熱槽の活用が一般的であるが，再生可能エネルギーにより水を電気分解する方法で製造されるCO_2フリー水素の導入検討が進んでいる。

(2) 採用事例

ZEBにより発生しがちな太陽光発電電力の余剰（商用電力系統への逆潮流）を有効に活用し，かつピークカットやBCP対策として，スマートエネルギーシステムを採用した事例を図3.9.4-2に示す。このスマートエネルギーシステムは，太陽光発電設備（6棟の屋上に合計約820 kW），マイクロコンバインド発電システム（ガスエンジン200 kW×2台を主体とし，エンジン排熱を低沸点媒体の加熱に利用し，タービン発電装置によっても発電する一連の装置），大型蓄電池（レドックスフロー電池3 000 kWh）で構成される。これ

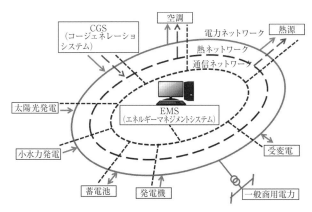

図3.9.4-1 スマートエネルギーシステム概念構成図

らの分散型電源をEMS（エネルギーマネージメントシステム）によって統合的に制御・監視することで，再生可能エネルギーを無駄なく最大限に利用している．とくにビッグデータを活用したベース需要電力の予測と太陽光発電電力の予測や，実験装置の稼働予定など電力ユーザーから得られる情報に基づいて需給計画を行っている．さらに，**図 3.9.4-3** に示すように，リアルタイムでの需給電力の把握に基づき，時々刻々と変動する需給バランスを調整している．休日の昼間に太陽光発電が十分発電し太陽光発電電力が全体需要電力を上回った分は，蓄電池に充電されていることがわかる．これは，商用電力系統への逆潮流が抑えられていることを示している．平日では需要電力が十分大きく，全体需要電力が受電電力上限設定値を大きく超えたため，発電機による発電と蓄電池からの放電で補っている．

この事例は，太陽光発電電力の余剰分を商用電力系統へ逆潮流させることなく，建物内で余剰分を消費している．スマートエネルギーシステムは，エネルギーの有効活用に効果があり，ZEBの運用適正化に役立つシステムである．

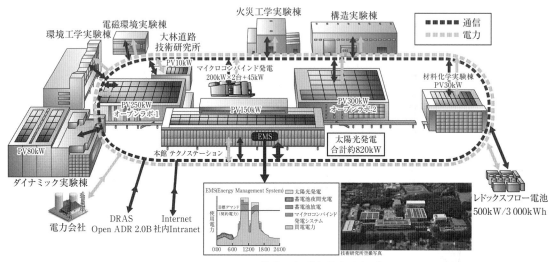

図 3.9.4-2　システム構成図（大林組技術研究所）

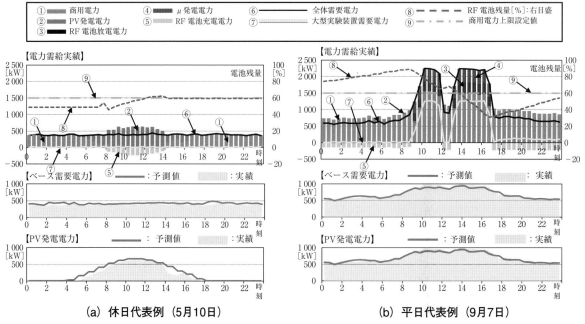

(a) 休日代表例（5月10日）　　　　　　　　　(b) 平日代表例（9月7日）

図 3.9.4-3　運転データ（大林組技術研究所）

第4章 ZEBの先進事例

4.1 先進事例の概要

本章では,先進17事例を紹介してZEB化に有効な要素技術およびZEB実現のためのデザインメソッドを概観する。

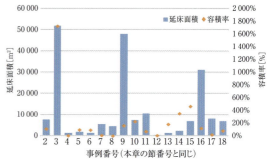

図 4.1-2　先進事例の建物規模

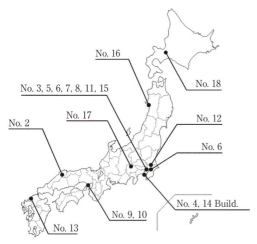

図 4.1-1　本章の先進事例マップ
（図中の事例番号は節番号と同じ）

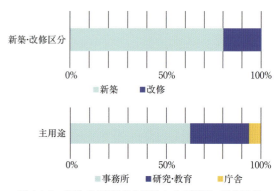

図 4.1-3　先進17事例の主用途および新築・改修区分

図 4.1-1 に本章にて紹介する先進17事例の所在地マップを示す。北海道から九州地方まで広範囲に所在する事例を対象としている。これらの先進事例を通して,寒冷地および高温多湿な地域におけるZEB化への有効な取り組みについて学ぶことができる。また,ZEB化への課題をくみ取ることができる。

図 4.1-2 と図 4.1-3 に先進17事例の建物規模および主用途などを示す。3事例を除いてほとん

どの事例は1万 m² 未満の中小規模建築物が中心である。また，主用途は7割が事務所建築であり，8割が新築建物である。

ここで紹介する先進17事例は日本中のZEB建築を網羅しているわけではないが，中小規模で，かつ，新築建物が中心となっていることは，ZEB達成の容易さの違いゆえのことでもあると思われる。

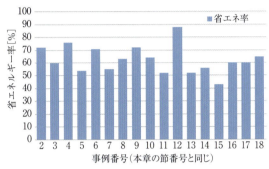

図 4.1-4　先進 17 事例の省エネ率一覧

図 4.1-4 に先進 17 事例の省エネ率の一覧を示す。事例ごとに設定したレファレンスに対してZEB化のために取り組んだ省エネ努力の達成度合いを示すものである。ZEB実現へのアプローチとして75％の省エネを達成し，25％を創エネによってZEB化を目指すアプローチを想定する場合，省エネ率75％はひとつの目安となる。

先進17事例の省エネ率をみると，2事例をのぞいて50％を超えているが，75％以上を実現した事例は2事例のみである。これは，建物規模，主用途，新築・改修の区分などさまざまな条件によって，達成の難易度は異なってくることに起因すると言える。したがって，各事例のZEB達成度合い，取り組み内容は，諸条件と併せてご覧いただきたい。

先進17事例のZEBデザインメソッドのポイントを見ると，多く採用がみられる主なパッシブ，アクティブ手法が確認できる。

ここで紹介する多くの事例は温帯地域に立地することから，自然換気や日射遮へいを積極的に取り入れることは理に適っているもので，建築一体型の手法も見られる。また，自然採光を利用して人工照明を抑制する取り組みも多く見られる。

主なアクティブな省エネ手法については，潜熱・顕熱分離処理システム，放射冷暖房システム，地中熱利用ヒートポンプシステム，LED照明採用などがみられる。

ここで，LED照明はほとんどの事例においてその採用がみられた。また，熱負荷処理の高効率化技術や熱回収などの未利用エネルギー活用技術，熱源機器効率化など多数の空調関連の省エネ技術がみられた。建物のエネルギー消費先別割合を鑑みると照明と空調システムへの取り組みは優先順位の高い取り組みと言える。

主な創エネ技術として，ほとんどの事例において太陽光発電システムが採用されており，ほかにバイオマスなどの採用もある。太陽光発電システムは設置が比較的容易でFITなどの助成制度の影響により普及が進んでいるためであると考えられる。

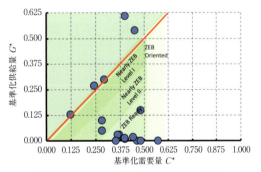

図 4.1-5　ZEB チャート上の先進 17 事例

図 4.1-5 に ZEB チャート上の先進 17 事例を示す。17 事例のうち，1 事例をのぞいて ZEB Ready 以上を達成している。また，そのうち 4 事例は ZEB であり，2 事例は Nearly ZEB，残りの事例は ZEB Ready である。

大幅な省エネルギーを達成でき，ZEB Readyにできた事例の多くは，今後創エネを強化してさらにZEBに近づける可能性を持っている。一方で，創エネ導入のための設備の設置空間に制約があるなど課題も多く，オフサイトでの創エネに関する考え方についての議論を深めていく必要がある。

4.2 雲南市役所新庁舎
―地域の歴史・風土・資源を活かしたZEB庁舎

概要と特徴

雲南市役所新庁舎は,「水を囲み,剣を纏う」をデザインコンセプトに,豊かな森と斐伊川の恵み,ヤマタノオロチ伝説やたたら製鉄といった地域の歴史・風土を活かし,鋼製剣ルーバーなどによる熱負荷の低減,センターボイドを利用した自然通風・ナイトパージなど自然エネルギーのパッシブ利用,木質チップ・地下水など地産地消の再生可能エネルギー利用の3つの柱とした雲南市型環境建築を実現している。里山再生の一環として,市民参加型の収集運搬システムから生まれる「地産地消の木質チップ」でつくった温水と地下水を熱交換した中温冷水を,デシカント空調と放射空調に利用しているのが特徴である。

図4.2-1 鋼製剣ルーバーを纏った建物外観

図4.2-2 一次エネルギー消費原単位とZEB評価

エネルギー実績とZEB評価

年間熱負荷の内,34.7%を木質チップ,18.7%を地下水,合わせて53.4%を再生可能エネルギーで賄っている。年間一次エネルギー消費量の内,26.6%($150\,MJ/(m^2\cdot年)$)を再生可能エネルギーで賄っている。一次エネルギー消費原単位は$414\,MJ/(m^2\cdot年)$,コンセント分を除くと$274\,MJ/(m^2\cdot年)$であった。平成28年省エネルギー基準に比べて,72%省エネ,5%創エネ,合わせて77%削減で,Nearly ZEBレベルⅡを達成している。

図4.2-3 さまざまなZEB化技術を導入した雲南市型環境建築の全体像

建築概要
- 所在地　島根県雲南市木次町里方521-1
- 建築主　雲南市
- 設　計　日本設計・中林建築設計設計共同企業体
- 主用途　庁舎　竣工　2015年8月
- 敷地面積　$6\,864.49\,m^2$
- 建築面積　$2\,347.18\,m^2$
- 延床面積　$7\,628.42\,m^2$
- 構　造　鉄骨造(CFT・制震構造)
- 階　数　地上5階

ZEB評価 (SHASE G 0017-2015)
- ランク　Nearly ZEB レベルⅡ
- レファレンス　平成28年省エネルギー基準
- 省エネルギー率　72%
- 創エネルギー率　5%
- 合計削減率　77%
- 一次エネルギー消費原単位(コンセント除く)
  $274\,MJ/(m^2\cdot年)$($76\,kWh/(m^2\cdot年)$)

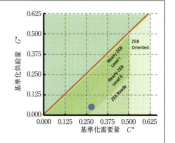

ZEBデザインメソッドのポイント

大型垂直ルーバーと水平庇による日射遮蔽

東西面には，地域性のある鉄素材を剣に見立てた鋼製剣ルーバーを採用し，ルーバーに45°の角度を付け，水平庇と組合わせることで，日射遮蔽と眺望を兼ね備えた効果的な日除けとなっている。

太陽高度と太陽方位角の計算プログラムを用い，季節ごとの窓面日射面積率を計算し，夏期と中間期の直達日射量が大きい時間帯の数値が小さくなるものを最適解とした。その結果，水平庇の先端に，東面は"南東側を閉じる向き"，西面は"南西側を開く向き"に垂直ルーバーを設けた。標準的なサイドフィン型に比べ，冷房期間の日射面積率を40～70％低減している。

水流による環境装置ウォータールーバー

センターボイドと光庭に面した南面の大きな斜めのガラス窓に雨水と空調ドレンを原水とする雑用水を上部から掛け流す水流による環境装置であるウォータールーバーを設けている。室内側ガラス表面温度が，流水時に40℃程度から28℃程度まで下がり，貫流熱や日射熱による熱負荷を軽減している。太陽光を水のゆらぎでやさしい光に変えて導くとともに，水流が視覚や聴覚にも働きかけ，清涼感も醸し出している。

センターボイドを利用した自然換気・自然採光

1～3階はセンターボイドの煙突効果を利用した温度差換気，4，5階は川に沿って吹く安定した風を利用した風力換気による自然通風・ナイトパージシステムを構築し，中間期の非空調化を実現している。1～4階の執務室に各フロア3箇所ずつ雨や風で窓を開けられない時でも機能する自然換気ダンパーと，センターボイド上部2箇所に自然換気窓を設置している。夏期の深夜は，ナイトパージによる冷却効果で室内温度が低下し，翌朝の空調の立上り時の冷房負荷も低減している。

センターボイドを利用した自然採光と合わせて，照明

図 4.2-5 鋼製剣ルーバーの外観と内観　　図 4.2-6 室内から見たウォータールーバー

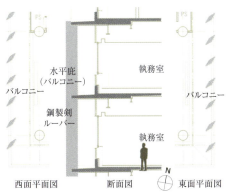

図 4.2-4 鋼製剣ルーバーと水平庇による日射遮蔽

図 4.2-7 自然換気と自然採光に利用したセンターボイド

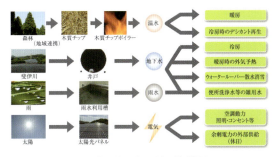

図 4.2-8 再生可能エネルギー等利用システム

は高効率LED照明,照明省エネ制御を導入している。窓のある便所には,明るさ・人感センサによる照明制御を採用し,日中は照明が点灯しないようになっている。

木質バイオマス利用システム

木質チップを夏期でも効率良く利用するために,季節による温度可変の木質バイオマス利用システムとし,夏期はデシカント再生のため約70℃,冬期は約40℃で供給している。木質チップボイラーは着火すると数ヶ月は連続運転となり,負荷追従性が悪く,温度も不安定なため,温水蓄熱タンクの温度を維持するように制御している。トラブルも発生しやすいため,A重油焚きのバックアップボイラーを併設している。システムCOP(二次エネルギー)は,冬期が5～50,夏期が5～15に分布し,年平均14.57であった。

地下水熱直接利用システム

新設井戸を取水井に,既存井戸を還水井に利用したオープンループ方式の地下水熱直接利用システムとし,夏期は17～18℃で供給し,冬期は外気予熱に利用している。システムCOPは,夏期が10～18に分布し,年平均10.74であった。

井水は鉄分・マンガンが多く,熱交換器等が詰まることが懸念されたため,建屋導入直後の井水管に磁界式スケール付着防止装置を設置し,毎日運転終了後に雑用水で熱交換器のパージ洗浄(60s)と水抜き(120s)の自動制御を行っている。

木質チップ・地下水とデシカント空調・放射空調

デシカント外調機は,木質チップと地下水の熱だけを利用している。外気導入の全館集中化,室内CO_2濃度による最適外気導入量制御,建築基準法上は執務室を自然換気とすることにより,在館人口に合わせた設備容量の最適化と最適な外気供給を行っている。便所排気ファン等の人感センサによる

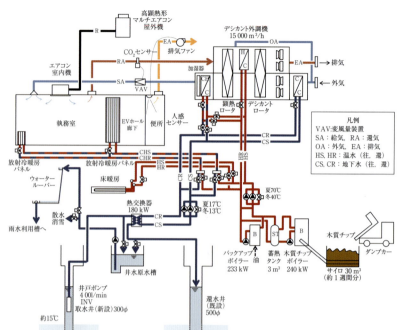

図4.2-9 雲南の豊かな森と斐伊川の恵みを活かした熱源・空調システム

図4.2-10 再エネの熱だけを利用したデシカント空調システム

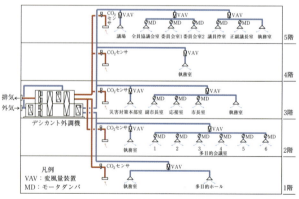

図4.2-11 在室人数に合わせた最適外気導入量制御システム

排気量制御と併用することで,排熱回収効率を高めている。一般的な外気冷却除湿方式に比べ,約18%の省エネになっているが,処理熱量は約2.4倍に増加している。再生可能エネルギー利用等によ

る超高効率熱源システムを併用しないと，デシカント空調で省エネにするのは難しい。

センターボイドとペリメータには放射冷暖房パネルを設置し，木質チップと地下水利用の見える化も行っている。

運用実態に即したZEB化設計手法

従来の設計基準に捕らわれない運用実態に即したZEB化設計手法を導入している。過大になりがちな設備容量の最適化・コンパクト化，省エネを考慮した設備機器設置位置の最適化，中間期に大型機器の停止を可能にする設備機器構成の最適化，基本設計時から施主とともに始める設備機器の運用の最適化の4つがポイントである。

具体例として，庁舎全体の1時間当たりの最大収容想定人員は300〜400人であったが，各室設計人員合計は約1 000人とかなり大きくなった。設計基準通りであれば30 000 m³/hとなるが，50％の同時使用率を乗じて15 000 m³/hとし，CO_2濃度による外気導入量制御で各室に外気を適正に分配することで，デシカント外調機と熱源設備容量を大幅に低減している。外気導入量の運用実績を見ると，まだ余裕があることがわかる。また，屋外機は，おおむねフロア単位で系統を集約化し，外調機による顕熱処理分，室用途ごとに想定した人員負荷・機器負荷の同時使用率等を考慮して，室内機能力の合計より，全体で約17％低減している。

エネルギーの見える化

市民・職員に対して，再生可能エネルギーによるZEB化の状況と環境に対する取り組みを情報提供している。職員のパソコン上に，フロアごとのエネルギー使用状況の比較，どういうしくみで，どう使ったら省エネできるか等を見える化することで，省エネ運用をサポートしている。

ZEB化の取り組みによる省エネルギー効果

ZEB化の取り組みによる省エネルギー効果(コンセント含む)は，実績に基づく概算値で平成28年省エネルギー基準比71％削減となっている。外気

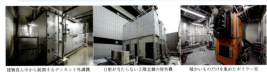

図4.2-12　運用実態に即したZEB化設計手法

図4.2-13　デシカント外調機の外気導入量の運用実績

表4.2-1　ZEB化の取り組みによる省エネルギー効果

ZEB化の取り組み	GJ/年	MJ/(m²・年)	削減率
外皮負荷低減	637	83.5	5.8%
照明・コンセント内部負荷低減	747	97.9	6.8%
外調機風量低減	382	50.0	3.5%
CO_2濃度による外気量制御	585	76.6	5.4%
自然通風・ナイトパージ	479	62.9	4.4%
放射冷暖房パネル・床暖房	83	10.9	0.8%
木質チップ	505	66.1	4.6%
地下水	195	25.6	1.8%
高顕熱形パッケージ空調	48	6.3	0.4%
自然採光・LED照明・照明省エネ制御	1 138	149.2	10.4%
人感センサーによる排気量制御	39	5.1	0.4%
換気量・ダクト静圧低減	444	58.1	4.1%
エレベーター台数低減	40	5.2	0.4%
太陽光発電	448	58.7	4.1%
コンセント低減	729	95.5	6.7%
その他低減	1 246	163.4	11.4%
省エネルギー量合計	7 743	1 015.0	71.0%

負荷低減，照明・コンセント内部負荷低減，外調機風量低減，CO_2濃度による外気量制御など空調負荷の抑制に関する取り組みと，自然採光・LED照明・照明省エネ制御の削減効果が大きく，自然換気や空調システムの高効率化も含め，空調関連で34％削減となっている。また，地産地消の再生可能エネルギーは，熱負荷の約53％を，一次エネルギー消費量の約27％を賄っている。

4.3 清水建設本社ビル
——持続可能な社会に貢献する都市型超環境オフィス

建物概要

ecoBCP（図 4.3-2）

　企業の事業継続のためには，災害に対して，安全・安心な施設・エネルギーの自立性確保などの「BCP」対策が必要である。また，平常時には省エネと CO_2 削減，電力需給逼迫時の確実な節電という「eco」対策も必要である。本施設では，これを組み合わせた「ecoBCP」をコンセプトとしており，地球環境に配慮した災害に強い施設を，時代が求める基本性能としている。

都市型 ZEB オフィスへの挑戦

　省エネルギーとワークプレイスの知的生産性向上のための快適環境を両立させるために全面的に放射空調を採用している。温度・放射・湿度・気流の4要素を独立してそれぞれを制御することにより，エコで快適なオフィス空調を構築している 2009 年の設計時においては一次エネルギー削減率 50 % の計画としていたが，運用段階において導入した各技術の最適化を目指したチューニングを継続的に実施した結果，2015 年に約 60 % 削減の ZEB Ready を達成している。

ZEB のデザインメソッド

ハイブリッド外装システム（図 4.3-4）

　外周のフレームは彫の深い形状となっており外断熱と「Low-e ペアガラス」を組み込んだ外装と

図 4.3-1　建物外観

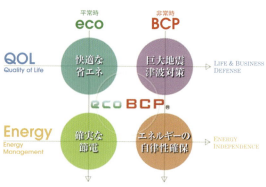

図 4.3-2　ecoBCP 概念

建築概要		ZEB 評価 (SHASE G 0017-2015)	
所 在 地	東京都中央区京橋二丁目	ランク	ZEB Ready
主 用 途	事務所	レファレンス	2005 年度東京都一般事務所ビル平均値
竣　　工	2012 年 5 月		
敷地面積	2 728.11 m²	省エネルギー率	60%
延床面積	51 355.84 m²	創エネルギー率	1.0%
構　　造	鉄筋コンクリート造一部鉄骨造（免震構造）	合計削減率	61%
階　　数	地下3階　地上22階	一次エネルギー消費原単位（コンセント含む）927 MJ/(m²・年)（257.5 kWh/(m²・年)）	

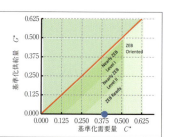

して機能しつつ，構造体である「耐震パネル」，環境装置である「太陽光発電パネル」および日射を遮る庇を組み合わせたハイブリッド外装システムとなっている。

耐震パネルは下階に行くほど軸力の影響を受けるので枚数が多くなり，太陽光発電パネルは上階ほど近隣建物の影響を受けにくいので枚数を多くしている。この2つの機能を融合し，本建物の外装デザインとなっている（図 4.3-1，4.3-5）。

建物の外周を覆うフレームはアルミキャストにコンクリートを打ち込んだ構造体である。掘りの深い形状となっており，600 mm の庇として機能することで外部からの熱負荷を低減する。また，アルミキャストとコンクリートの間には発泡ウレタンが充填されており，外断熱構造を形成し断熱性能を高めている。これらにより，ペリメータチルドビームと組み合わせて良好なペリメータの温熱環境を創りだしている。

運用後のペリメータ負荷実績として，同規模のガラスカーテンウォールとした場合を基準値として比較したところ，約 50 ％ の削減効果が得られた。

太陽光パネルは，多結晶型と薄膜型の2タイプを採用し，総面積 2 000 m^2，発電量は年間約 84 000 kWh を見込んでおり，この数値は昼間のオフィスで使用する LED 照明の年間エネルギーにほぼ相当する。2013年度の実績においては 93 000 kWh/ 年となっている。

タスク＆アンビエント放射空調システム（図 4.3-7）

ZEB を実現するために，放射空調を大規模オフィスビルとしては国内初となる約 30 000 m^2 のエリアに採用した。本建物における放射空調システムは，環境要素である温度・放射・湿度・気流を個別に制御することで（図 4.3-3），省エネルギーと快適性の両立を目指した。温度についてはアンビエント空調である放射天井パネルで制御し，湿度についてはデシカントにより湿度調整された空気を床吹き出しで供給している。気流については個人ごとに設けたパーソナル床吹き出し口によ

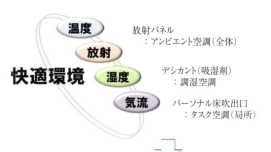

図 4.3-3　放射空調システムのコンセプト

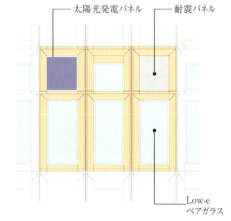

図 4.3-4　ハイブリッド外装モジュール

図 4.3-5　ハイブリッド外装

図 4.3-6　執務室内

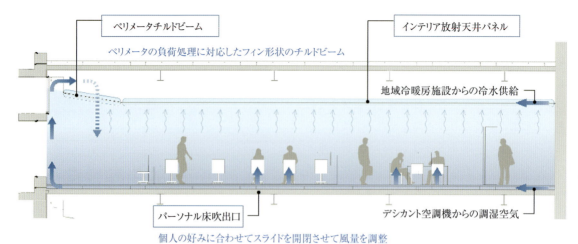

図 4.3-7　タスク＆アンビエント放射空調システム

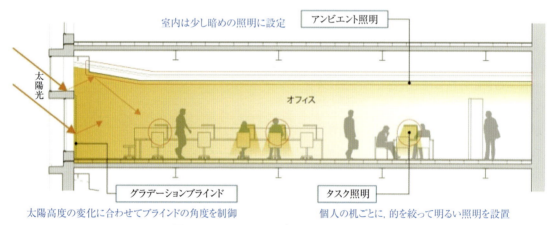

図 4.3-8　タスク＆アンビエント照明システム

りタスク空調を行う。

また，日本の気候に適した放射空調システムを実現するために建築・設備一体となって取り組んでいる。

空調設備の取り組みとしては，ペリメータの高熱負荷に対応するため，独自に開発したチルドビームを採用した。湿度制御や結露防止のための潜熱処理には，地域熱供給の冷水製造時廃熱を利用したデシカント空調を採用している

タスク＆アンビエント照明システム（図 4.3-8）

オフィスの照明システムとしては，LED 照明によるタスク＆アンビエント方式を採用している。ブラインドは独自開発のグラデーションブラインドを採用し，日射熱を遮りつつ太陽高度に合わせて効率的に自然光を採り入れることを可能としている。

アンビエント照明はその自然光の導入に合わせて自動調光される。

アンビエント照明を 300 lx とし，タスク照明と合わせて 700 lx とする計画としている。天井面の照度センサによって昼光と天井面照明を合わせて机上面照度が 300 lx となるように自動調光制御している。また，人感センサによる自動点滅機能も備えている。

放射空調システムの特徴を生かした面的熱利用（図 4.3-7，4.3-9）

地域熱供給プラントは，清水建設本社の地下 3 階に設置されており，5 施設，計約 100 000 m^2 に冷水と温水を供給している。このプラントは清水

建設本社の建設に合わせてリニューアルを行ったが，当建物の空調システムと協調した面的熱利用を造りこんだ。

具体的には放射空調が中温の冷水で空調可能な特徴を活かし，地域の還り冷水を再利用することで冷水系統の大温度差運用を実現した。また，夏期にデシカント空調機のデシカントローター再生用に温水が必要であり，年間を通して冷水と温水の需要があるため，冷水製造時の廃熱利用により温水を製造することで，効率の良い熱供給プラントの運用を図っている。

エネルギー実績と ZEB 化設計手法
（図 4.3-11）

持続可能な社会が求める都市型超環境オフィスビルとして，地球環境・人・地域のためにあるべき次世代の超高層オフィスビルを追求している。

地球環境への貢献として先進性にに優れた「日本の気候に適した放射空調システム」を全館に採用している。一例を下記に記す。

- 夏期の高温多湿
  ペリメータチルドビーム，デシカント，外装の庇効果
- 冬期の低温低湿
  外壁外断熱構造，気化式加湿

これにより大規模オフィスビルでの放射空調システムの実現を可能とし，次世代への新しい ZEB 化実現に向けた環境技術の拡大に貢献している。

人への貢献としては，空調・照明システムも含めた新しいワークスタイルを構築することにより，我慢を強いることなく快適なオフィス環境を提供し，知的生産性の向上を図ることができている。

地域への貢献としては，スマートコミュニティを構築するためのコアの技術として，地域熱供給施設との協調による熱の面的利用を実施している。

これらの施策により，東京都の一般的なオフィスビルに比べて，2015 年度実績値で約 60.8 % の一次エネルギー削減率となっており，ZEB Ready を達成している。

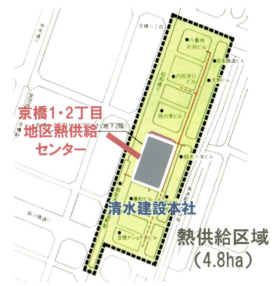

図 4.3-9　地域エネルギーマネジメント

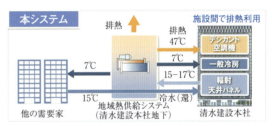

図 4.3-10　面的熱利用概念図

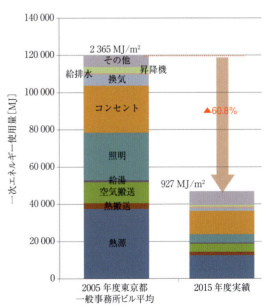

図 4.3-11　2015 年度一次エネルギー使用実績と基準値との比較

4.4 大成建設 ZEB 実証棟
——都市型 ZEB の実現に向けたパイロットプロジェクト

概要と特徴

本建物は都市型 ZEB のパイロットビルとして，2014 年 5 月に横浜市の大成建設技術センター敷地内に竣工した。目的は，実際にオフィスビルとして運用しながら，新築建物が集中する都市部をターゲットに，環境建築の究極形とも言える ZEB の実現可能性を実証することである。

重要なのは，単に高効率な設備機器を導入するだけでなく，ワークプレイスとして快適で魅力的な空間と高いエネルギー性能を両立させることである。その想いは，外壁で自然エネルギーを最大限活用するファサードや，逆梁構造によるフラットな天井面を利用した自然採光や放射空調の形でデザインされている。

図 4.4-2 建物外観

いきいきオフィス
業務に集中できるスマートで快適なオフィス環境を創出

ゼロエネルギー
省エネと創エネにより年間エネルギー収支ゼロを実現

ひとつ上の安心
高い安全性と事業継続性を確保する BCP への対応

図 4.4-3 建物コンセプト

エネルギー実績と ZEB 評価

運用実績として 運用 2 年目の 2015 年度で一次エネルギー消費量 437 MJ/m^2・年，生成量 480 MJ/m^2・年，年間エネルギー収支 + 43 MJ/m^2・年である。レファレンスとしたオフィスビルの統計値と比べて，76 % 省エネ，27 % 創エネ，合わせて 103 % 削減で，ZEB・PEB を達成している。

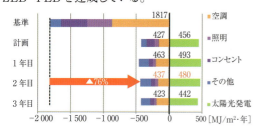

図 4.4-1 一次エネルギー消費原単位の比較

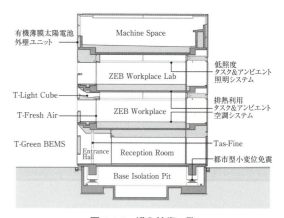

図 4.4-4 導入技術一覧

ZEB デザインメソッドのポイント

建築のデザイン

都市部で ZEB を普及させるため，建物の高層

建築概要
- 所 在 地　横浜市戸塚区名瀬町 344-1
- 建 築 主　大成建設株式会社
- 設　　計　大成建設株式会社一級建築士事務所
- 主 用 途　事務所
- 竣　　工　2014 年 5 月
- 敷地面積　34 821 m^2
- 建築面積　427 m^2　延床面積　1 277 m^2
- 構　　造　鉄筋コンクリート造（免震構造）
- 階　　数　地上 3 階

ZEB 評価 (SHASE G 0017-2015)
- ランク　ZEB・PEB
- レファレンス　オフィスビル統計値
  （省エネルギーセンター：オフィスビルの統計値より）
- 省エネルギー率　76%
- 創エネルギー率　27%
- 合計削減率　103%
- 一次エネルギー消費原単位（建物全体）
  43 MJ/(m^2・年) (−27 kWh/(m^2・年))

化を視野にそのプロトタイプとして本建物は設計された。例えば，創エネルギー設備として，汎用化が進む太陽光発電（PV）を検討する場合，主要な設置場所である屋根面は，建物の高層化により延床面積に対する面積割合が小さくなり，延床面積に比例して増えるエネルギー消費量に対し創エネルギー量が不足しがちである。一方，建物の高層化により面積が増加する外壁で得られる自然・再生可能エネルギーを各階で必要なエネルギーに効率的に変換し，供給することで，高層化に対応したZEBが可能になると考えた。理想的には各階で必要なエネルギーを各階の外壁で賄うことができれば，何層積み上げてもZEBが成立する。

また，大規模なPVを屋根に設置できる低層建物や，建物外の敷地を利用できる郊外建物と比較して，創エネルギー量が相対的に少ない都市部では，徹底した省エネルギーを図ることが前提となる。そのためには外壁を通して得られる自然エネルギー（光・熱・風）を有効に利用する必要がある。そこで，建物外壁を従来のPALの概念のように建物に対する負荷の要因ととらえるのではなく，建物負荷を減らしながらも貴重な自然エネルギーの享受面であると考え，再生可能エネルギー源として最大限利用することを志向し，新規開発技術も積極的に採用し，都市型ZEBをプロトタイピングした。

光環境のデザイン

大幅な照明エネルギー削減のため，低照度でありながらも，明るさ感を向上させる「低照度タスク・アンビエント照明システム」をコンセプトとした。本システムは4つの光源と制御により構成される。この方式では，明るさ感と省エネルギー性の両立のため，最小限の光で最大限の効果を得る照明システムを目指し，光の役割を，空間の明るさをもたらすもの（以下の①・②）と，執務作業に必要な照度をもたらすもの（以下の③・④）に分解した。①採光装置からの昼光は，明るさ感の向上に寄与する。ただし，天候により光の量が変動する。②LED照明［上向き］は，採光装置による昼光と協調して，天井面を照らして間接光により室内の明るさ感を担保する。上向き明るさセンサの天井面輝度により，減光・消灯制御される。③超高効率LED照明［下向き］は，在席エリアのPC作業に十分な300 lxを確保するため，人検知センサにより人の在/不在に合わせてON/OFF制御される。④有機ELタスクライトは，最大700 lxを確保しながら，個人の好みに応じて点滅する。以上のように，4つの光は個別の手法で調整され，制御上の相互の干渉や誤動作がなく，適切な光環境をもたらすことができる。

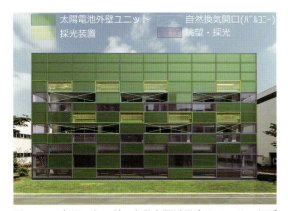

図4.4-5　自然エネルギーを最大限活用するファサードデザイン

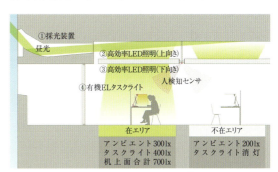

図4.4-6　照明システムの概要

図4.4-7　内観と照明関連設備

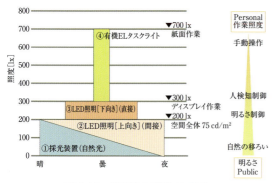

図 4.4-8　光環境のデザイン概念

温熱環境のデザイン

発電排熱の利用によるシステム効率の向上とパーソナル化による快適性の両立をコンセプトとし、「排熱利用タスク・アンビエント空調システム」とした。構成は、①躯体放射冷暖房、②パーソナル床吹出空調、③自然換気システム、④人検知センサ制御技術である。

本空調システムはアンビエント空調である「排熱利用躯体放射冷暖房」とタスク空調である「パーソナル床吹出空調」で構成される。

本空調システム構成のポイントは、内部発熱の減少を見込んで空調容量を適正化することである。ZEB の特徴とも言える内部発熱の減少は、冷房負荷の低減と暖房負荷の増加となり空調負荷に影響がある。従来の冷房主体のシステムではなく、暖房性能にも配慮して年間で建物全体のエネルギー効率の最適化が重要となる。

冷房代表日の時刻別室負荷とアンビエントおよびタスク空調に担わせる負荷の割合は図 4.4-11 の通りである。アンビエント空調としては冷房時で 20 W/m² 程度、暖房時で 30 W/m² 程度の負荷を安定的に効率よく処理する能力が求められ、タスク空調には、人員や気候等の変動に応じて処理熱量を可変にし、かつ外気処理も兼ねられるシステムが良いと考えた。そこで、アンビエント空調には空調能力は大きくないがエネルギー効率に優れる放射空調を採用し、タスク空調には人員や負荷変動に追従可能で冷暖利用できる外気処理パッケージシステムを採用することとし、その他、建物全体のエネルギー効率を考え、発電排熱利用や

人検知制御、自然換気などとの相性も考慮し、システム開発を行った。最終的なシステム構成としてアンビエント空調側は、燃料電池等の排熱を利用するコージェネレーションに TABS(Thermal Active Building System) を組合わせた高効率顕熱処理システムとし、タスク空調側は、外気処理パッケージ空調機を利用した床吹出空調で、人検知センサの在席情報に基づき吹出口を開閉する潜熱処理兼用パーソナル空調システムとした。

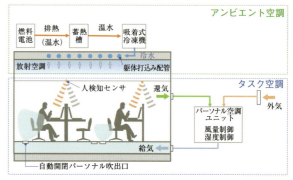

図 4.4-9　空調システムの概要

アンビエント空調（顕熱処理）
【排熱利用躯体放射冷暖房】
・燃料電池等の排熱を利用した高効率熱源システム
・排熱の冷房利用によりオフィスのコジェネ利用幅を拡大
・建築と一体となったローコスト放射空調
タスク空調（潜熱処理）
【パーソナル床吹出空調】
・汎用的な機器を使用した外気処理兼用パーソナル空調
・除加湿性能と風量制御により省エネと快適性を両立
・各自のPCから個別の気流調整が可能な床吹出ユニット

図 4.4-10　空調システムの役割

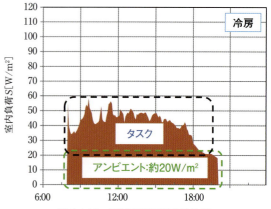

図 4.4-11　空調負荷に対する分担

創エネのデザイン

都市部における再生可能エネルギーの活用を促進するため，建物の屋上だけではなく，高層化に伴いその面積が増加する外壁面を利用し，太陽光発電を行うシステムとした。壁面部分も有効に利用し最大限の太陽光発電量が得られる。今回は，部位別に2種類の太陽電池を採用した。

① 単結晶型太陽電池パネル

屋上には発電量を重視し，定格の発電効率が20％を超える高効率な単結晶型の太陽電池パネルを設置した。屋根面積当たりの発電量を最大とするため設置角度を水平にし，影の影響なく隣接するパネル間の間隔を最小として定格発電量で約56 kWを確保した。

② 有機薄膜型太陽電池外壁ユニット

従来，外壁面に太陽電池パネルを設置する場合には，結晶型太陽電池のユニットを外壁面に取り付ける方法があった。しかし，建築外観デザインとの調和が難しく，メンテナンスの面でも課題が多かった。そこで，外壁と一体化することでデザイン性やメンテナンス性の課題を解消した新たな外壁発電ユニットを開発採用した。

評価方法のデザイン

本建物では，外部からの都市ガスおよび商用電力の供給に加え，屋根および外壁に設置したPVによる電力をエネルギーソースとしている。ZEBを指向する建築においては，複数のエネルギーソースを使用し，エネルギー効率を高める運用が進むと考えられる。評価にあたっては，運用段階でのエネルギー計量の方法や換算係数の設定も重要である。今回は，省エネ法の告示に従い，商用電力：9.76 MJ/kWh，都市ガス：45.0 MJ/Nm^3，太陽光発電電力：9.76 MJ/kWh（商用電力同等）の換算係数を使用した。また，用途別エネルギー使用量分析のため，「空調・換気」「照明」「コンセント」「その他」に大別し，計量を行っている。エネルギーフローを模式的に表現すると図4.4-14となる。建物エントランスのサイネージモニターやWeb経由で図4.4-15のような見える化画面でエネルギー収支を楽しみながら確認することができる。

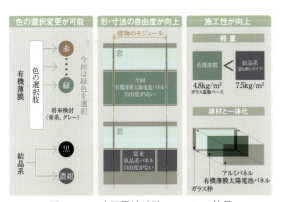

図4.4-12　太陽電池外壁ユニットの特長

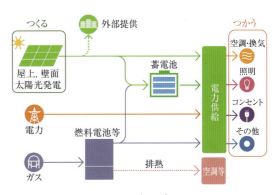

図4.4-14　エネルギーフロー

図4.4-13　太陽電池外壁ユニットの設置の様子

図4.4-15　エネルギーの見える化

4.5 KTビル
――都市型中規模オフィスの汎用型ZEBモデルの実践

概要と特徴

都市部の中小規模オフィス計画では，限られた敷地制約の中でスペース効率やコストを最優先するニーズが大半であり，環境配慮や省エネに対し積極的に投資した好例が少ない。オフィス供給の大半を占めるこの中小規模オフィスをターゲットに，価格競争力と省エネ性を兼ね備えた計画技術を用いて，低炭素建築の裾野を拡げることを狙いとし，本建物を完成させた。

KTビルは同敷地に建設されていた既存ビルの建替として計画され，支店管理部門が入居する本社仕様のオフィスとして計画が進められた。本建物では，コスト合理性に配慮しながら，中小規模の賃貸ビルに適応性の高い低炭素技術を開発している。基本コンセプトは，「フレキシブルで使いやすく」・「省エネルギー」，しかも「ローコスト」であることであり，建築・構造・設備の統合的計画によりその実現をめざした。オフィス空間のスペース効率を最優先する建築計画はそのまま実践し，設備については汎用的なシステムをベースとした新開発の空調・照明省エネ制御技術を開発した。

ZEB化のコンセプトについては，低廉で市場の汎用システムを用いてハイレベルな省エネルギーが提供できるモデルビル実現を目指した。

① 新開発の空調／照明の省エネルギー制御によりエネルギー消費量を半減
② 自然光の活用と開口部の熱負荷抑制を両立し，外部熱負荷を半減
③ オフィス設備容量の適正化によりスペース効率向上に寄与し，設備容量を半減

図4.5-1 建物外観（川澄・小林研二写真事務所）

図4.5-2 コンセプト

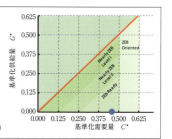

図4.5-3 配置図

建築概要
所在地　東京都港区元赤坂
建築主　鹿島建設株式会社
設　計　KAJIMA DESIGN
主用途　事務所
竣　工　2016年8月
敷地面積　1 866.03 m²
建築面積　1 188.94 m²　延床面積　11 791.87 m²
構　造　鉄骨造（CFT）
階　数　地下1階　地上12階

ZEB評価（SHASE G 0017-2015）
ランク　ZEB Ready
レファレンス　平成28年省エネルギー基準
省エネルギー率　54%
創エネルギー率　0%
合計削減率　54%
一次エネルギー消費原単位
（コンセント除く）
606.21 MJ/(m²・年)（168.39 kWh/(m²・年)）

エネルギー実績と ZEB 評価

設計段階の本建物の BEI は 0.46（Web プログラム使用）となっており，BELS（建築物省エネルギー性能表示制度）では，平成 28 年度の新基準において「ZEB Ready」の認証を取得している。

ZEB デザインメソッドのポイント

日射をコントロールした外装デザイン

西側コアで明快な平面構成をもつこの建築は，アウトフレームとすることで柱の出っ張りのない使い勝手のよいフレキシブルな空間となっており，建物前面部が比較的開けている南北面に対して開口を設け，隣接建物が近い東西面は開口を小さくして空調負荷を極力低減する計画としている。

開口部を極力抑えた外装計画，アウトフレームによる庇効果，断熱性能の高いガラスブロックの採用などにより，BPI は，0.71 を達成している。

ガラスブロックによるオフィスの明るさ創出

東面は，隣棟建物が近接しているため，眺望は望めないが，採光への配慮のためにガラスブロックによるスリット開口を配置し，昼光を取り入れながらのブラインドレスを実現している。

日没後には外側からのライティングにより，ガラスブロック越しの柔らかな光が閉塞感を低減するなど，日々のワークシーンにフィットした心地よい視環境の実現を目指した。

システム天井照明の開発

基準階の照明設備は，システム天井用 LED 照明にて，3.6 m × 4.8 m に 1 灯用タイプの器具を 4 台配置。人感センサや明るさセンサでの細やかな照明点灯ゾーニングを計画している。

また，600 角のグリッド天井対応の明るさ感演出型の照明器具を開発し一部のフロアに導入した。下方向への照度を確保したまま，傾斜させた天井材も照射することで天井面が明るくなり，低照度でも空間の明るさ感を確保することが可能になる。

図 4.5-4 採用した省エネルギー技術

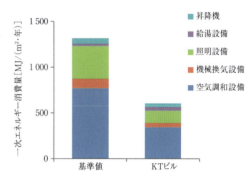

図 4.5-5 設計一次エネルギー消費量

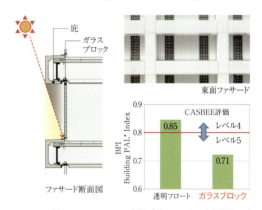

図 4.5-6 日射をコントロールした外装デザインによる外皮性能の向上

図 4.5-7 ガラスブロックによりオフィスの明るさを創出

1日のオフィスシーンに合わせた最適な光環境の構築

一部のフロアには窓面輝度測定用センサを設置し、在室者視点での明るさ感評価に基づいた新開発の調光制御を採用し、省エネルギーと良好な光環境との両立を図っている。

夜間残業時には、ガラスブロック照明と壁面の間接照明が加わり、閑散状態になり、人感センサ制御により天井器具の消灯範囲が増えても空間全体の明るさ感は維持される計画となっている。

センシング情報のさまざまな環境制御への活用

人感/昼光/室温等のセンサをモジュールに沿って配置し、ゾーンごとのオフィス環境形成を可能にしている。センサ情報はネットワーク上で共有され、設備管理や空調、換気、照明、ブラインドの制御や操作に活用されている。

スマート端末からオフィス環境を操作

汎用のスマート端末により、空調、照明操作が簡単に行えるようにしており、設備と人が繋がりやすく省エネルギーを啓蒙しやすい環境を整えた。

スマート端末の操作画面は、直感的な操作が可能となるように、わかりやすいグラフィックデザインを採用している。また各フロアのエネルギーデータも閲覧可能とし、省エネルギー意識の啓蒙にも配慮している。

オフィス設備容量の適正化

本計画では、既存ビルの入居部署が建替後にも入居するため、既存ビルの代表フロアにて用途別の電力量を測定し空調装置選定へ反映した。

また、今回は蒸発温度制御を行うため、室内機は蒸発温度が上がり能力が下がった状態(高顕熱モード)でも設計ピーク負荷が処理可能な容量で機器を選定している。さらに、室外機は室内負荷の積み上げから機器能力を選定しており、室内機能力合算の7～8割程度になっている。過去の弊社設計の事務所ビルと比較すると室外機能力は約半分になり、負荷率が向上することによるCOP改善効果と同時に、イニシャルコストの削減にも寄与する。

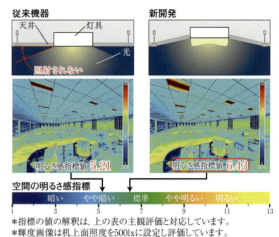

図4.5-8 システム天井照明の開発

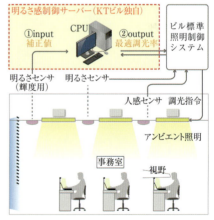

図4.5-9 1日のオフィスシーンに合わせて最適な光環境を構築

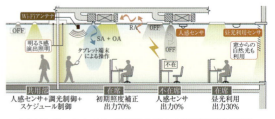

図4.5-10 センシング情報を様々な環境制御に活用

モジュールごとに制御可能な空調システム

　基準階オフィス空調システムは，内部負荷処理を高顕熱型ビル用マルチ，外気負荷処理（換気用）を直膨コイル付全熱交換器と，都市型の中規模オフィスで最も選択されている汎用機器システムで構成している。モジュールに沿って冷暖房，温度，ON-OFFの選択が可能な計画としている。

　また，フロアごとに南北2分割のシステム系統分けにより，将来の部分更新や拡張も容易に対応可能である。前述の設備容量の適正化や設備バルコニーの各階配置による基準階設備機器の省スペース化と同時に，整形なオフィス空間の確保にも寄与している。

新開発のビル用マルチシステムの省エネルギー制御

　本建物では，従来の機器では実施されていない以下に示す新たな制御ロジックを構築・導入した。

- 外気処理系統と内部負荷処理系統での協調を行い，外気処理を優先的に運転し，負荷の少ない時は自動的に室内機がストップする制御。
- 室内機の蒸発温度（冷房）・凝縮温度（暖房）は，目標値を①外気温度，②設定温度と検知温度の差分，③膨張弁開度のセンシングデータ　を用いて増減することで，圧縮機の部分負荷運転を抑制する制御。
- 直膨コイル付全熱交換器の，還気側のCO_2センサによる風量制御。
- 直膨コイル付全熱交換器の，還気側の湿度センサによる，中間期の外気冷房制御。
- 室外機の各階バルコニー設置による，内外高低差低減の上での，冷房小負荷時に凝縮温度を下げる低差圧制御。

ZEB化の取り組みによる省エネルギー効果

　BELS認証を取得した際の計算値は，「その他コンセント」を含む建物全体で893.6 MJ/(m²・年)であった。これに対し2017年9月からの建物全体の一次エネルギー消費実績は885.9 MJ/(m²・年)であり，BELS認証の際の計算値以下となっている。

図 4.5-11　スマート端末からオフィス環境を操作

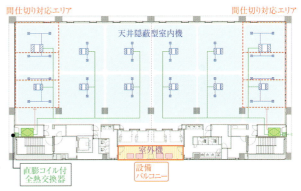

図 4.5-12　モジュールごとに制御可能な空調システム

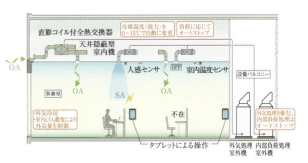

図 4.5-13　新開発のビル用マルチシステムの省エネ制御

図 4.5-14　年間エネルギー消費量実績

4.6 竹中工務店東関東支店
──稼働オフィスビルのZEB改修

概要と特徴

国土交通省の平成20年度法人建物調査によれば，全国のストックオフィスビルのうち10 000 m^{2}以下のオフィスビルは98 %，2 000 m^{2}以下は83 %を占め，日本国内相当数を占める中小規模都市の省エネルギー化は喫緊の課題である。

竹中工務店東関東支店は，実際に運用している中小規模オフィスビルを居ながらにしてZEB化改修した事例である。本建物は千葉県の地方都市にある。1 432 m^{2}の敷地にRC・S造の地上2階，延床面積1 318 m^{2}で，1階はエントランスと会議室，2階にオフィス機能を備えており，約40名が執務している。ZEB化にあたっては，新しいワークスタイルの提案や各種省エネ技術の導入によりZEB化を図るとともに，快適性の向上や災害時に備えたBCP性能の向上など更なる付加価値の追求を図った。

図4.6-1 外観写真

図4.6-2 ZEB改修における環境配慮技術の導入

エネルギー実績とZEB評価

竣工後1年間の一次エネルギー消費量は，コンセント消費を含めた建物全体で403 MJ/(m^2・年)となった。生成量は屋根面に設置した太陽光発電によって417 MJ/(m^2・年)であり，実際に使用しているオフィスで，エネルギー生成量が消費量を上回る実績であった。改修前後の年間一次エネルギー消費量実績値を比較すると，改修前に比べて71 %削減，太陽光発電による生成量を含めると101 %削減できており，ZEB(PEB)化を達成している。

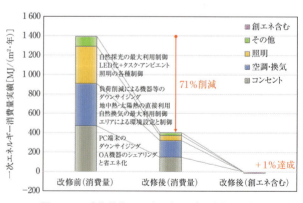

図4.6-3 改修前後の一次エネルギー消費量比較

建築概要	
所在地	千葉県千葉市中央区中央港1-16-1
建築主	竹中工務店
設計	竹中工務店
主用途	事務所
竣工	2016年4月
敷地面積	1 432.02 m^2
建築面積	679.52 m^2
延床面積	1 318.11 m^2
構造	RC・S造／階数 地上2階

ZEB評価 (SHASE G 0017-2015)	
ランク	net Plus Energy Building
レファレンス	改修前実績値
省エネルギー率	71%
創エネルギー率	30%
合計削減率	101%
一次エネルギー消費原単位 (コンセント除く)	−14 MJ/(m^2・年)(−1.4 kWh/(m^2・年))

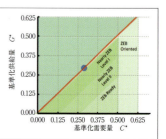

ZEB デザインメソッドのポイント

改修を機会としたダウンサイジング

ⅰ) 外皮熱負荷の削減

　照明や OA 機器の内部発熱が大幅に減少し，冬季の暖房負荷が増大するため，外皮の断熱性能の強化が重要となる。外壁および屋根を断熱強化するとともに，ガラス開口部においては既存ガラスを取外し，アルゴンガス封入 Low-e ガラスに取替え，断熱性能の向上を図った。外ブラインドおよびアウタースキンとなるシングルガラスを新設することでダブルスキンを構成し，さらに外側に既存の縦ルーバーを再利用することで，効率的に日射遮蔽を行う計画とした。ダブルスキンのフレーム部を含む熱貫流率は約 1.1 W/(m^2·K)，日射熱取得率は 0.1 未満の測定結果が得られており，高断熱・高遮熱化を実現した。

ⅱ) 照明負荷の削減

　手動ブラインドから自動制御可能な外ブラインドに改修し，昼光を最大限利用する計画とした。人工照明は，タスク・アンビエント方式に変更し，設定照度の緩和や LED 照明器具の採用により，改修前に比べて消費電力を削減する計画とした。ワークプレイスエリアの机上面照度は 300 lx，コミュニケーションエリアの机上面照度は 500 lx に調光している。さらに人検知センサにより，周辺執務者の在席状況に応じた設定照度に自動制御している。曇天日のアンビエント照明消費電力は 2.1 W/m^2，タスク照明は 0.2 W/m^2 程度で，晴天日の消費電力はアンビエント照明が 1.6 W/m^2，タスク照明は 0.2 W/m^2 程度であり，昼光利用により約 24 % の照明消費電力を削減できている。

ワークモードに合わせた快適性と知的生産性の再考

ⅰ) 均質なユニバーサルオフィスの見直し

　均質なユニバーサルオフィスを見直し，ワークプレイス，コミュニケーションエリア，ファイリングエリアの 3 つのエリアにゾーニングした。ワークプレイスがコンパクトになり，部門内・部門間のコミュニケーションが活性化する。また，自席周りの書類をファイリングエリアに集約することで，照明・空調エリアであるワークプレイスをコンパクトにし，エネルギー

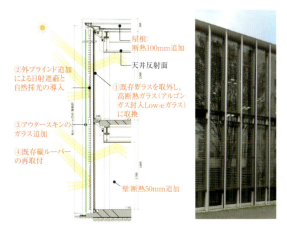

図 4.6-4　ダブルスキンの構成

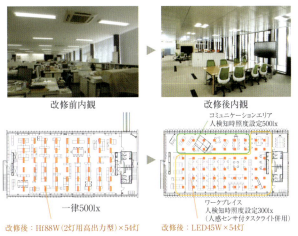

図 4.6-5　改修前後の内観と照明器具配置

図 4.6-6　改修後のオフィスレイアウト

削減につなげた。環境設備計画においては，ワークエリアごとに環境を設定することでワークモードが変わり，新たな発想の創出と知的生産性向上に寄与すると考えた。

ⅱ）放射と調湿によるアンビエント空調

空調エネルギーの最小化を図るため，室内温度に近い中温の地中熱や，太陽熱の利用拡大が可能な潜熱・顕熱分離空調方式を採用した。外気処理と室内の潜熱処理には，天井内に設置可能な小型デシカント外調機を開発・採用した。還気湿度を設定値に保てる給気量を維持しながら，還気CO_2濃度による風量制御で外気処理エネルギーの削減を図っている。太陽集熱で得られた温水を夏季除湿時の再生熱源，冬季加湿時の暖房熱源として利用が可能である。

ⅲ）パーソナルファンによるタスク制御

一人当たり1台のパーソナルファンを天井に設置し，自席周りの温熱環境を好みに応じて気流感調整ができる計画とした。室内空気を等温で吹き出す仕様であり，等価温度を約1℃低下させることが可能である。

ⅳ）ウェルネス制御による快適性の向上

温熱満足度には個人差があり，同じ温熱環境を提供するだけでは執務者の温熱満足度向上には限界がある。個人差に対応するため，各センサから得られる執務者の位置情報や温熱環境情報，体感申告情報を基に，パーソナルファンや室内温度の設定値を制御するウェルネス制御システムを開発・採用した。ウェルネス制御を行った場合，執務者が任意にファンを操作する場合と比較して，温熱満足度は50％程度，生産性は25％程度向上するアンケート結果が得られた。温熱満足度が向上した人ほど，生産性も向上する傾向であった。

自然エネルギーと未利用エネルギー利用の最大化

ⅰ）自然換気

自然エネルギー利用を最大化するため，自然換気開口を増設し，気象条件に合わせた自動制御を行った。自然換気窓を南東面および北西面にそれぞれ6箇所ずつ新設，既存トップライトを電動開閉できるように機能を加えることで，換気窓からトップライトへの風の流れを計画した。換気窓を手動操作スイッチにて開度調整可能とすることで，執務者に環境の選択権を与え自己効力感を高めた。

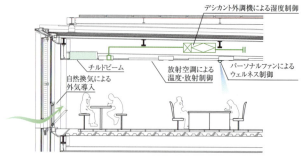

図 4.6-7 潜熱・顕熱分離空調システムの概念図

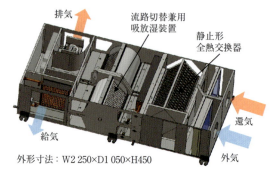

図 4.6-8 天井内に設置可能な小型デシカント外調機

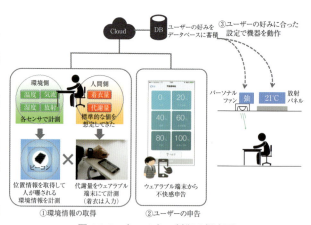

図 4.6-9 ウェルネス制御の概念図

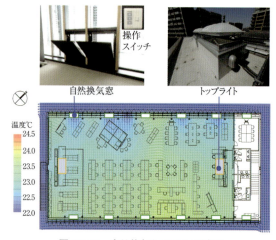

図 4.6-10 自然換気システムの計画

ii) 自然採光（昼光利用）

　自動制御できる外ブラインドを新たに設置し，スラット角を日射侵入時に直射日光を遮蔽できる最小の角度に制御することで，昼光を最大限利用する計画とした。晴天時の机上水平面照度は，昼光により窓側執務エリアは300 lxより高くなるが，その他の時間帯はアンビエント照明の調光制御によって，おおむね設定照度300 lxを満たす。また，輝度評価に基づく明るさ尺度値（NB値）はオフィスの推奨平均値6～7.5の範囲内であり，空間全体，机上面共に明るさ感は適切であった。

iii) 地中熱・太陽熱の直接利用

　熱源システムは一次側が空気熱源ヒートポンプチラーと地中熱利用システム，太陽集熱器で構成され，二次側は放射パネル系統とデシカント外調機系統，デシカント再生熱系統で構成されている。地中熱利用システムの運転モードは地中熱を放射パネル等へ直接利用するモードと水熱源ヒートポンプの熱源水として間接的に利用するモードがある。太陽集熱器で得られる熱は，暖房やデシカント外調機の再生熱に利用するシステムとしている。

　冷房時は，地中熱直接利用，空気熱源ヒートポンプチラーの順番で運転する計画とした。2階事務所における年間利用熱量の内訳では，1年目は夏季冷房負荷の40％を地中熱直接利用，夏季デシカント外調機再生の43％を太陽熱，冬季暖房負荷の21％を太陽熱で賄った。2年目夏季は，デシカント再生温度を60℃から45℃，冷水温度を13℃から10℃に変更して運用したため，ヒートポンプ温水器の製造熱量を大幅に削減できた。

【参考文献】

1) 川上大樹・髙井啓明ほか：既存オフィスのZEB化に関する研究（第1～6報），空気調和・衛生工学会学術講演論文集，空気調和・衛生工学会，pp.201-224，2017
2) 川上大樹・田中宏治ほか：既存オフィスのZEB化に関する研究（第7～10報），空気調和・衛生工学会学術講演論文集，空気調和・衛生工学会，pp.281-296，2018

図4.6-11　改修後のオフィス内観

ブラインド角度0°（水平）　　　　ブラインド全開

図4.6-12　外ブラインドによる自動制御

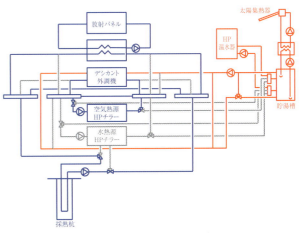

図4.6-13　空調熱源システム系統図

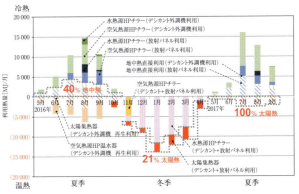

図4.6-14　2階事務所における年間利用熱量の内訳

4.7 大林組技術研究所本館
――高い知的生産性とZEBを両立させたオフィス

概要と特徴

大林組技術研究所本館「テクノステーション」（以下「本建物」）は，最先端の研究施設，最先端の環境配慮，最先端の安全安心をコンセプトに研究所の中核施設として建設され，200人規模の二層吹き抜けの主たるワークスペースや会議室，カフェテリア等で構成される。また研究施設として必須の高い知的生産性と，ZEB化を目指した高い省エネ・省CO_2性能とのトレードオフを，①自然採光，自然換気等のパッシブ手法，②潜熱顕熱分離空調やLED照明，ICタグを使った人検知による機器のon/off等のアクティブ手法，③BEMSや省エネ効果の見える化等のマネジメント手法，によって解決し両立させている。

図4.7-1 技術研究所本館「テクノステーション」

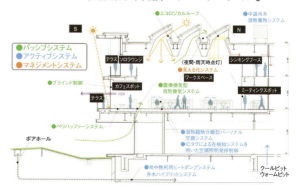

図4.7-2 ZEB化の要素技術

エネルギー実績とZEB評価

竣工後3年間（2011〜2013年度）は太陽光発電（以下「PV」）分を差し引きした残りをカーボンオフセットで相殺し，エミッションZEB（CO_2排出基準のZEB）を達成している。その後，さらなる省エネルギー運用改善手法の導入や，CGS排熱の建物間熱融通，敷地内隣接建物の屋根に電気的に本建物に直接接続されたPVを増設するソースZEB（一次エネルギー消費量基準のZEB）化改修を行い，2014〜2017年度の運用でソースZEBを達成している。また，運用段階においてCASBEE既存のSクラス，LEED-EBOMのプラチナ認証，WELL Building

図4.7-3 一次エネルギー消費量収支の推移

図4.7-4 用途別一次エネルギー消費量内訳

建築概要
所 在 地　東京都清瀬市下清戸4-640
建 築 主　株式会社大林組
設　　計　株式会社大林組
主 用 途　事務所（研究所）
竣　　工　2010年9月
敷地面積　69 401.30 m²
建築面積　3 370.51 m²　延床面積　5 535.38 m²
構　　造　鉄骨造（スーパーアクティブ制震構造）
階　　数　地上3階，搭屋1階

ZEB評価（SHASE G 0017-2015）
ランク　PEB・ZEB
レファレンス　東京都省エネカルテ基準年度
省エネルギー率　　55%
創エネルギー率　　54%
合計削減率　　109%（2014年度）
一次エネルギー消費原単位
　　　　　　　　（コンセント含む）
−211 MJ/(m²・年)（−59 kWh/(m²・年)）

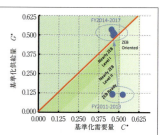

Standard のゴールド認証を受け，ZEB と環境性能の両立を名実ともに実現している。

ZEB デザインメソッドのポイント

エコロジカルルーフによる自然光利用システム

　本建物では，人工的な均質空間を目指すのではなく，天候や時間による自然光の変動をある程度コントロールしながら，大規模に利用する計画となっている。最大の特徴はエコロジカルルーフである。このエコロジカルルーフは，太陽光パネルと自然採光，自然換気排気口とを兼ねたハイサイドライト，自然光の不足時に間接照明によって明るさを補う照明器具から構成されている。自然採光においては北を向いたハイサイドライトにより変動の少ない自然光を取り入れるとともに，間接光としてワークスペース全体に行き渡らせ，昼間の照明の無点灯化を図っている。

ペリバッファーシステムによる空調負荷削減

　日射を制御するための外装と合わせ，外周のペリメータゾーンに，滞在時間が短く空調温度の緩和が可能な通路や打合わせコーナー等を配置し，縁側緩衝空間（ペリバッファーゾーン）を形成して空調エネルギーを低減している。緩衝空間とインテリアゾーンの境には，床埋込型 FCU を設置し，緩衝空間に適度な空調を行うとともに，エアバリアの効果によりインテリアゾーン側への緩衝空間からの熱的影響を抑えている。南側の外装はフルハイトの全面 Low-e ガラスで，大きな水平庇とセラミックプリントが施され外部化された縦型ガラス支持材を組み合わせて，内部空間の開放性や眺望を確保しつつ，直射日光を遮り，熱負荷を低減させる構成としている。

置換換気型の自然換気システム

　1階ピロティの軒天を介して床面グレーチングより室内に外気が取り入れられ，ワークスペース頂部のハイサイドライトより排気が行われる「置換換気型」の自然換気システムである。外気の降雨状態，粉塵および花粉の飛散状況，風速，外気の温湿度および室内温湿度との差などによって，自然換気の許可

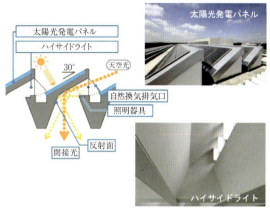

図 4.7-5　エコロジカルルーフによる自然光利用

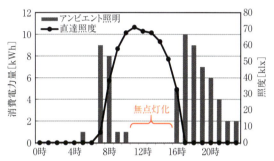

図 4.7-6　自然光導入の効果（冬季晴天時の時刻別消費電力）

図 4.7-7　ペリバッファーシステムの概要

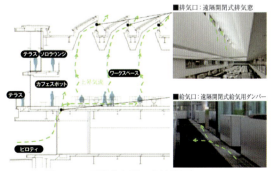

図 4.7-8　置換換気型の自然換気システム

/ 禁止を判断して運用している。居住者が判断して使用釦を押す制御を取り入れ，利用者の許容室温の範囲の拡大をねらっている。

潜熱顕熱分離型パーソナル空調システム

　天井の高い大空間のワークスペースで，省エネルギーを図りながら快適性と知的生産性を保持するため，空調システムは居住域空調（置換換気空調）としている。さらに居住域でも，全体（アンビエント領域）とデスク廻り（タスク領域）に分けて空調（タスク・アンビエント空調）する事でさらなる省エネルギーを図っている。アンビエント空調（床吹出し口）とタスク空調（タスクパネル）は，潜熱顕熱分離空調方式で，床吹出し口からはデシカント空調により確実に潜熱処理された外気を導入し，タスクパネルにて主に人体発熱の顕熱処理を行っている。タスクパネルはデスクのパーティションに設置し，放射と対流によりタスク空間を快適にコントロールしている。なおタスクパネルは容易に移動が可能な継手を開発し，暖房時はデスク下に取り付け，頭寒足熱を実現できる。

ICタグによる在席検知システムを用いた空調照明発停制御

　タスク照明・空調の省エネルギー効果を最大限に引き出すため，セキュリティ用のICタグを利用した照明・空調制御システムを採用している。ICタグで居住者の在席や在室を検知して，照明・空調のON-OFFを制御することで必要な場所のみ照明・空調を行っている。研究所は実験作業や打合わせが多く離席頻度が高めということもあり，利用者の消し忘れ防止も含め，無駄なエネルギーを徹底的に削減している。

中温冷水潜熱蓄熱システム

　熱源設備には16℃を目標利用温度とする潜熱蓄熱材を用いた潜熱蓄熱槽を設けている。通常の蓄熱と比べて高い温度で蓄熱することで，冷凍機の高いCOPでの運転による省エネルギーを実現している。夜間の蓄熱運転時は二分割した蓄熱槽のうち蓄熱温度の高い潜熱蓄熱部，次に蓄熱温度の低い水蓄熱部の順に蓄熱している。昼間の放熱運転時にデシカント空調機とタスクパネルの両方が運転している場合，タスクパネル通過で幾分昇温した冷水を潜熱蓄熱部の下部へ戻し，デシカント空調機へ送ってカスケード的に利用している。

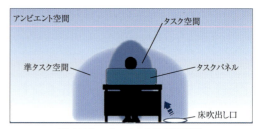

図4.7-9　パーソナル空調の概念

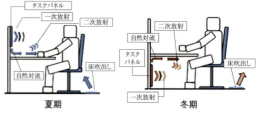

図4.7-10　タスクパネル設置場所（夏冬切替）

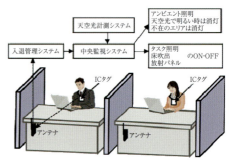

図4.7-11　ICタグによる在席検知の概念

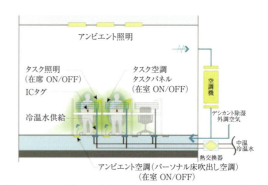

図4.7-12　ICタグによる在席検知システムを用いた空調照明発停制御

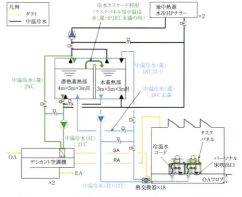

図4.7-13　中温冷水潜熱蓄熱システム系統図

高熱伝導性充填材による地中熱利用

年間を通して安定した地中温度や井水温度を有効に利用して、水熱源HPチラーの運転の高効率化を図っている。デシカント空調やタスクパネルに利用する冷水温度は比較的高めでよいため、地中熱利用のHPシステムは中温冷水用として運転している。地中熱交換器については、採放熱効率の改善を目的として充填材に粒状炭化ケイ素(SiC)を配合した高熱伝導性の充填砂を使用している。

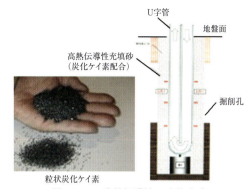

図4.7-14 高熱伝導性U字管方式

見える化システムと省エネルギー行動

BEMS(ビル・エネルギー管理システム)によって分析したエネルギー削減効果を「見える化」している。室内温度設定の緩和やOA機器の節電運用の徹底など、各種の省エネルギー活動の効果を執務者に見える化することで、より積極的に省エネルギー行動が実行されることを期待している。

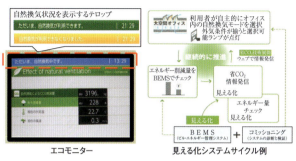

図4.7-15 見える化システム

知的生産性を高める空間と場の選択性

研究者が目的や気分に応じて、自由に場や雰囲気を選択し、ストレスなく快適に研究活動ができるよう、自席周辺にも多様な場を用意し選択性を高めている。

図4.7-16 知的生産性を高める空間(ワークスペースプラン)

4.8 東京大学 21KOMCEE
――大学発 ZEB

概要と特徴

東京大学 21KOMCEE (Komaba Center of Excellence) はスタジオを中心とした教育施設とホールを中心とした会議・会合スペースからなる建物で，地上5階，地下1階で，延床面積は4477 m²である。本建築は，教育上のさまざま仕組みとともに，一般的な省エネルギー・省資源の取り組み（例えば高断熱化，自然換気・通風利用，雨水利用，躯体蓄熱）に加えて，1. 可動ルーバーを利用したダブルスキン構造，2. 地中熱・地下水利用ヒートポンプ空調システム，3. 放射パネル冷暖房，4. デシカント除湿システム，5. 自然光活用 LED システム，6. 太陽光発電パネル，7. AI ネットワークによる統合マネジメントシステム等最新技術を導入している。

図 4.8-1 建物外観

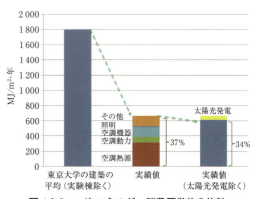

図 4.8-2 一次エネルギー消費原単位の比較

エネルギー実績と ZEB 評価

一次エネルギー消費原単位は 666 MJ/m²·年，太陽光発電量は 54 MJ/m²·年であった。東京大学の建物の平均値に比べて，63 % エネルギー消費量を削減して，3 % 創エネ，合わせて正味66 % 削減で，ZEB Ready を達成している。

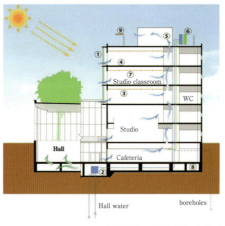

① 可動ルーバーを利用したダブルスキン構造
② 地中熱・地下水利用ヒートポンプ空調システム
③ 放射パネル冷暖房
④ 躯体蓄熱
⑤ 自然換気
⑥ デシカント除湿システム
⑦ 自然光活用LEDシステム
⑧ 雨水利用
⑨ 太陽光発電パネル
⑩ AIネットワークによる統合マネジメントシステム

図 4.8-3 導入された省エネルギー技術の概要

建築概要	
所在地	東京都目黒区駒場 3-8-1
建築主	東京大学
設計	東京大学キャンパス計画室 同 野城研究室 大岡研究室類設計室
施工	安藤・間
主用途	大学
竣工	2011 年 5 月
建築面積	942.48 m²　延床面積　4,477.76 m²
構造	S, RC 造　階数　地上5階，地下1階

ZEB 評価 (SHASE G 0017-2015)	
ランク	ZEB Ready
レファレンス	平成 21 年東京大学平均値
省エネルギー率	63%
創エネルギー率	3%
合計削減率	68%
一次エネルギー消費原単位	612 MJ/(m²·年) (170 kWh/(m²·年))

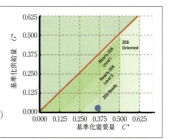

ZEB デザインメソッドのポイント

可動ルーバーを利用したダブルスキン構造

開閉可能な可動ルーバーの開発を行った。外気条件のよい中間期にはルーバーを開放し積極的に外気と昼光を取り入れることにより，空調負荷ならびに照明負荷を軽減する。また外気条件の厳しい暑夏や厳冬にはルーバーを閉じ外気負荷を遮断する。さらにルーバーは黒白2面の裏表が反転できる構造になっており，夏季は日射を反射する白面が表になり，冬季は日射を吸収する黒面が表になる構造となっている。

図4.8-4　可動ルーバーを利用したダブルスキン（出所：野城研究室）

地中熱・地下水利用ヒートポンプ空調システム

右に熱源システム図を示す。本建物は熱源として一般的な空気熱源ヒートポンプだけではなく，地中熱・地下水利用ヒートポンプを有している。地中温度は年間を通じて安定しており，地中を熱源とすることにより冷暖房の効率と省エネルギー性能を格段に向上することが期待できる。本建築では，地中にUチューブタイプの熱交換器（100m×10本）を埋設するとともに，2対の井戸（深さ20m）を設け，地下水を直接組み上げる地中熱・地下水利用ヒートポンプシステムを導入している。とくに地下水利用においてしばしば起こる井戸の目詰まりの問題を，本施設では定期的に揚水井戸と還元井戸を交代させる自動逆洗装置を採用している。この技術により地下水資源を枯渇させることなく持続的に活用することができる。また地下水温度はこのサイトにおいて17℃程度であるため，比較的暑くない時期にはヒートポンプを介さず直接地下水温度を冷房に活用することができる。非常に暑く，熱負荷の大きいときにはヒートポンプを活用して地下水を熱源として冷水を作成する。このヒートポンプはこの建物の全熱負荷のおよそ1/3を負担している。

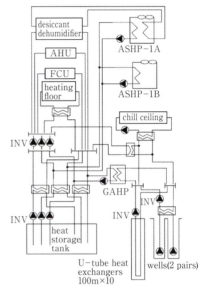

図4.8-5　熱源システム図

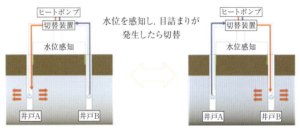

図4.8-6　地下水利用における自動逆洗装置

放射パネル冷暖房

放射パネル冷暖房は，放射により人体を直接暖める，あるいは冷やすものであり，搬送動力や空

図4.8-7　放射冷暖房パネル

調ファン動力を削減することができる。また不要なドラフトを避け，快適性も向上することが期待されている。本システムは天井面を放射パネルとして活用するものであり，導入に先立ち実験室実験によりその性能を確認している。ただし夏季のピークには，放射パネルのみでは室内の熱負荷を処理することはできないので，放射パネル背面にファンコイルユニットを設置し，これを併用する。

ヒートポンプ排熱を利用したデシカント除湿システム

上記放射冷房パネルを利用する際には，パネル上の結露を防止するために室内湿度コントロールを正確に行う必要がある。そのためには，デシカント（吸収剤）を利用した除湿システムが有効である。しかしながら一般のデシカント除湿システムでは，デシカント剤再生のためのエネルギーを必要とし，成績係数が1程度であり，吸収剤の再生に排熱や太陽熱を利用できなければ省エネルギー性能は望めない。本建築では外調機に空調用ヒートポンプから生ずる排熱を活用したデシカント除湿システムを採用した。デシカントローターはシリカゲルタイプのものであり，最大風量は 24 170 m³/h である。

自然光活用 LED 照明システム

照明効率が高く，調光性能に優れている LED 照明を導入している。とくに自然光を最大限に活用するため，室内の各位置の照度に合わせて調光可能な省エネ照明システムを構築した。年間を通じ照明の省エネを行い不在時の消灯・部分点灯を実施する。

太陽光発電パネル

本建築屋上に約 300 m² の薄型太陽光発電パネルの設置を行った。このパネルの最大発電能力は約 30 kW に達し，この建築の夏季の電力ピークの 10 % に相当する。また年間の創エネルギー量は一次エネルギー換算で 400 GJ に達する。

図 4.8-8 デシカント外調機

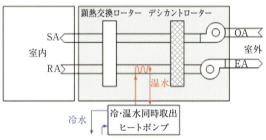

図 4.8-9 ヒートポンプ排熱を利用したデシカント除湿システム

図 4.8-10 太陽光発電パネル

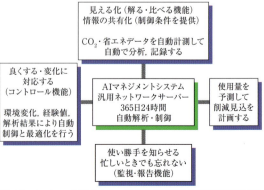

図 4.8-11 AI マネジメントシステムの概念図（出所：野城研究室）

AIネットワークによる建物・空調・照明の統合マネジメントシステム

AIによるネットワークにより照明・空調・換気・地熱・散水・使い勝手の視える化およびコントロールを行い，省エネルギーのための部分最適および全体最適を行うシステムを導入した。機器やシステムは最高のCOPで運転できるように建物利用条件を学習し，継続的に効率を向上する。また図4.8-12に本マネジメントシステムの動作の一例を示す。例えば日射や温湿度センサーを利用して外気条件を判断する。もし日中晴れていて外気条件が快適であればルーバーを開けて外気と日照を室内へ取り込む。日照を室内に取り込んだ場合，窓近くと室内奥では照度差が生じる。それに対して今度は室内に設置された照度センサーが働き，室内照度が均一になるように照明の調光を行う。またこれらの動作により室内の空調負荷が変化するので，室内に設置された温湿度センサーに基づき空調出力が調整される。これら一連の動作をAIを活用してコントロールするのである。これにより不要な照明や空調出力が適正化され，省エネルギー効果が達成される。

将来のゼロ・エネルギー化に向けて

東京大学における実験系以外の建物の平均年間エネルギー消費量は一次エネルギー換算で1830 MJ/m²・年である。本建築はこれまで述べてきた各種の取り組みにより，その63%を削減し，現時点では約666 MJ/m²・年になっている。さらに太陽光発電パネルによる創エネルギー分を差し引くと，約612 MJ/m²となり，東京大学の他の一般的な建物に対し，66%減の34%となっている。まだゼロ・エネルギーを達成したとは言えないが，きわめて高い省エネルギー性能を達成していることが確認できる。

今後の構想として，運転・制御方法の最適化チューニング，機器更新による諸々の機器性能向上，太陽光発電パネルの発電効率向上により，2030年にゼロ・エネルギーを達成することを目

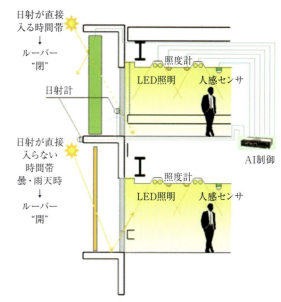

図4.8-12 AIによる建物・空調・照明統合マネジメントシステム（出所：野城研究室）

標とする。

当然のことではあるが，ゼロ・エネルギーを達成するには，ここに上げたシナリオのような単なる機器の更新に伴う効率の向上だけではなく，この建築を実際に利用する学生や教員の省エネルギー意識も非常に重要であると考えられる。本建築はそのような省エネルギー意識を涵養することについても貢献することが期待されている。

【参考文献】

1) ZEBの実現と展開に関する研究会：ZEB（ネット・ゼロ・エネルギー・ビル）の実現と展開について～2030年でのZEB達成に向けて～，2009.11
2) ゼネラルヒートポンプ工業・東邦地水・東京大学生産技術研究所：新エネルギー・産業技術総合開発機構公募：地下水循環型空水冷ハイブリッドヒートポンプシステムの研究開発 共同研究開発報告書，2010.3
3) 馬郡文平，野城智也，藤井逸人他：AIコントロールを活用した小型複数店舗における統合的エネルギーマネジメントに関する研究～24時間小型店舗（コンビニエンスストア）の統合エネルギーマネジメント実証実験～，建築生産シンポジウム論文集，巻：26th，pp133-138，2010.07

4.9 ダイキン・テクノロジー・イノベーションセンター
―― 機器製造・開発の実践の場としての進化・普及型 ZEB

概要と特徴

ダイキン・テクノロジー・イノベーションセンターは，空調設備メーカーの研究開発拠点として，最新空調技術の実証，実践による進化・普及型 ZEB を志向し，ワークプレイスの快適性を確保しながら Nearly ZEB を達成している。オフィスにおいては，これまでの一方向的な ZEB 化アプローチではなく，空調先端メーカーとして，パッケージ型の潜熱顕熱分離空調システムを中心に，建築計画と融合させた自然エネルギーの最大活用を可能にするアクティブ技術を開発し，パッシブ技術と再生可能エネルギーとのベストミックスを図っている。ZEB 化とあわせて取組んだ "見える・感じる「建築」×「空調技術」" により，利用者参加型の省エネと快適な室内環境の創出を目指した。室内環境やエネルギー評価は，リアルタイム性を重視し，時々刻々の実測値をもとにシミュレーションした理論値と現状を随時比較できるようにしている。第三者的な環境評価としては，CASBEE-S ランク LEED-NC プラチナ認証を取得している。

図 4.9-1 建物外観（上：南面，下：南東面）
（写真：清水向山建築写真事務所）

図 4.9-2 二段有孔鋼板庇
（写真：清水向山建築写真事務所）

図 4.9-3 光の抜ける中庭
（写真：清水向山建築写真事務所）

エネルギー実績と ZEB 評価

オフィス棟全体の年間一次エネルギー消費量実績（2016 年度）は，単純合計で 772 MJ/m^2・年（削減率 60 %），コンセントを除くと 423 MJ/m^2・年（削減率 72 %）となる。このうち，太陽光発電で 160 MJ/m^2・年（創エネ率 10 %）賄っているため，あわせて 82 % 削減で Nearly ZEB レベルⅡを達成している。

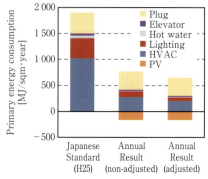

図 4.9-4 一次エネルギー消費原単位の比較

建築概要		ZEB 評価 (SHASE G 0017-2015)	
所 在 地	大阪府摂津市西一津屋 1-1	ランク	Nearly ZEB レベルⅡ
建 築 主	ダイキン工業	レファレンス	平成 25 年省エネルギー基準
設 計	日建設計・NTT ファシリティーズ設計共同企業体	省エネルギー率	72%
主 用 途	事務所・研究所	創エネルギー率	10%
竣 工	2015 年 11 月	合計削減率	82%
敷地面積	29 903.35 m^2	一次エネルギー消費原単位	
建築面積	11 839.01 m^2　延床面積　47 911.86 m^2	（コンセント除く）	
構 造	鉄骨造・鉄骨鉄筋コンクリート造	423 MJ/(m^2・年)	
階 数	地上 6 階，地下 1 階		

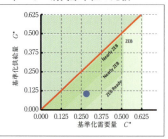

ZEBデザインメソッドのポイント

ZEB化のアプローチ

　一般的なアプローチでは，パッシブ手法により，できるだけ建物自体の負荷を減らし，高効率機器などのアクティブ手法によりその負荷を効率よく処理して消費エネルギーを最小化し，最後に再生可能エネルギーによって消費エネルギーをキャンセルする方向に近づける。本計画では，アクティブ手法の一つである空調機器を開発・製造する製造者の建物であることから，設計段階から設計者と研究者の打合わせを綿密に行い，建築計画と融合させた自然エネルギーを最大限活用するアクティブ技術を開発し，パッシブ手法と再生可能エネルギーとのベストミックスによりZEB化の達成を目指した。

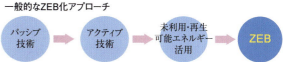

図4.9-5　ZEB化のアプローチ

設計段階の事前評価とロードマップ作成

　設計段階で，各種省エネ手法導入による効果についてシミュレーションを行いZEB化のロードマップを作成した。年間一次エネルギー消費量は，各種省エネ手法を採用していない標準的なビルを$1\,861\,\mathrm{MJ/m^2 \cdot 年}$*としたとき，本建物は$567\,\mathrm{MJ/m^2 \cdot 年}$という結果となった。これより，運用段階での省エネルギー削減率を70％に設定した。

* 前頁の実績評価の数値とは，計算時期・手法が異なるため結果は異なる。

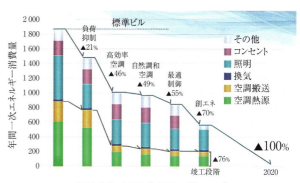

図4.9-6　ZEB化のロードマップ

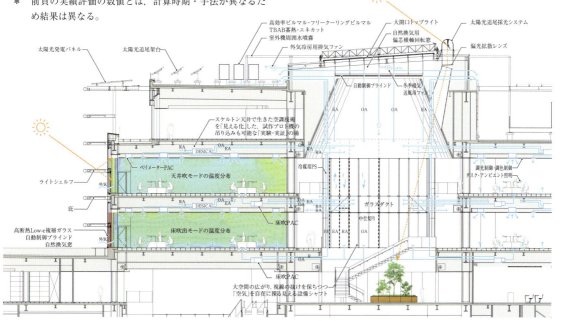

図4.9-7　オフィスの環境断面

建築計画と一体の自然エネルギー利用

60 m×60 m のメガフロアオフィスの中央に，大きな吹抜けを 2 か所設けた。吹抜けの中間階には，すべてのデスクから 30 m 以内に位置する協創の中心「ワイガヤステージ」を設けることで，単なる空気・光の道にとどまらず，人の動線・視線をシームレスにつなぐ多様な関係性を生み出す空間として機能している。外装には，二段有孔鋼板庇，自動ブラインド，Low-e 複層ガラスを採用することで外皮負荷を削減するとともに，熱負荷を低減しつつ，窓面からの自然光の導入と眺望を最大限確保することをねらっている。また，吹抜けの最上部には太陽追尾型の導光装置を設置することで，両面採光との組合わせにより，事務室の深い奥行きでも広いエリアで自然光を享受できる計画になっている。

快適性と ZEB を両立する設備システム

オフィスエリアの空調設備には，CO_2 制御機能付きヒートポンプデシカント外機処理機＋超高効率マルチパッケージ空調機に気流選択型床吹出・天井吹出の最適制御，人感センサ発停制御を実施している。また，地中熱と太陽熱を熱源とした水熱源パッケージをエントランスに導入した。外装の窓は手動開閉式にすることで執務者が自ら環境選択を行える自然換気を採用した。なお，自然換気を誘導するため，外部環境の測定結果（自然換気推奨）を執務室内でランプ表示する工夫を図っている。照明器具は，最新の LED 器具とし，人感・調光制御および，タスク・アンビエント方式を採用した。調光制御には，サーカディアンリズムを考慮した調色制御も導入することで，快適性と生産性向上を狙っている。さらに，ZEB 化のための再生可能エネルギーとして約 300 kw の太陽光発電を設置し，一部を太陽追尾架台による発電の高効率化を図っている。

見える・感じる「建築」×「空調技術」

大空間のオフィスエリアでは，消費エネルギーをとくに詳細に計量し，温湿度や CO_2 濃度センサを細かく配置することで，エネルギーと室内環境をサイネージ画面にリアルタイムに表示している。また，

太陽追尾型導光装置

太陽追尾型太陽光発電

ワイガヤステージ

地中熱交換杭

図 4.9-8　ZEB 化要素技術

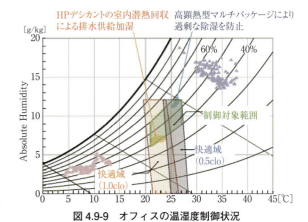

図 4.9-9　オフィスの温湿度制御状況

視線の抜けるガラスダクト

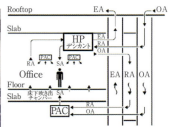

自然エネルギーを取り込むエントランスホール

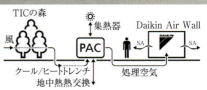

図 4.9-10　体感型の空調技術
（写真左上，中央：清水向山建築写真事務所）

エントランスホールには，憩いの森から取入れた空気を吹出すガラスチャンバー「ダイキン・エアウォール」を設置するとともに，香りや酸素濃度等の研究テーマとも連動可能な，本建物の象徴としての「空気のモニュメント」となっている。大空間オフィス中央には視線の抜けを保ちつつ，空気を操る設備シャフト「ガラスダクト」を設置した。

図4.9-11 省エネとアメニティを両立したTICの森
(写真：清水向山建築写真事務所)

外構計画の適正化による地域貢献と生産性向上

本計画では，広大な工場敷地の中に，北摂の植生を参考に樹種を選定，自然樹形の「森」を創生した。また，建物周辺には，散策路やウッドデッキ，雨水を利用したせせらぎ，芝生広場を整備し，四季折々の変化のある植生，花の香り，水音が技術者に癒しを与え，感性を刺激し，発想のきっかけとなるようなワークプレイスの一つとして森を位置付けた。さらに，この森は近隣住民への開放も行っている。

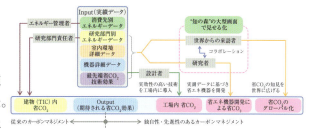

図4.9-12 Lab Carbon Managementの概念図

ZEBの「実証実験」/Labカーボンマネジメント

本プロジェクトでは，技術開発を促進する研究所として，Lab Carbon Managementを掲げ，BEMSデータを研究者にとっての開発リソースとしても有効活用し，新たな機器開発に繋げることで，グローバル視点でのZEBや省CO_2活動へと発展させることを目指している。

リアルタイムシミュレーションによる見える化

オフィスエリアで採用しているヒートポンプデシカント＋超高効率マルチパッケージ空調機，およびエントランスホール他で採用している水熱源型ビル用マルチエアコンについて，LCEMツール(国土交通省)をベースに冷媒挙動を模擬可能なシミュレーションモデルを構築した。そして，このシミュレーションモデルは，BEMSに組込まれ，機器のON-OFFや，内部発熱等，変動する諸条件を入力値として，標準ビル(省エネを導入していないビル)，理論ビル(本建物が設計想定通り適切に運用された状態)のエネルギー消費量が算出され，随時これらの結果とエネルギー実測値を比較できるようにした。

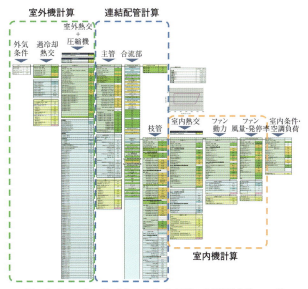

図4.9-13 エネルギーシミュレーションモデルの事例(空冷マルチ)

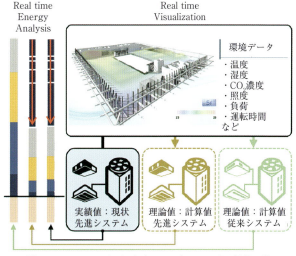

図4.9-14 リアルタイムシミュレーションによる見える化

4.10 関西電力南大阪営業所
──個別空調最適制御を用いた中規模ZEBオフィス

概要と特徴

南大阪営業所は,「環境・人にやさしい次世代型営業所」を目指して,旧営業所からの建替えにより平成26年8月に完成した。建替計画時には,『環境』・『防災』・『快適』をキーワードに掲げ,設計を進めた。計画時には省エネルギー効果と費用を評価し,費用対効果の高い各種環境負荷低減対策から順に採用するプロセスを通じて,低コストでの省エネルギーオフィスビルを実現した。また,建物内に全面的に採用した個別空調システムに対して,外部から省エネルギー制御を指令する「空調・照明外部指令制御システム」を採用した。そして,建物利用者と連携して分析・評価・改善を行う「エネルギーマネジメントシステム」を通じて,運用面での省エネルギー化を実現することにより,ZEBの実現を目指した。

図4.10-1 建物外観

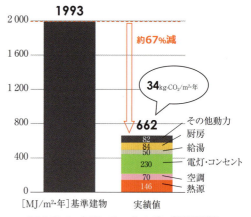

図4.10-2 年間一次エネルギー消費原単位

エネルギー実績とZEB評価

図4.10-2に2015年度の年間一次エネルギー消費量原単位を示す。基準建物の1 993 MJ/m²・年に対する削減率は67%であり,本建物は,ZEB readyクラスの性能を発揮した。

ZEBデザインメソッドのポイント

建築計画上の環境負荷低減対策

ⅰ) 配置計画・平面計画

堺市のシンボルロードに面して本館棟を配置する計画とした。執務室は約15 mスパンの無柱空間を確保するとともにモジュール寸法を採用することで,建物利用者の快適性や将来の更新に対する柔軟性の向上を図った。また,コアを西側に計画し,西日の日射負荷抑制を図ると同時に,周辺地域のプライバシーに配慮した。

建築概要
所 在 地　大阪府堺市堺区熊野町2丁目2-20
建 築 主　関西電力株式会社
設　　計　昭和設計
主 用 途　事務所
竣　　工　2014年8月
敷地面積　3 245 m²
建築面積　1 029 m²　延床面積　7 338 m²
構　　造　鉄骨造　階　数　地上8階
制御開発　アレフネット

ZEB評価 (SHASE G 0017-2015)
ランク　ZEB-ready
レファレンス　平成18年事務所ビル平均値
　　　　　　　(日本ビルエネルギー総合技術者協会)
省エネルギー率　64%
創エネルギー率　3%
合計削減率　67%
一次エネルギー消費原単位(通信負荷除く)
662 MJ/(m²・年) (184 kWh/(m²・年))

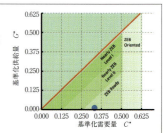

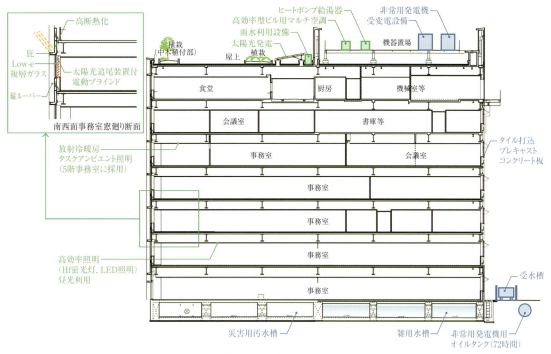

図 4.10-3　計画コンセプト

ⅱ）外皮計画

空調エネルギー消費量の削減には外皮負荷の抑制が重要である。本建物では，高断熱化（断熱材 50 mm 採用）と Low-e 複層ガラスに加えて，庇・縦ルーバーを採用した。最大熱負荷計算により日射負荷削減効果を比較検討し，出幅はすべて 500 mm，南東面は水平庇，南西面は水平庇＋縦ルーバーとした。

庇の位置や縦ルーバーのピッチは，事務室からの眺望にも配慮して決定した。外皮負荷削減効果の検証には BEST ツールを用いて，年間熱負荷係数（PAL 値）を算出し，標準建物と比較した。高断熱化（50 mm）と Low-e 複層ガラスに加えて，南東に水平庇，南西に水平庇＋縦ルーバーを計画した案は，約 20 ％ の削減効果が期待できるため，本計画に採用することとした。

さらに，太陽光追尾装置を用いた自動制御ブラインドにより，直射日光の遮蔽と昼光利用の両立を図った。

ⅲ）空調設備の省エネルギー対策

1．空調計画概要

当建物では全館で電気式ビル用マルチエアコン（以下，EHP と称す）を採用した。室内機は天井内埋込のダクト方式とし，給気は天井高 2.8 m からの拡散性を考慮して，アネモ吹出口を採用した。外気処理機には床置型の全熱交換器付き EHP を採用した。執務室の空調システム概要図を示す。

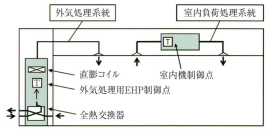

図 4.10-4　執務室空調システム概要図

2．空調・照明外部指令制御システムの開発

　EHPはその制御内容がメーカー独自の方式となっており，処理熱量や運転挙動の把握が困難であることから，性能検証を行うにあたっては意図する制御の実現が難しい。そこで，メーカーの協力を得て，外部からEHPの運転データを取得することでその制御状況を「見える化」し，かつ外部からEHPに対して運転指令を行うことが可能な空調・照明外部指令制御システムを開発し，本建物に導入した。なお，制御対象については，全館に採用しているEHPのうち，長時間使用される執務室系統とした。

　この制御システムのうち，空調設備に対する制御を「EHP最適運転制御」と称し，次項以降で概要や検証結果を述べる。

EHP最適運転制御の開発

　「EHP最適運転制御」は，室内負荷処理用EHPに対する「EHP高効率運転制御」と，外気処理用EHPに対する「EHP外気処理機最適運転制御」で構成される。それぞれの制御概要を以下に示す。

ⅰ）EHP高効率制御の開発

1．制御概要

　当該制御システムを利用することで，EHPの能力を把握できる。一定期間の運転を経て，負荷率とCOPの関係をプロットした結果，負荷率30〜40％の領域でEHPのCOPが最大となる傾向を確認できた。また，一般的にはEHPは設計容量が過大であり，低負荷率での運転頻度が多くなる傾向にある。これらの傾向を踏まえて，室温に配慮しながら，EHPを高効率な負荷率帯で運転させる制御手法を開発した。図に，冷房期間での制御イメージを示す。特徴は，以下の通りである。

① 室外機に出力上限指令を与えて能力を制限する。
② 室温と設定温度の温度差を考慮して出力上限を変更する。
③ 室外機出力20％以下では強制的にサーモOFFさせて，低負荷運転を回避する。

2．EHP高効率制御の検証結果

　制御無効日と制御有効日を切替えながら運用し，

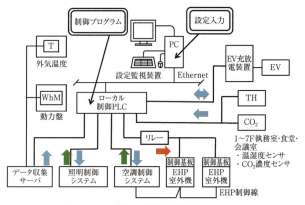

図4.10-5　空調・照明外部制御システム

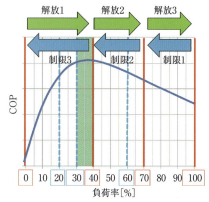

図4.10-6　EHP高効率運転制御イメージ

外気温度が近い日の実績を比較した。図に，代表日として2015年7月3日（制御無効日）と7月8日（制御有効日）の2階事務室の冷房期における運転実績を示す。制御を有効にすることで，室外機出力の変化幅は小さくなり，安定した運転となっている。また，制御無効時に比べて室温の大幅な上昇は見られなかった。負荷率30〜40％の運転時間が29％増加したこと，室外機出力の変化幅が小さくなったことにより，制御有効時の

図4.10-7　EHP高効率運転代表日の運転実績比較

COPは冷房期23.2 %，暖房期7.4 % 向上した。全フロアでの制御対象室外機すべての電力消費量で比較すると，冷暖合わせた1日平均で19.7 %の電力消費量を削減できた。

ⅱ) EHP外気処理機最適運転制御法の開発

1．温湿度制御の概要

対象とした外気処理用EHPは，執務室空調システム概要図に示す外気処理用EHP制御点での吸込温度と設定値（冷房25 ℃・暖房21 ℃）の大小関係で冷却加熱量を一律に決定するため，給気温度を制御できず，必要以上に顕熱および潜熱処理を行う要因となる。また，加湿方式は滴下浸透式であるが，湿度調節器を設置していないため，湿度設定ができず加湿量は成り行きとなっている。このため，室内負荷が小さい条件では過剰な熱処理が生じ，適正な室内環境の維持と省エネルギーが実現できない要因になっている。そこで，室内温湿度により外気処理用EHP出力を調整する温湿度制御を導入した。

2．CO_2濃度制御の概要

CO_2濃度制御は，EHPでの採用事例が少なく，とくに複数の外気処理用EHPの台数制御を行った事例は見られない。そこで，外部指令制御システムを活用して，外気処理用EHP室内機の運転台数を増減する制御を組み込んだ。

CO_2濃度制御を有効にし，外気処理用EHP室内機を2台運転から，必要に応じて1台運転や停止にすることで過剰に導入していた外気量が削減された。その結果，外気処理機の運転時間を制御無効日に対して43 %減少させることができた。

3．EHP空調最適運転制御の効果検証

室内負荷処理用・外気処理用それぞれのEHPの運転効率が向上した結果，冷房期は電力消費量を39 %削減，暖房期は47 %削減することができた。

連続デマンド制御手法の開発

ⅰ) 連続デマンド制御手法の概要

EHPと点消灯・調光機能を備えた照明設備に対して，室外機出力や設定温度，照明照度を段階的に制御することにより，対象機器のON-OFFによ

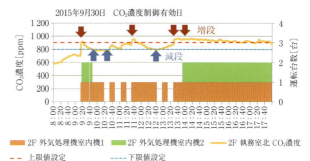

図4.10-8　CO_2濃度制御有効日の運転実績

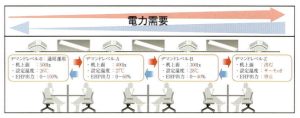

図4.10-9　連続デマンド制御イメージ

る室内環境の急な変化を伴わずに，デマンドを抑制できる空調・照明統合連続デマンド制御手法を開発した。図に連続デマンド制御イメージを示す。

ⅱ) 連続デマンド制御手法の検証結果

連続デマンド制御有効/無効日を設定し，運転実績を比較した。制御有効時は，室内温度がやや上昇したものの，適正な範囲内で制御できた。電力デマンドについても，制御有効時はデマンド目標値以下に制御できている。削減効果を月別にみると，連続デマンド制御により冷房ピーク期で最大57.4 kW（約20 %），暖房ピーク期で最大14.6 kW（約9 %）削減することができた。なお，開発した制御は蓄電池と連携した制御機能も併せもち，デマンドレスポンス制御も対応できるため，汎用性の高いものである。

エネルギーマネジメントシステム

本建物には，各設備用途別・機器別の電力消費量・使用水量，外気温度など約140点の計測ポイントを持つ自動データ収集システムを導入した。建物各所に設置したモニタにリアルタイムで状況を表示することにより，建物利用者と連携してエネルギーマネジメント活動を展開している。

4.11 東京ガス立川ビル
——再生可能エネルギーとガスシステムの親和型 ZEB

概要と特徴

東京ガス立川ビルは，2015年7月に立川市にある自社敷地内の複数建物を統合・整理し，事務所棟＋倉庫棟（両棟は通路で連結）の中規模事務所ビルへの建て替えを実施したものである。建て替えにあたっては，再生可能エネルギーの積極的な活用，高効率設備の採用，エコシャフトを利用した自然換気・採光などの建築的な環境配慮も行い，同規模の一般的なオフィスビルと比較して，50％以上の一次エネルギー消費量の削減を目指した。CASBEE 新築においても，最高ランクの S 認証を取得している（図 4.11-1，4.11-2）。

また，省エネルギー性と執務者の快適性の両立を目指すとともに，地震等災害時の事業継続性を重視している。建築的には免震装置と制震装置を組み合わせ，地震被害を大幅に低減するシステムを導入している。さらに停電対応のコージェネレーションシステムや停電時でも自らの電源で起動できる電源自立型 GHP を採用するなどエネルギー面からも事業継続性への対策を行っている。

図 4.11-1　建物外観

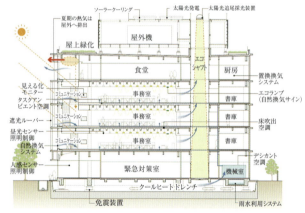

図 4.11-2　省エネルギー技術の概観

エネルギー実績と ZEB 評価

室内温熱環境を快適に確保するセントラル空調と電気・熱エネルギーを最大限，有効に使えるコージェネレーションシステムを核に，ガスシステムと親和性の高い再生可能エネルギーを取り込み，ZEB 化の実現を目指した。

図 4.11-3　一次エネルギー消費原単位の比較

竣工後一年間（2016年8月～2017年7月）の建物全体の一次エネルギー消費原単位は 853 MJ/(m^2・年)（その他コンセント分を除く）であった。日本サステ

建築概要	
所 在 地	東京都立川市曙町 3-6-13
建 築 主	東京ガス株式会社 東京ガス都市開発株式会社
設　　計	株式会社佐藤総合計画
主 用 途	事務所　　竣　工　2015年7月
敷地面積	15 218.23 m^2
建築面積	2 687.25 m^2　延床面積　10 603.18 m^2
構　　造	鉄骨造（免震構造）
階　　数	地上5階

ZEB 評価（SHASE G 0017-2015）	
ランク	ZEB Ready
レファレンス	非住宅建築物の環境関連 データベース（DECC）
省エネルギー率	52%
創エネルギー率	0%
合計削減率	52%
一次エネルギー消費原単位 （コンセント除く） 853 MJ/(m^2・年)（237 kWh/(m^2・年)）	

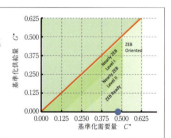

ナブル建築協会が公開している非住宅建築物の環境関連データベース（DECC）における同規模（延床面積 10 000～30 000 m²）の事務所ビルデータと比べて，52 %削減で，ZEB Ready を達成している（図 4.11-3）。

ZEB デザインメソッドのポイント

再生可能エネルギーと親和性の高い熱源システム

熱源システムでは，再生可能エネルギーと親和性が高いセントラル空調とし（図 4.11-4），ソーラークーリングシステムを採用している。このシステムは太陽熱を利用できるソーラー吸収式冷温水機と太陽熱集熱器および暖房熱交換器から構成され，太陽熱を冷房と暖房に利用しており，太陽熱集熱器は 123 m² 設置している（図 4.11-5）。また，小型のコージェネレーションシステムを導入して，排熱温水をソーラー吸収式冷温水機に供給している。ソーラー吸収式冷温水機は太陽熱を優先し，続いてコージェネレーションシステムの排熱を利用，それでも熱量が不足する場合は都市ガスを使用する制御とし，再生可能エネルギーと排熱を最大限に活用しながら，安定した空調を行うことができる。また，外気処理にはデシカント空調機を採用しており，GHP チラーの排熱温水をデシカントローターの再生熱源として利用している。太陽熱温水とコージェネレーションシステムの排熱は GHP チラーの排熱温水が不足した際の補助熱源として利用するとともに，給湯予熱にも利用する再生可能エネルギー，排熱温水を最大限利用できるシステムを構築している（図 4.11-6，4.11-7）。

使用実態を考慮した空調システム

基準階において，セントラル空調は床吹き出し方式のタスク・アンビエント空調となっている。床全体からは通気性を有するカーペット材から気流感のない，染み出すようなアンビエント空調，執務者の机下にはおのおのパーソナル吹き出し口が設置されており，床から吹き出す風量を調整することで個々人の快適性を高めることができる。この床吹き出し空調はデシカント空調機による外気処理で低湿度という点でも快適性の向上を実現している。また，外出

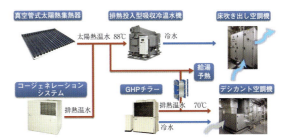

図 4.11-4　セントラル熱源の概要（冷房期）

図 4.11-5　太陽光パネル＆太陽熱集熱器

図 4.11-6　小型コージェネレーションシステムと GHP チラー

図 4.11-7　デシカント空調機

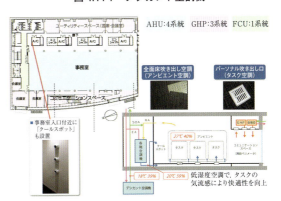

図 4.11-8　基準階の空調システム

先から戻った執務者が清涼感を体感できるクールスポットを事務室入口付近に設置している。使用頻度の低い会議室やコミュニケーションスペースについては，GHP による個別空調を行っている（図 4.11-8）。

建築側の環境配慮技術

太陽光は熱のみではなく，太陽光発電パネルを設置し，電気として利用している。あわせて採光と換気のために設けたエコシャフトの最上部に設置した太陽追尾採光装置（太陽高度に合わせて反射板を自動的に調整して常に安定した採光を行う装置）により，1日を通して最適な採光を行い，エコシャフトを通して執務スペースに自然光を取り入れ，照明用電力を削減している。

また，免震装置のための地下空間を利用したクールヒートトレンチを通して，夏は冷たく，冬は暖かい外気を取り入れることで空調負荷を軽減している。

さらに，吹抜け最上部に自動開閉換気窓を設置し，内部の熱を排出することで，春や秋の中間期における空調負荷を軽減している。中間期には自然換気および外気冷房を積極的に実施し，室温よりエンタルピーの低い外気を有効利用する。西側の換気窓からエコシャフトに通風するような計画としており，適用可能な外気条件の場合は，室内のエコランプが点灯し，執務者に対して自然換気行動を誘発する（図4.11-9，4.11-10）。

エコシャフト（外観）

エコランプ　　　換気窓（外気取入れ）

図4.11-9　自然換気システム

エコシャフト

ルーバー（外観）

ルーバー（内観）

図4.11-10　主な建築側の環境配慮技術

厨房天井置換換気システム

本施設は，自社ビルの特徴として，食堂が併設されており，一般的な事務所ビルよりも換気・空調エネルギーが多く消費される傾向にあったため，食堂，とくに厨房内について省エネルギーで快適なシステムの構築を図った（図4.11-11）。

厨房は換気量が多いために，換気による熱移動が空調に与える影響は大きい。また，外気をそのまま厨房室内へ給気するケースが多く，季節や天候などの条件によっては，換気の影響で空調負荷は大きく変動する。

本厨房では，空調は天井から吸気する方式の置換換気システムを応用している。シミュレーションにより厨房機器・吸気口・フード排気の最適配置，最適風量等を検討の上，システムの設計を行った。吸気口には，ソックダクトとパンチングメタルを採用している。このシステムにより熱排気の拡散を防止し，効率良く換気することができ，また，集中廃棄型の

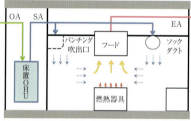
置換換気で熱排気の拡散を防止し，省エネで快適な厨房環境を作る

パンチング吹出口

ソックダクト

図4.11-11　厨房天井置換換気システム

表4.11-1　主なZEB化手法の概要

名称	能力等
ソーラークーリングシステム	冷房能力150RT，太陽熱集熱器面積123 m^2
コージェネレーションシステム	発電出力35kW×2台（発電秀之34%・総合効率84%） BOS仕様
デシカント空調機 高効率GHP	冷房能力120kW，暖房能力140kW 発電検能付き8台（うち電源自立型1台） 発電磯能なし10台
GHPチラー	冷房能力71kW・廃熱温水70kW×4台
太陽光発電パネル	4.2kW
太陽追尾採光装置	太陽を追尾して室内に採光
自動開閉換気窓	上下の温度差を利用した熱気抜き

ZEB デザインメソッドのポイント

再生可能エネルギーの直接利用

　地中熱や太陽熱という再生可能エネルギーを冷暖房に応用しようとする試みは古くからあるが，その多くは最後の温調のためにヒートポンプを用いる間接的な利用である。この方法は温度レベルこそ保証されるものの，運転の際には必ず圧縮機動力が必要となる。再生可能エネルギーの最も高効率な活用方法は，直接的な利用であり，この場合には搬送動力以外にエネルギーが必要ない。このために本施設では，太陽と地中の熱を直接二次側に搬送可能な回路を用意している。もちろん，外気や室内の条件が厳しい場合には，ヒートポンプによる冷温熱製造も可能な構成となっている。とくに太陽熱に関しては冬季の暖房の他にも，夏季にはデシカント外調機の再生用熱源とすることで活用しており，年間に渡って太陽エネルギーを享受できるシステムである。

放射冷暖房システムの活用

　再生可能エネルギーの直接利用が難しい1つの理由は，温度レベルが低いために熱を空気に伝えづらいという点にある。そこで本施設では執務室の天井面を活用して放射冷暖房パネルを配置し，放射伝熱によって再生可能エネルギーを執務室に届けている。放射冷暖房パネルによって平均放射温度が調整できるため，本施設では温熱六要素に基づく熱環境制御を行っている。すなわち，実測した空気温度と相対湿度に基づいて，PMV値が設定値となるような平均放射温度を逆算し，この平均放射温度が実現するように放射冷暖房パネルの通水量や送水温度を制御している。

太陽熱集熱器の選定方法

　近年では真空管式集熱器の価格が低下したため，これを浅い角度で設置する事例が多い。しかし，集熱器は必要な温水の温度と時期に応じて適切に選定すべきである。本施設では冬季の太陽熱直接利用を狙っており，必要な集熱温度は比較的低い。このような場合には伝統的な平板式集熱器の効率

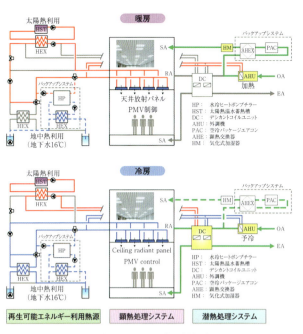

図 4.12-4　再生可能エネルギー直接利用システム

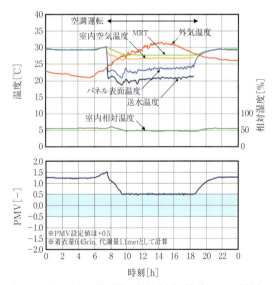

図 4.12-5　室内温熱環境の制御（冷房時）（PMVで制御）

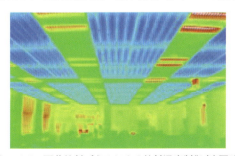

図 4.12-6　天井放射パネルによる放射温度制御（冷房時）

が優れており，また，設置角度も冬季の集熱量最大化を図るために大きい角度としている。

4.13 エネフィス九州
──光と空気と水をデザインしたZEBオフィス

概要と特徴

ダイダン九州支社「エネフィス九州」は，総合建築設備業としてZEBに取り組むことを主眼に置き，①再生可能エネルギーの有効利用，②光と空気と水をデザイン＆コントロール，③快適な室内空間，の3点をコンセプトとしてさまざまな技術を採用し，BELS：5☆(ZEB Ready)，CASBEE：Rank Sの第三者認証を受けている。

地中採熱技術は，3種類の地中採熱方法を採用し，同じ土壌条件で運用した場合の採熱量や回復具合などを比較検証している。

タスク＆アンビエント照明方式を採用し，照明エネルギーを削減しつつも，小梁に設置した間接照明で明るい空間を創造した。

エネルギー実績とZEB評価

季節ごとの室内環境測定とアンケート調査，室内の快適性を維持しながらの省エネ運用改善を実施し，基準ビル比での省エネルギー率は，空調エネルギーが44％，照明エネルギーが70％，全体で53％となった。また，屋上に設置された太陽光発電による創エネルギー率は14％であり，合計削減率67％となり，運用上でもZEB Readyを達成した。このような継続的な省エネに対する取り組みが評価され，米国の環境認証であるLEEDのExisting Building Operation & maintenance 部門において，最高ランクであるPlatinumも獲得した。

図4.13-1　建物外観　方位に応じたルーバー設置

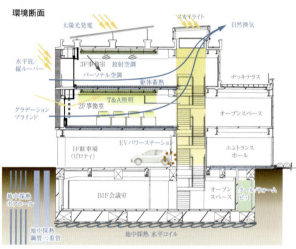

図4.13-2　導入技術一覧

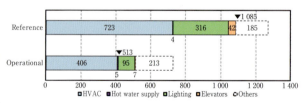

図4.13-3　エネルギー消費の実績（運用1年目）

建築概要	
所 在 地	福岡県福岡市中央区警固3-1-24
建 築 主	ダイダン株式会社
設　　計	株式会社NTTファシリティーズ，ダイダン株式会社
主用途	事務所　　竣　工　2016年5月
敷地面積	759.79 m² 　建築面積　430.36 m²
延床面積	1 383.79 m²
構　造	鉄骨造（一部鉄筋コンクリート造）
階　数	地上3階，地下一階

ZEB評価（SHASE G 0017-2015）	
ランク	ZEB Ready
レファレンス	平成28年省エネルギー基準
省エネルギー率	52%
創エネルギー率	15%
合計削減率	67%
一次エネルギー消費原単位	519 MJ/(m²・年)（144 kWh/(m²・年)）

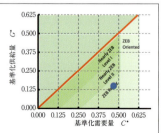

ZEB デザインメソッドのポイント

室内環境との両立

エネルギー効率の良い建物は，良好な室内環境と両立してこそ価値がある。したがって，建築のゼロエネルギー化のための方策は，室内環境評価と切り離して立案されてはならない。このために本施設では，竣工引き渡し以降の運用段階において，建物を実際に使用する現地のメンバーと，運転データを主に分析する遠隔地のメンバーとの間で定期的に情報交換を行うための体制を構築した。また，室内環境について継続的にアンケート調査を行うことで問題点を洗い出し，運用改善を続けることで執務者達の満足度の向上を実現している。

照明エネルギーの削減

照明に要するエネルギーは建築全体の 30 % に及ぶため，照明設備の高効率化は熱源空調設備と同様に ZEB 化の実現を大きく左右する。本施設では建物北東部の階段室の上部に大きなトップライトを設けることで，天空光を地下 1 階まで導入し，照明エネルギーの軽減を図っている。執務室内の照明は，明るさセンサの計測値に基づく自動調光で省エネルギー化が徹底されており，必要に応じてタスク照明を用いる，タスク＆アンビエント照明方式を採用している。

種々の地中熱利用

本施設では，水平式，垂直式，鋼管杭式，の熱交換器に加え，地下躯体によるクール/ウォームピットという 4 つの方法で地中熱採熱を行う。直送の回路の他にヒートポンプによる昇温回路も設けており，放射パネルと躯体蓄熱という 2 つの方法で，条件に応じて最適な方法で地中熱を活用し，室内放射温熱環境を調整する。

直流給電による太陽光発電の高効率運用

太陽光発電により得られる電流は直流であるため，コンセントから供給される汎用的な電源として利用するためには，交直変換に伴う損失が避けられない。この損失を回避して太陽エネルギー利用の最大化を図るため，本施設ではオフィス照明やタスクファンなどの直流を必要とする機器に対して直接に直流給電するシステムを構築している。

図 4.13-4 室内温熱環境の調査と改善

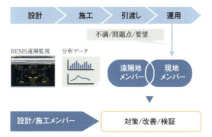

図 4.13-5 運用改善のための体制づくり

図 4.13-6 トップライトによる昼光導入
（左：階段室より，上：屋上より）

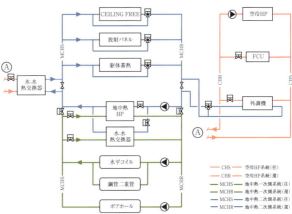

図 4.13-7 放射パネルと躯体蓄熱への地中熱利用

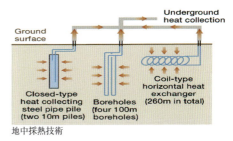

図 4.13-8 3 種の地中熱採熱システム

4.14 新日本空調工学センター
──省エネ・創エネ技術の効果を実証する ZEB 改修オフィス

概要と特徴

　新日本空調工学センターは，2014年にZEB化要素技術を取り入れた改修工事を行い，省エネルギーや地球環境への配慮，自然エネルギーの活用を実現する技術が体感できる施設「実証 Labo」として開設した。

エネルギー実績と ZEB 評価

　本建物は，省エネポンプ制御を組み込んだ空冷モジュールチラーを熱源とし，空気式天井放射空調や室温変動制御など，フロアごとに異なる空調システムを導入している。また，外気の取り入れには，低圧損・低騒音の超高性能縦型ルーバーを

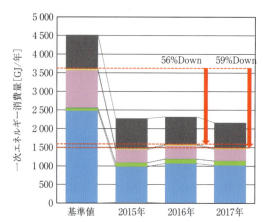

図 4.14-2　一次エネルギー消費量実績値比較

採用し，ファン動力の削減を図っている。
　改修後の2017年における一次エネルギー消費量実績値は2 163 GJ/年であり，そのうち2.7 %（59 GJ/年）を太陽光発電にて賄っている。一次エネルギー消費原単位は897 MJ/(m^2・年)，コンセント分を除くと614 MJ/(m^2・年)であった。改修後の実績値（コンセント除く）は，基準値と比較すると2016年で56 %，2017年で59 %の削減達成となり，運用による ZEB Ready 達成を果たした。また，本建物は2018年4月に BELS（建築物省エネルギー性能表示制度）の最高ランク「☆☆☆☆☆（星5つ）」を獲得した建物である。

図 4.14-1　外観

ZEB デザインメソッドのポイント

空気式天井放射空調と天井チャンバ方式吹出口
　天井面に設置された吹き出し口は，水平方向へ

建築概要
所 在 地　神奈川件横浜市磯子区中原1-1-34
建 築 主　新日本空調株式会社
設　　計　東芝エンジニアリング，新日本空調
主 用 途　事務所
竣　　工　1983年1月（新築時），2014年9月（改修時）
敷地面積　681.61 m^2
建築面積　480.00 m^2
構　　造　鉄骨鉄筋コンクリート造
階　　数　地上4階，地下1階

ZEB 評価 (SHASE G 0017-2015)
ランク　　ZEB Ready
レファレンス　平成28年省エネルギー基準
省エネルギー率　　56%
創エネルギー率　　2%
合計削減率　　　　58%
一次エネルギー消費原単位
　652 MJ/(m^2・年) (181 kWh/(m^2・年))

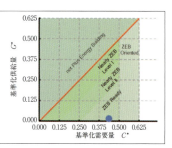

空調空気を吹き出すことにより，パネル本体だけでなく，周囲の天井面も加熱・冷却することができる（天井チャンバ方式吹出口温度分布図を参照）。従来の吹き出し口と比べて，放射性能を向上させ，さらに内部へ自動風量制御ダンパーを組み込むことで，可変風量制御が可能となっている。これにより，気流感や温度ムラの少ない快適な空間を実現できている。本建物では，運用時の放射成分の比率はおおむね20％程度であった。ただし，放射パネル部を持つ制気口から変風量方式で給気を行うため，その風量により放射性分の比率は変動する。

室温変動制御

この空調制御手法は，快適性と知的生産性を維持しながら省エネルギーを実現できるものである。概念図に示すように，冷房時において室内温度を上下にスウィングさせることにより，室内の平均温度を通常の温度一定制御よりも高い設定とすることができる。これは，室内温度または室内湿度が下降するときに，在室者の温冷感は実際の温度より低く感じる人体の現象を利用している。室内温度をある周期で上下にスウィングさせることで，温湿度一定制御を行ったときと同等の快適性と知的生産性を維持し，省エネ運転を行う。

省エネポンプ制御技術

本制御は，容量や機種が異なる熱源やポンプが混在しても，供給圧力を下げることができ，安定した運転を保ちながらポンプ動力を下げることができる制御である。熱源機器またはポンプ系統ごとに試運転時にP-Q特性を設定し，圧力(P)と流量(Q)を同時に制御する。負荷流量とヘッダ間差圧によりポンプごとの最適運転点を決定するものである。図4.14-6に省エネポンプ制御のフローを示す。

見える化技術

本建物は，分析拠点である本社でもWEB上で運転状況の確認ができるように見える化を行い，ZEB化改修工事後の運用データ分析と，更なる省エネルギー運用への継続的改善を図っている。

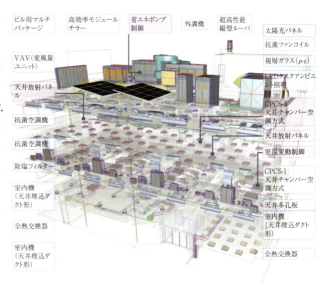

図4.14-3　システム概要図

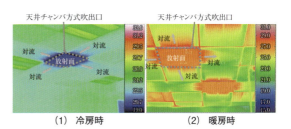

図4.14-4　天井チャンバ方式吹き出し口温度分布

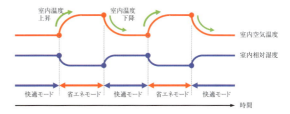

図4.14-5　室温変動制御の概念図

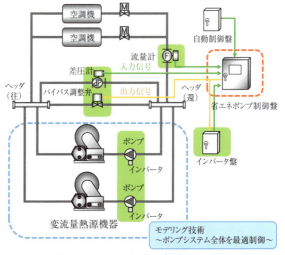

図4.14-6　省エネポンプ制御フロー図

4.15 新菱冷熱工業本社ビル
——省エネで快適な執務環境を目指した ZEB 改修

概要と特徴

新菱冷熱工業本社ビルは，竣工後40年が経過して設備の老朽化が顕著であった。そこでストック型社会の実現へ向けた，省エネルギーと快適性の両立を目指した取り組みとして設備を主とした改修を行った。改修であるため，エネルギーの消費傾向や執務者の要望は既知であり，これらを設計に反映した。

熱源システムは，建物内に熱源ネットワークを構築して，電気，ガス，自然エネルギーを単独または併用した最高効率運転を可能としている。

空調は，スパンごとの変風量制御方式とし，快適性の向上と搬送動力の低減を図っている。自席のPCで，在席スパンの環境状態・エネルギー消費量が表示され，温度と照明照度の設定変更が可能なコントローラー（自社開発）を利用している。これにより，省エネルギー意識が向上するとともに，場所による温度差に対する不満が解消されている。

エネルギーマネジメント委員会を自社内に設置し，省エネルギーへの取り組みを継続して行っており，エネルギー消費量を毎年削減している。

図 4.15-1　建物概要

エネルギー実績と ZEB 評価

年間のエネルギー消費量は 853 MJ/m² であり，平成28年度の基準ビルと比較し，43 % エネルギー消費量の削減を達成し，ZEB oriented を達成している。

図 4.15-2　エネルギー消費実績

建築概要
- 所 在 地　東京都新宿区四谷 2-4
- 建 築 主　新菱冷熱工業株式会社
- 設　　計　株式会社三菱地所設計
- 主 用 途　事務所
- 竣　　工　2011 年 9 月
- 敷地面積　1 463.904 m²
- 建築面積　1 195.939 m²
- 延床面積　6 808.738 m²
- 構　　造　RC 造（一部 S 造）
- 階　　数　地上 8 階，地下 1 階

ZEB 評価（SHASE G 0017-2015）
- ランク　　　ZEB Oriented
- レファレンス　平成28年省エネルギー基準
- 省エネルギー率　　43%
- 創エネルギー率　　0%
- 合計削減率　　　　43%
- 一次エネルギー消費原単位
  853 MJ/(m²・年)（237 kWh/(m²・年)）

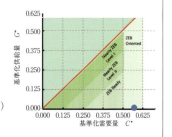

ZEB デザインメソッドのポイント

ハイブリッド熱源システム

熱源システムは，電気とガス，および氷蓄熱システムによる夜間電力をバランスよく利用している。熱源機器は，太陽熱集熱器，排熱投入型吸収冷温水機，コージェネレーションシステムからなるソーラークーリングシステムと，空冷ターボヒートポンプチラーとしている。ソーラークーリングシステムと空冷ターボヒートポンプチラーをネットワーク配管で結び，お互いの特性を活かした高い効率での運転を実現している。氷蓄熱システムは，除湿・冷却分離空調システム（除湿用外調機）における導入外気の潜熱処理に用いている。その他，変流量制御，大温度差送水，サーバー室のフリークーリングを採用し，継続コミッショニングによって総合的に高効率となる運転を行っている。

スパンごとの個別制御システム

基準階執務室は，スパンごとの熱負荷に応じて吹出し風量を制御する個別制御型の空調システムとしている。スパンごとの制御により，改修前に採用されていた単一ダクト空調方式などでみられる執務空間の温度ムラが解消され，さらにスパンごとの風量制御信号を用いた VAV 制御により搬送動力の削減を図っている。

Smart Eco Office Controller

中央熱源方式において，執務者の意思を反映した空調を実現するシステムとして，執務環境と設備の運転状況を見える化し，快適かつ省エネルギーな空間を執務者自ら作りだすことができる Web アプリケーション "Smart Eco Office Controller" を開発した。執務者は，温度・湿度・照度・CO_2 濃度の執務環境に関する情報を取得し，寒暑感や空調稼働の申請を行うことで，快適な空間を実現する。寒暑感の申請については，所定の時間だけ空調の設定温度を変更し，さらに変更回数に上限を定めて省エネルギーに配慮する。また季節に応じた快適な室内設定温度を実現するため，申請回数に応じて翌日の設定温度を自動的に変更している。

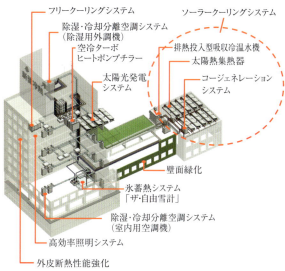

図 4.15-3　主な導入技術

図 4.15-4　ハイブリッド熱源システム

図 4.15-5　スパンごとの個別制御システム

図 4.15-6　Smart Eco Office Controller

4.16 秋田市新庁舎
——冬に強く季節の変化にも上手につきあうZEB庁舎

概要と特徴

秋田市新庁舎は、「季節毎の環境変化に上手につきあう」をコンセプトに計画された。高断熱化、庇やルーバーなど熱負荷低減の工夫に加え、建物中央にある吹抜けの市民の座は自然換気が可能であり、また自然の光を建物全体に採り入れている。さらに、冬の快適性と省エネを両立する変風量全面床染み出し空調システム、地中熱・熱回収・外気量最適化による寒冷地の外気負荷を最小化するシステム、地中熱の最大限利用と送水温度緩和による高効率な熱源システムなどにより、秋田の厳しい気候においてZEB Readyを達成している。

図 4.16-2　建物外観（南面）

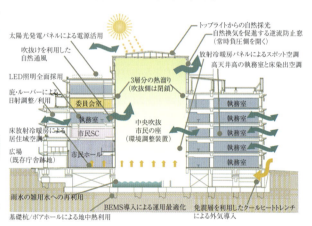

図 4.16-3　環境計画の全体像

エネルギー実績とZEB評価

2年目のエネルギー消費量の実績値は、レファレンスに対して47.9％削減となった。初年度に比べてUPS等のコンセント負荷が増加したものの、熱源効率の向上による一次エネルギー消費量の削減が

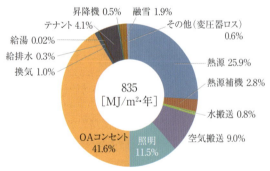

図 4.16-1　年間一次エネルギー消費構成比率（2年目）

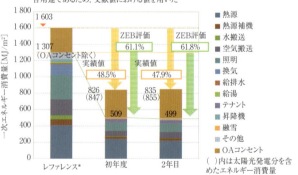

図 4.16-4　一次エネルギー消費原単位の比較

建築概要	
所 在 地	秋田県秋田市山王一丁目1-1
建 築 主	秋田市
設　　計	日本設計・渡辺佐文建築設計・コスモス設計
主 用 途	庁舎
竣　　工	2015年4月
敷地面積	25 851 m²
建築面積	5 798.28 m²　延床面積　30 965 m²
構　　造	RC造（中間免震）
階　　数	地上7階、地下1階

ZEB評価 (SHASE G 0017-2015)	
ランク	ZEB Ready
レファレンス	平成28年省エネルギー基準
省エネルギー率	60.3%
創エネルギー率	1.5%
合計削減率	61.8%
一次エネルギー消費原単位 （コンセント除く） 499 MJ/(m²・年) (137 kWh/(m²・年))	

実現しており，OAコンセントによるエネルギー消費量を除くZEB評価では，エネルギー需要量は61.8％削減，太陽光発電設備による発電量の評価と合わせてZEB Readyの水準となる。

ZEB デザインメソッドのポイント

気象と建築計画

計画地である秋田市は，冬季，強い北西風が日本海側から吹き，雪が多く，平均気温も低く，大変厳しい環境になる。中間季は，比較的過ごしやすく，東南が主風向となる。年間を通じて平均風速は，4 m/sを超える。夏季は，短いものの，非常に暑くなるといった特徴がある。また，秋田市は，東の奥羽山脈からの，豊富な地下水に恵まれている場所である。

建物形状は，周辺建物とのバランスから高さを抑えること，整形の執務室をできる限り広く確保したいといった要件から，シンプルな矩形の低層建物となり，1フロア約90 m×60 mの大平面が計画された。雪国の厳しい冬の寒さに対しては，熱ロスが少ない理想的な形状であるが，大きくなった平面の中央部分は，光や風の届かない，エネルギーが必要となるエリアになるため，中央部に最適なボリュームの吹抜け（市民の座）を設け，ここを光や風の通り道＝建物全体の環境調整装置として位置づけることとした。

秋田杉の水平ルーバーと軒天井による日射遮蔽と自然採光

ペリメータには，外観を特徴づける水平木外ルーバーと，軒天部分に木をあしらったバルコニー兼庇を設置し日射を調整している。換気窓は，シンプルな外側へ突出す仕様で，開閉度合いが微調整しやすくなっており，内側には網戸を設け，強風時や雨天時等でも自然換気の利用がしやすいように配慮している。

建物全体の環境性能の向上と環境調整機能を担うアトリウム

建物全体の環境性能の向上と環境調整機能を担うアトリウムで，中間期はアトリウムの煙突効果と逆流防止窓による効果的な自然換気が可能で，トップライトからのやさしい光も，建物全体の環境性能の向上に貢献している。

また，風除室の前面に外部風板を設置することで，冬季の卓越風による建物内部への外気流入を防ぐ工夫を行っている。

図4.16-5　木の内装と自然採光で明るい建物中央のアトリウム

図4.16-6　建築計画における環境配慮

図4.16-7　執務室の内観

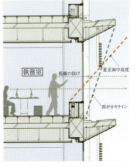

図4.16-8　日射遮蔽と眺望に配慮した執務室の断面計画

図4.16-9　執務室の自然換気窓

地中熱・熱回収・外気量最適化による寒冷地の外気負荷を最小化するシステム

　外気処理空調機は，クールヒートトレンチからの外気導入が可能な地下系統と，外気を直接導入可能な屋上に集約設置し，上下間をヘッダーダクトで接続した上で，各空調機，個室単位でVAVを設け，全体の要求風量に応じて台数制御している。また，外気処理空調機の風量は，各VAVの合計ではなく，実職員数を考慮し，同時使用率を80％として装置容量の低減を図っている。さらに全熱交換器はエアバランスを考え，4台の外気処理空調機のうち1台のみに導入している。

　夏季，冬季は，クールヒートトレンチ経由の外気導入が可能な地下系統の外気処理空調機をベース運転し，全熱交換器による排熱回収を行う。さらに，全熱交換器の効率を高めるために，トイレ等の排気量を段階的に低減する。外気冷房有効時には，屋上系統の外気処理空調機がベース運転し，CO_2濃度制御が停止する。

地中熱の最大限利用と送水温度緩和による高効率な熱源システム

　熱源システムは，地中熱ヒートポンプを水蓄熱槽と組み合わせ，深夜電力による蓄熱も行い昼間もベース運転する。また，夜間，中間期等の低負荷対応，および地中熱ヒートポンプに次いで優先運転する空気熱源ヒートポンプユニット，ピーク負荷対応の冷温水発生機から構成している。

　地中熱ヒートポンプは，冬季は杭からの採熱，夏季は冬季融雪用のボアホールを連結して利用可能とした。放熱設備として，夏季に約20％程度の余裕を有することになり，運転の高効率化に寄与している。

　送水温度は，外気処理空調機の冷却除湿能力および加湿時に必要な暖房能力を検証し，冷水11℃，温水40℃，$\Delta T = 9$℃とした。一般的な設計条件の冷水7℃，温水45℃に対して，地中熱ヒートポンプのCOPは冷房で18％，暖房で13％向上する。

　また，送水差圧設定制御（VWV）と送水温度可変制御（VWT）を採用することで，搬送動力の低減や，熱源運転効率の向上を図っている。

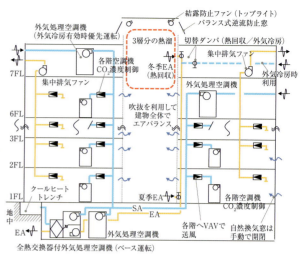

図4.16-10　寒冷地の外気負荷を最小化するシステム

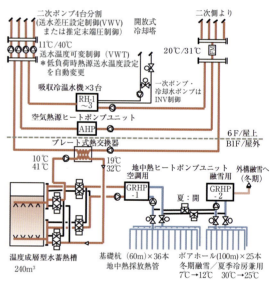

図4.16-11　熱源システムフロー図

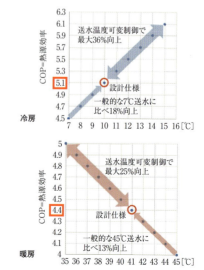

図4.16-12　送水温度緩和による熱源効率向上効果

快適性と省エネを両立する変風量全面床染み出し空調システム

全面床染み出し空調は,冬季に足元が暖かくなるため効率的な暖房が可能で,快適感が得られやすいことから,設定温度も低めにできるメリットがある。一方,夏季は,足元からゆっくり冷気が染出してくるため,送風温度を低くして,風量を減らしすぎると足元が寒くなってしまうというデメリットがあり,冷房運転への配慮からこれまでの全面床染み出し空調では,定風量方式が一般的であった。

本計画では,寒冷地における暖房を主体とした計画であることも踏まえ,室内温度による変風量制御を行っている。約 $100\,m^2$ ごとに床下を仕切った上で,フィルムダクトで空調機と接続し,VAV による抵抗をかけるのではなく,ゾーンごとの専用ファンをダイレクトにインバータ制御している。ペリメータについては専用の空調機を設けず,インテリアと同一系統の空調機から送風し,自動風量調整型床吹出口を設け,ペリメータ温度で制御している。また,外乱の影響を抑えるため,空気搬送ファンをブラインドの室内側に設けてエアバリアを形成している。

災害時にも活用する太陽光発電パネル

自然エネルギーを有効活用するために,屋上部分および南面屋上ファーリング部分に 70 kW の太陽光発電設備を設置し,通常時は,商用電源と系統連係(逆潮流なし)を行い,発電電力を供給している。停電時の夜間や曇りの時は,リチウムイオン電池を利用して,特定負荷へ電力を供給できるシステムとしている。

空調の変風量制御も大きく寄与している。

図 4.16-13 全面床染み出し空調システム

南立面

屋上ファーリング利用

図 4.16-14 太陽光発電パネル

ZEB 化の取り組みによる省エネルギー効果

運転実績データに基づき,導入されている環境負荷低減手法の導入効果について分析を行った。最も効果が大きかったのは,省エネ型集中外気供給システム(クールヒートトレンチ+全熱交換器+CO_2 濃度制御)で,とくに冬季の外気負荷削減に対して大きい効果があった。次に高効率照明と自然採光の効果が大きく,また,地中熱を利用した熱源システムや,

表 4.16-1 ZEB 化の取り組みによる省エネルギー効果

No	環境負荷低減手法	削減効果	原単位 [MJ/㎡・年]
1	外皮性能向上	3.1%	49
2	外気負荷最小化システム	15.4%	247
3	自然換気	2.4%	39
4	高効率熱源	10.7%	172
5	高効率ポンプ+変流量制御	1.5%	24
6	空調の変風量制御	6.0%	97
7	高効率照明と自然採光	12.4%	198
8	太陽光発電	1.2%	20
9	その他	2.0%	32
10	増エネルギー	-6.9%	-111
	合計	47.9%	767

4.17 生長の家 "森の中のオフィス"

建築概要

持続可能な地球環境を維持するために、温室効果ガスを排出しない再生可能エネルギーを活用したZEB（ネットゼロエネルギービル）の達成が急務となっている中で、当建物は「現代人が現代の生活を営みながら自然環境と調和した生活をおくる」モデル社会の構築という施主の基本構想を10年の歳月をかけて具現化したプロジェクトであり、自然との共生による省エネルギーとエネルギー自給のための創エネルギーにより、プラスエネルギービルを実現している（図4.17-3）。

図4.17-1　建物全体外観

図4.17-2　オフィス棟外観

ZEB化手法の概要

平面計画

オフィス棟は、計6棟のブロック構成であり各棟の隣棟間隔を約10m程度確保し、スキップフロアとすることで夏期の南寄りの卓越風を利用した自然通風を行えるように計画した。1m程度の庇を設けることで、夏期は日射を遮蔽して冷房負荷の低減、冬期は室内に直接光を導くことによる暖房負荷低減に寄与している。

自然との共生とZEB達成への取り組み（ファシリティエンジニアリング）

ⅰ）空調条件設定

『温かい／涼しい』を良しとする快適性追求から『寒くない／暑くない』を良しとする自然との共生を図る考え方を採用し、森の中のウォームビズとクールビズとして、目指すべき室内の温熱環境の目標を

自然との共生と省エネルギー
①自然通風が確保できる平面・断面計画
②庇による日射遮蔽
③太陽熱集熱システム
④高断熱仕様
⑤トップライト・高窓による自然採光とタスク＆アンビエント照明
⑥エネルギーの見える化

創エネルギーによるエネルギー自給
①高効率太陽光発電パネル（470kW）
②木質バイオマスガス化コージェネレーション（175kW）
③木質ペレットボイラ（580kW）
④大容量リチウム蓄電池（400kWh）
⑤マイクログリッド制御

図4-17-3　省エネと創エネ

建築概要		ZEB評価（SHASE G 0017-2015）	
計画地	山梨県北杜市大泉町	ランク	ZEB
建物用途	事務所	レファレンス	1 363 MJ/m²
敷地面積	43 455.76 m²　延床面積　8 154.01 m²	省エネルギー率	60%
階数	地下0階、地上2階、塔屋0階	創エネルギー率	61%
構造	木造（一部鉄骨造）	合計削減率	101%
工期	2012年3月～2013年5月	一次エネルギー消費原単位（コンセント含む）	
基本設計	野沢正光（有限会社野沢正光建築工房）高間三郎株式会社科学応用冷暖研究所	544 MJ/（m²・年）（151 kWh/（m²・年））	
実施設計	清水建設一級建築士事務所		
施工	清水建設株式会社		

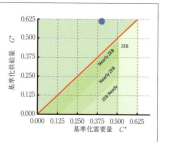

PMV値として設定した。『寒くない／暑くない』ということを，一般的なPMVの設計値である−0.5〜＋0.5の値に対して，−1〜＋1程度と設定した。さらには，PMVが目標値から多少外れる場合には，さらにエネルギーを使用して温熱環境を維持するのではなく，季節に応じた着衣によりユーザー自らで調整することで快適性を達成するという考え方を共有している。（図4.17-4）

ⅱ） 地域特性と周辺環境負荷軽減を考慮したZEBへの取り組み

建設地は八ヶ岳の麓（標高1 320 m）に位置し，夏期は30℃を超える日がほとんどなく冷涼である。一方，冬期は厳寒地であり，暖房負荷が大きく暖房必要期間が長い。日照時間は日本全国平均に比べて長く，降雨量も比較的少ないため太陽光発電には適している。また，豊富な森林資源を有しており，木質系バイオマス燃料の供給能力に優れた地域である。『建設地の選定』による空調負荷の補正（冷房減，暖房増）と執務室割合の補正（執務室割合小）を行った値をベースに，地域特性を活かしたパッシブ手法による省エネルギー技術と再生可能エネルギーによる創エネルギー技術を採用してZEBの達成を図る計画とした。また，地産地消および地域振興にも貢献できるように木質系資源を利用した木質バイオマスガス化コジェネレーションシステムおよび木質ペレットボイラーを採用した。

パッシブ手法を活用した省エネルギーシステム（デザインエンジニアリング）

ⅰ） 冷房設備にたよらない夏季の室内環境の維持

夏季の南寄りの卓越風を勘案して，建物を直行させる向きに配置するとともに，より効率よく自然通風を行うために建物を分棟化し棟間間隔を確保した。各棟はスキップフロアとして敷地勾配なりに配置することで，より自然通風や自然採光が確保しやすくした（図4.17-5，4.17-6，4.17-9）。建物断面計画として，南側にはウッドデッキテラスを設けて床面までの大きな窓開口，北側には2階上部にハイサイドウィンドウを設けた。また，2階部分の南側をセットバックさせることで生まれた吹抜空間と，太陽熱集熱パ

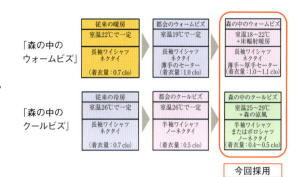

図4.17-4　空調条件の設定

図4.17-5　建築平面計画と断面計画

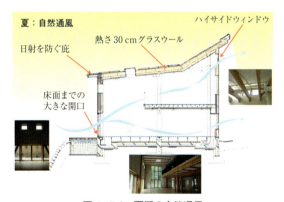

図4.17-6　夏期の自然通風

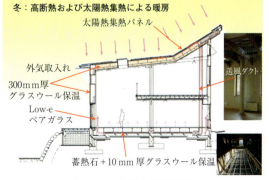

図4.17-7　冬期の太陽熱利用

ネル設置のため屋根最上部を急勾配として，空気の流入/流出開口の高低差を確保することで自然通風能力を向上させている。

ii） 太陽熱の最大活用による冬季の室内環境維持

建物外壁等の高断熱・高気密化を図るとともに，日照率の高い地域特性を活かして太陽熱を最大限に利用できる蓄暖システムを計画した（図 4.17-7，4.17-8）。太陽熱集熱は季節および天候により変動するため，余剰熱が生じる場合がある。そのため，本計画では，床下に蓄熱材を敷き詰め，余剰熱を極力，排出せずに蓄暖して利用する計画とした。庇先端の開口部から取入れた外気を屋根上部の太陽光集熱パネルで加熱し，床下送風ダクトにて床下ピット設置の外調機に導く。補助加熱と水気化式加湿器による加湿後に床下に吹出し，ペリメータの床開口より室内に供給する。床下には現地施工中に出てきた岩を砕いた砕石を蓄熱体として敷き詰めている。室内温度/太陽集熱温度/砕石温度の状態に応じて床下送風経路を切り替えて，室内への温風供給と蓄熱体への蓄熱を適宜行っており，蓄熱体からの放熱は送風で行うのではなく，自然放熱により夜間の温度低下を低減させる効果を持たせた。さらに，太陽熱集熱が期待できない曇天・雨天/夜間においては，静止型全熱交換型換気扇にて外気を室内空気と熱交換し，外調機で加熱/加湿を行って室内に供給する。補助暖房として温水コンベクターを設置しているが，外調機と温水コンベクター系統の温水は再生可能エネルギーである木質チップ利用のバイオマス化ガスコージェネレーションの排熱と木質ペレット利用の温水ボイラーにより供給される。

再生可能エネルギーを活用した創エネルギーシステム（エネルギーマネジメント）

高い日照率を生かした太陽光発電と，豊富な木質資源を生かして，気象状況によらずに安定した発電が可能なバイオマス発電を組合わせ，ZEBを目指すだけでなく電力の自給率の向上を図っている。

ｉ） 高効率太陽光発電パネル（図 4.17-10）

太陽光発電パネルを敷地内のオフィス棟，農事倉庫棟，エネルギー棟，駐車場の屋根全面に設置し，

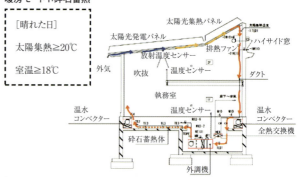

図 4.17-8　太陽熱集熱利用の蓄暖システム

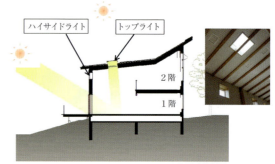

図 4.17-9　自然光による照度の確保

図 4.17-10　太陽光発電による創エネルギー

合計発電量は470kwを確保した。地域特性である高い日照率により，年間期待発電電力量は40万kWh以上と東京地方より約8％程度発電量を多く見込める。

ⅱ）木質バイオマスガス化コージェネレーションと木質ペレットボイラー（図4.17-11）

木質バイオマスガス化コージェネレーションは，地元製材所から出た端材などを使用した木質チップをガス化炉において高温でガス化させ，ガスエンジン発電機で補助燃料と混焼させるシステムを採用している。補助燃料には，カーボンニュートラルな燃料である食物廃油を利用したバイオフューエル（Bio Diesel Fuel：以降BDF）を使用している。マイクロガスエンジン発電機（定格25kw）を7台設置することで，電力154kw（高地補正による能力補正値）と排熱230kwを供給し，台数制御による容量制御と冗長化を図っている。また，BCP対応として，災害時木質チップの供給不能時にはBDF（または軽油）のみによる運転も可能である。コジェネレーションの排熱供給の補助として，木質ペレットボイラー（発熱量580kw）による温水供給を行っている。バイオマス発電機を電主でベース運転とし，熱量不足時にペレットボイラを運転する。温水は，利用温度に応じて給湯⇒暖房⇒敷地内道路のロードヒーティングの順に無駄なくカスケード利用する。

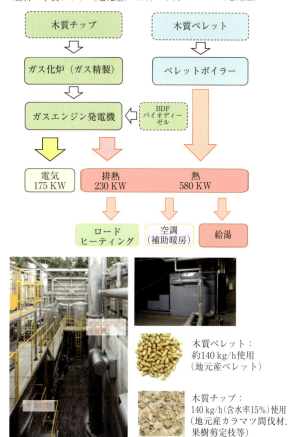

図4.17-11　バイオマス利用

エネルギー実績とZEB化の状況

2013年10月の入居・本格稼働後約半年を経過した2014年1月～2014年12月の1年間の月別／年間の電力エネルギー収支を図4.17-12に示す。

冬季は，太陽光パネルの設置されている屋根面への積雪により発電量が低下しているが，太陽光発電により全体の66％に相当する年間約44 000kwhの発電量を得た。天気の悪い日や電気自動車充電分後の夜間電力を確保するため，年間を通じてバイオマス発電が稼働している。

このように空調条件などのファシリティマネジメントから始まり，デザインマネジメントおよびエネルギーマネジメントを融合し，エネルギーをカスケード的に使用することによって，年間合計で発電量が消費電力量を上回り，プラスエネルギービル（PEB）を達成している。

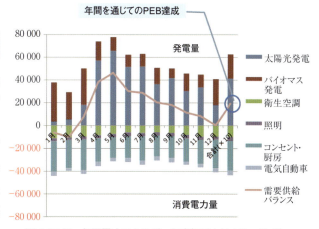

図4.17-12　年間電力エネルギー収支（2014年1月～12月）

4.18 大成札幌ビル
——寒冷地における既存ビルのZEB化

概要と特徴

大成札幌ビルは、「札幌の冷涼な気候に適した、環境負荷の小さい、快適な省エネルギー事務所ビルの構築」を目指し、建物で外乱負荷を削減し、自然エネルギーを利用してできる限り少ないエネルギーで運用できる設備システムを計画、導入している。

主な4つの省エネ・環境配慮技術を示す。

① 外断熱と窓面積率最小化による熱負荷の低減
② フリークーリング、外気冷房、自然換気の採用
③ 躯体蓄熱放射冷暖房による省エネと負荷平準化
④ 太陽光自動追尾型の自然採光システムの導入

図4.18-1 建物外観

エネルギー実績とZEB評価

新築竣工時2007年度の事務所部分での一次エネルギー消費量は当時のERR計算に基づく一般オフィスビルの標準値1 820 MJ/年 m^2 に対して、40.6 % の削減を実現している。その後、設備の運用改善や省エネ活動の結果、エネルギー削減量は標準値の50 % 以上となり、二酸化炭素排出量が半分となるカーボンハーフビルを実現していた。竣工後、約10年が経過した、2015年12月に経済産業省よりZEBの新定義が示されたことから、ZEB Readyを目指し改修工事を実施した。既存のHf蛍光灯照明器具をLEDに更新し、人検知センサによる照明制御を組み合わせた。また、空調における自然エネルギー利用率の向上を図り、新定義に基づいた基準値に対し、実績でZEB Readyを実現した。

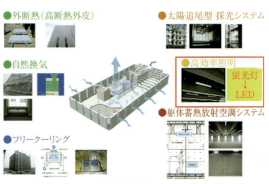

図4.18-2 導入した省エネ・環境技術

図4.18-3 竣工後の一次エネルギー消費量の推移

建築概要

所 在 地	札幌市中央区南1条西1丁目4番地
建 築 主	大成建設株式会社
設 計	大成建設株式会社一級建築士事務所
主 用 途	事務所
工 期	〈新築工期〉2005年7月〜2006年6月 〈改修後期〉2016年1月〜2016年3月
敷地面積	8 632 m^2 建築面積 770 m^2 延床面積 6 970 m^2
構 造	鉄筋コンクリート造一部鉄骨造
階 数	地上8階、地下1階

ZEB評価（SHASE G 0017-2015）

ランク	ZEB Ready
レファレンス	平成19年省エネルギー基準
省エネルギー率	65%
創エネルギー率	0%
合計削減率	65%
一次エネルギー消費原単位（コンセント含む）	639 MJ/(m^2・年)

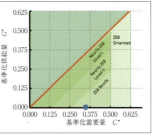

ZEB のデザインメソッド

外断熱の採用と窓面積率最小化

空調負荷，とくに暖房負荷を低減するため，建物外皮を高気密，高断熱仕様としている。
- 外壁部：250 mm コンクリート壁柱の外側に 100 mm の断熱層を設けた外断熱工法
- 窓開口：窓面積率　約 19 %
  高遮熱断熱ガラス（Low-e ガラス）

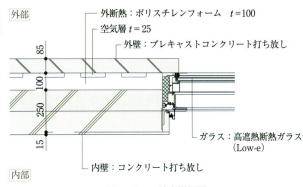

図 4.18-4　外皮詳細図

自然エネルギーの有効利用

空調の省エネルギー計画では，熱負荷の抑制，エネルギーの効率的利用とともに自然エネルギーの利用が重要なポイントとなる。建物を高断熱化すると日射や外気温による熱負荷が遮断されるため，外部からの冷房負荷を低減することができる。反面，内部発熱により蓄積された熱が，夜間など外気温が下がった際に室内から外部へ放熱されにくく，冷房負荷の増大を招く要因にもなり得る。したがって，冷房期においてはできるだけエネルギーを使用しないで外部に排熱することが課題であり，自然エネルギーを有効利用する冷却手法として以下の手法を採用した。

① フリークーリング
- 主に夜間の躯体冷却に使用(17〜20 ℃ 冷水)。
- 外気の湿球温度が冷水戻り温度より低い時に利用。

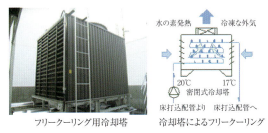

図 4.18-5　フリークーリング

② 外気冷房
- 空調機運転時に使用。
- 外気エンタルピーが室内より低い時に利用。
- 降雨・暴風時・多湿時は利用不可。

③ 自然換気システム
- 自然換気利用は残業時間帯(18 時以降)とする。
- トップライト排気口は，東西面各 16 枚設置。室内外温度，エンタルピー，降雨，風速の条件により自動開閉。
- 4〜7 階自然給気口は，執務者による手動開閉。

図 4.18-6　自然換気概念図

躯体蓄熱放射空調システム

空気調和・衛生工学会北海道支部において

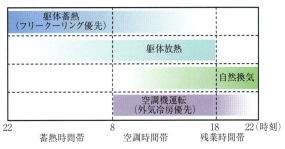

図 4.18-7　冷房時の自然エネルギー利用概念図

1998〜1999 年に検討された「実用レベルの外断熱建物の熱負荷計算法」では，外断熱工法によりコンクリート躯体が厚い断熱の内側になることで，1 日に発生する熱負荷の変動をコンクリート躯体や家具の蓄熱により平準化し，熱源の運転時間を

伸ばして熱源容量を削減できることを提案している。また，比較的温度の高い低質な冷水の利用についても示唆されている。当ビルでは，この理論を応用し，躯体蓄熱を実践した。

空調システムの搬送動力を低減するためには，水側搬送動力，空気側搬送動力を総合的に勘案して熱搬送方法を決定する必要がある。単位熱量当たりの搬送動力は水の方が小さく，できるだけ空気搬送を伴わない水搬送のみによる熱除去，熱供給が理想である。この意味で天井放射冷暖房は有効であるが，一般的な放射パネルを利用した天井放射システムは，かなりのコストがみこまれたため，ローコストと素材を生かすデザインとしてスケルトン天井を利用し，古くから施工実績がある温水床暖房の手法を使い，床躯体そのものを冷却，加熱して，放熱体としても利用するTABS(Thermal Active Building System)方式の躯体放射冷暖房システムを採用した。

太陽光追尾型　採光システム

窓面積率の低減により，日射，貫流による熱負荷は削減されるが，同時に自然光の入射も少なくなり，オフィスに閉塞感をもたらす可能性がある。これを解消するため，オフィスの中心部にはトップライトを持つ，4階から8階までの吹抜けを配した。しかし，単なる吹抜け空間では吹き抜け底部まで十分に光が届かず，光庭としての効果が少ない可能性があった。そこで，トップライトから執務スペースに効果的に自然光を取り入れられる太陽光追尾型採光システムを開発し，導入した。

ZEB化改修を実現した導入技術

ⅰ）照明器具のLED化

既存Hf蛍光灯の消費電力108 W/台に対し，改修にて導入した高効率LED照明器具は52 W/台と半分以下の消費電力となっている。

また，導入したLED照明器具は，大幅な消費電力削減だけでなく，スマートでオリジナルな外観デザインや，照明器具を見上げた時の眩しさ感がないという特徴がある。発光面にプリントルー

図4.18-8　躯体冷暖房床埋込配管

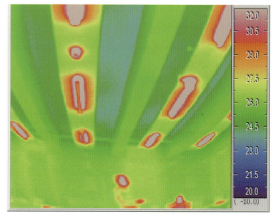

図4.18-9　天井冷却サーモグラフィ

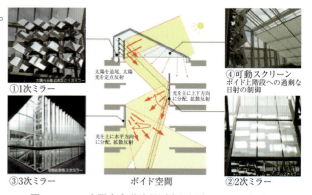

図4.18-10　太陽光自動追尾型自然採光システム概念図

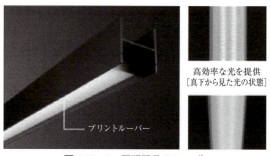

図4.18-11　照明器具のLED化

バーを採用することで，LEDが持つ直進性の強い光を和らげ，柔らかな配光を実現したことによる。

ii) 次世代人検知センサによる照明制御

照明制御には，人検知による照明の1灯制御を採用した。次世代人検知センサは，人の表面温度を正確に検知することにより，人の在/不在を確実に把握することができる。このセンサを使って，人のいないエリアの照明を減光，消灯制御することで，大幅な省エネルギーを図ることができた。さらに，従来は4灯単位での制御を行っていたが，本改修においては，人検知センサの高度化により，1灯単位で制御することで，更なる省エネルギーを実現した。

iii) タスク&アンビエント照明

改修前は執務室全体が700 lxの全体照明としていたが，今回の改修において，天井照明を300 lxとし，タスク（手元）照明を併用することにより，改修前と同等の机上面照度700 lxを確保するタスク&アンビエント照明を採用した。

iv) エネルギーの見える化

執務者への省エネ意識の向上を促すため，人の在/不在の状況や，照明の明るさ制御の状況をリアルタイムでモニターできる見える化装置を導入した。

ZEB化改修後の運用改善と運用ZEBの実現

改修後の2016年度は，冬期の暖房熱量の増加と，夏期の「自然エネルギー」利用率の低下が要因で，目標とする省エネルギーを達成することができなかった。そこで2017年度は，エネルギーサポート体制を強化し，運用改善に取り組んだ。とくに，寒冷地に立地する本建物は，暖房負荷の比率が高く，躯体蓄熱予測運転等の運用改善を行った結果，目標とする省エネルギー運用を達成することができ，運用でのZEB Readyを実現することができた。

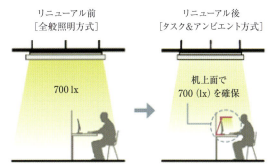

図4.18-12 人検知センサによる1灯制御

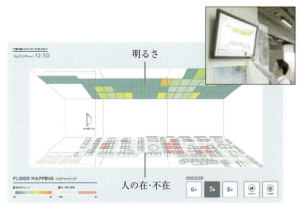

図4.18-13 タスク&アンビエント照明

図4.18-14 省エネルギー見える化システム表示画面

図4.18-15 ZEB化改修後の一次エネルギー消費量の推移

第5章 ZEBの展望

5.1 ZEBの位置づけ

5.1.1 省エネ建築との違い

建築の省エネルギーは，古くは昭和のオイルショックが契機となって意識され始め，以降建築設備の最大のアピールポイントになった。その後，地球環境問題や知的生産性，健康性などの新たな視点が加わり，建築の性能評価は多岐に亘るようになった。ZEBは字義通りにとらえれば単なる省エネルギー建築かも知れないが，建築を取り巻く状況の変化を考えると，特段の省エネルギーとともに，さまざまな視点からの要求性能を満たすクオリティが備わった建築であることが期待される。したがって，「ゼロ・エネルギー」という傑出した省エネ性能は，他の要求性能もある一定のレベルで保証する代表品質としてとらえるべきであり，例えば健康性などを犠牲にして成立した省エネ建築などは，この範疇に入れるべきではない。

5.1.2 ZEBの貢献先

ZEBの省エネルギー性能にまつわる地球温暖化防止への貢献には疑念を挟む余地はないが，そのスケール感は冷静に把握するべきである。温室効果ガスの大半を占めるといわれる大気中の二酸化炭素は毎年0.5%程度の増加が観測されているが，国別の人為起源排出量で見れば日本は世界の3.5%で，そのうち建築とその運用にかかわるものはおよそその1/3，すなわち世界の総量に占める割合は1%程度である。したがって，自然由来の温室効果ガスの影響を除外した非常に粗い計算では，国内のすべての建築物を排出量が従来比50%のZEBにしたとしても，大気中二酸化炭素濃度の毎年の増加をわずかに減ずる程度の効果と推測できる。

また，日本全体では温室効果ガスの排出量はこのところ抑制あるいは減少傾向にあるため，日本の建築だけがZEB化したところで世界的な増加傾向に歯止めを掛けることはまったくできないと認識するべきである。極論すれば日本のZEBは地球をやや延命させるだけのことであり，わが国における建築のZEB化は環境問題への貢献という直接的な側面よりも，前述の建築のクオリティ向上のほかにエネルギー安全保障やODAなど，日本の外交カードとしての貢献こそが期待される。

5.2 産業としてのZEB

ZEBを普及させるためには，それに関連する社会構造を無理なく継続的にZEBの供給と運用が可能な状態に整える必要がある。現在の建設業の体制は天変地異などの非常時に即応する余剰を抱えながら平時には過当競争に苦しむ状況が続いており，ZEBのように手間の掛かる建築を通常と同じコストと工期で提供する余力は無い。オイルショック後の建築省エネ化時代には，短期的に省エネビジネスが成立したが，その後は消耗戦になってしまったことを覚えている業界人も少なくなった。今回のZEB化はその轍を踏まず，健全な産業に脱皮するための契機ととらえる必要がある。ここではZEBの要となる空調設備に関する展望を述べたい。

5.2.1 オートクチュール空調の疲弊

現代の建築に空調はあって当たり前になっている。このような大衆化はアパレル業界では大分以前に発生したが，空調業界では需要家の方から徐々に認識が変化していたものの，業界内部では単に需要の増加に対応しただけで，本質的な意識の変革が起こらなかった。その無作為の反動が昨今の閉塞感に繋がっていると考えられる。

アパレル業界ではオートクチュール（オーダーメイドの高級服）以外にもプレタポルテ（高級既製服）やコンフェクシオン（量産既製服）が厳しいながらも併存している。空調業界では黎明期に確立したオートクチュールの体制のまま，最近はコンフェクシオンのような普段着的空調システムを如何に安価に作るかに日夜腐心している状況である。

5.2.2 評価の不在

空調に関するエンドユーザーからのニーズをよ

く観察してみると，工場などの特殊用途を除きフルオーダーのオートクチュールよりも量産既製服的なコンフェクシオンで充分であることが圧倒的に多い。これは，空調のクオリティについての研究が途上でそれを正しく評価しわかりやすく示す手段がないことに一因があり，単にかなりいい加減な温湿度でも健康被害を発生させない程度の空気質であれば空調はどれも同じと見なされているのが現状である。これではオートクチュールの出る幕がない。したがって空調業界ではオートクチュールの熟練した職人が，不本意ながらコンフェクシオンの安値で仕事を請けているのが実態である。

5.2.3 空調のコンフェクシオンモデル

通称ビル管法で示される健康被害をもたらさない必要最小限の基準や，一次エネルギーあるいはエネルギーコスト以外の空調の性能や質を明示する評価方法が普及するにはまだ時間が掛かる。クライアントやユーザーにオートクチュールの魅力と価値を理解してもらうには，それらの研究を待たなければならない。しかし，その前に現状のボリュームゾーンであるコンフェクシオン的空調をなんとかする必要がある。

昨今の状況を見ると，わが国では従来の標準システムであった中央式空調の衰退が目立ち，中小規模の建築ではマルチパッケージ型空調システム（VRF）がコンフェクシオンの地位を占めている。しかし，VRFで使われる冷媒はフロン以外に実用的な物質がないのが実情で，多岐に亘るフロンの種類にもそれぞれ得失があり，各国が思惑を持って政治マター化している。したがって，今後のコンフェクシオンモデルが全面的に依存するには安定感に欠けるのが悩ましい。

そこで考えられるのが在来の冷温水を用いる空調だが，その要素技術は年々歳々の進歩があり，ZEB指向の建築は断熱性や気密性が向上して以前のようにざるで水を汲むような空調は必要なくなったことも大きな変化である。空調の次世代コンフェクシオンモデルの熱搬送が冷媒になるのかあるいは冷温水になるのかはまだ不明のところがあるが，いずれにせよZEBボリュームゾーンの普及型空調システムの共通概念を構築しないことには，またしてもオートクチュール体制でコンフェクシオンを作るの愚を犯すことになる。

5.2.4 コンフェクシオン構築の効能

現地で組み上げざるを得ない空調システムに無謬性を求め過ぎるのは，酷である。しかし，間違いをいつまでも効果的にフィードバックしないのも工夫がなさ過ぎる。仮にこうしたコンフェクシオンモデルが構築されると，管理ポイントが激減する上に不具合情報がフィードバックされ，スムーズなPDCAサイクルが実現する。従来は管理ポイントが多すぎてサイクルが回る実感もなかった空調設備であるが，ベースとなる共通モデルが構築されればうまく機能するはずだ。

多人数が長期に亘って作り込み運用していく空調では，それぞれの担当が部分最適を目指しては全体最適の連携はできない。しかし，ベースとなるモデルがあると共通認識が醸成され，高度な議論も可能になる。さらに，これがプラットホームとしての役割を担えば，技術開発もばらばらにならずに有機的に繋がる。また，ベースモデルとはいえ初めから工学的な完璧さを求めるのは骨が折れる。万一の場合に備えて損害保険と巧妙な連携を図るなどのソフトパスも視野に入れる必要がある。

5.2.5 オートクチュールとの相乗効果

おおむねのニーズにはコンフェクシオンモデルで対応できるはずであるが，なかにはやはり高度なZEBのようにオートクチュールでないと無理なことも当然ある。しかし，コンフェクシオンモデルの構築でエンジニアが身軽になれば，オートクチュールモデルには熟練の技を存分に注ぎ込むことも可能となる。オートクチュールでは多様なニーズに応える発想と技能を，一方でコンフェクシオンでは趣味的な思考を脱却し集団の総合知を活かし，互いを補完し合うのがZEBを支える産

業の形態として理想である。

5.3 全体最適化

　建設業の分業はそのライフサイクルのフェーズにより大別される。設計・施工・運用をそれぞれ別の組織で，あるいはそのうち設計・施工を同一組織で請け負うが，いずれにせよ建築の運用は別組織に委ねられる。したがって，設計者は自身が設計した建築がどのように運用されているかを知らず，クレーム以外のフィードバックが掛からないために，なかなか練れた設計がしにくい状況にある。空調技術が珍重された空調の勃興期にはそれも通用しただろうが，成熟期となった現在においては経験知を活かした期待値の高い設計が求められている。

　運用の最適化は非常に難しい課題で，優秀なオペレーターの存在も然りながら，優れた運用時の性能を発揮することができる設計でなければならず，それもオペレーターに理解不能な趣味的な設計であってはならない。日本の空調設備が依然としてコミッショニングがままならないのは，諸外国に比べて趣味的な設計が多いことも一因であろう。

　以上に挙げた背景により運用の最適化は困難な課題であるものの，それは運用段階が別組織に引き継がれるギャップに起因していることがわかる。それを解決する一案が，サービスプロバイダー化である。ZEBで大きな役割を果たす空調設備は機械排煙など法規上必要な部分を除きリースとして運用も含めた契約にすれば，設計者は提供する空調の質とエネルギー性能などを勘案した全体最適を図らねばならず，現状に多い独善的な設計は通用しなくなる。この場合も前述のコンフェクシオンの考え方が有効であろう。いずれにせよ高品質で高性能な空調を設計し施工した場合に，その見返りとしてエンドユーザーの高評価と経済的利益という正のフィードバックが掛かるようにしないと，健全な産業として存続し得ない。

　空調のサービスプロバイダー化はなかなかハードルが高い問題ではあるが，VRFシステムのリース契約やサービスプロバイダー契約など，萌芽は確実にきざしている。

5.4 技術の継承

　ZEBの将来を考える上でもう一つ避けて通れないのが，とくに空調設備の設計および施工技術の継承である。以前は多くの建物で蒸気配管が多用されていたが，最近は生産施設と病院以外ではほとんど使われなくなり，それを設計し施工できる技術者がいなくなってしまった。それと同じ状況が水配管にも見られ，知らぬ間にメーカーの支援のもとにVRFシステムしか設計できない技術者が多くなりつつある。

　ZEBのコンフェクシオンモデルはVRFになるのかあるいは水配管を用いるシステムになるのかは定かではないが，現状の傾向が続けば水配管という選択肢をむざむざ放棄せざるを得ない状況になるのは明らかである。水配管には圧力や腐食に起因する問題や自動制御など冷媒配管にはない難しさがあるが，冷媒問題が政治マター化している現状では，是非とも技術を次世代に継承させねばならない。

索　　引

【あ行】

IoT/AI 活用　99
IC タグによる在席検知システム　140
明るさ感演出型の照明器具　131
明るさ感評価　132
明るさ尺度値　36
アクティビティ・ベースド・ワーキング　32
アクティブチルドビーム　76
アクティブデザイン　26
ASEAN 各国の省エネビルに関する政策　14
アトリウム　167
アンビエント照明　36, 71

EHP 最適運転制御　152
一重効用蒸気吸収式冷凍機　87
インターフェイスの構築　99
インダイレクトゲイン型　64

WELL 認証　31
ウェルネス制御　136
ウォータールーバー　119
運用改善項目　110

エアフローウィンドウ　41
エアロサーマル　83
エコロジカルルーフ　139
SSL 照明　72
エネルギー管理　107
エネルギー管理目標　109
エネルギー基本計画　iii
エネルギーグリッド　113
エネルギー・スター　2
エネルギーの見える化　157
エネルギーマネジメント　172
エネルギーマネジメントシステム　153
エミッション ZEB　22, 138
LED 照明　138
LED 照明器具　47, 72
LCEM ツール　149

欧州の空調換気設備に関する学協会　7
オートクチュール空調　180
屋内照度基準　47
オフサイト・サプライ ZEB　23
オフサイト ZEB　23, 106
オンサイト ZEB　23
温度差エネルギー　66

温度差換気方式　56, 57, 58
温冷感申告　34

【か行】

カーボンコンプライアンス　5
カーボンニュートラル　104
外気量最適化　168
外気冷房　175
外気冷房制御　133
海水　66
還り冷水を再利用　125
角度変化型ブラインド　41
風の道　30
河川水　66
河川水熱等　83
Cut-off 角制御　37
可動ルーバー　143
韓国における ZEB 評価の分類　12
乾式デシカント　77

逆潮流　114
吸収式冷凍機　87
吸収ヒートポンプ　89

空気式天井放射空調　162
空調・照明外部指令制御システム　152
空調のコンフェクシオンモデル　181
クール／ウォームビット　161
クール／ヒートチューブ　60
クールヒートトレンチ　156, 168
躯体蓄熱放射空調システム　175
躯体放射冷暖房　128
グラデーションブラインド　41, 124
グリーンビルディングインデックス　13
グリーンマーク制度　13
クローズド・キャビティ・ファサード　44
グローバル不動産サステナビリティ・ベンチマーク　31

下水　66
顕熱交換器　48

高顕熱型機器　80
コージェネレーションシステム　154
コージェネレーション排熱　69
コージェネレーション排熱利用　88
国立環境研究所研究棟　12
国立再生可能エネルギー研究所　2

コスト ZEB　22
個別空調最適制御　150
コミッショニング　98, 109
コンセント負荷　47

【さ行】

サーカディアンリズムを考慮した調色制御　148
再エネ余剰吸収機能　90
採光手法　50
採光装置　127
採光フィルム　52
再生可能エネルギー　154
再生可能エネルギー熱　83
再生可能エネルギーの供給方法　21
再生可能エネルギー利用率　9
再生可能・未利用エネルギー　157
在席検知制御　72
三重効用吸収冷温水機　87

GHP チラー　155
CO_2 濃度制御　94
シーケンス制御　94
シースルー型太陽電池　103
ジオサーマル　83
自然換気　55, 119, 136, 138
自然換気システム　128, 175
自然換気併用型個別分散空調システム　81
自然採光　119, 137, 138
自然通風　171
自然との共生　170
室温変動制御　163
湿式デシカント　77
室内環境　161
自動制御　94
集熱効率　65
需給バランス　114
瞬時電圧低下補償機能　91
省エネポンプ制御技術　163
省エネラベリング　16
商業建物エネルギー消費量調査　2
照明環境規準　36
照明と空調の統合制御　97
照明発熱　47
シンクライアント方式　47
人検知センサ　127
人検知センサによる照明制御　177
人工知能　99
深層学習　100

垂直ボイド　51
垂直ルーバー　119
水熱源個別分散空調システム　81
水平ルーバー　167
すきま風　49
スマートエネルギーシステム　113
スマート端末　132

井水利用　75
性能検証　98
性能検証項目　110
節電型吸収式冷温水機　88
設備容量の適正化　132
ZEB 改修　134
ZEB 化改修　176
ZEB 実証事業　17
ZEB 推進段階　20
ZEB の実現と展開に関する研究会　iii
ZEB 普及段階　20
ZEB 普及に向けたロードマップ　15
ZEB プランナー制度　16
ZEB リーディング・オーナー制度　16
ZEB ロードマップ検討委員会　iv
ZEB ロードマップフォローアップ委員会　iv
セルフデマンドレスポンス　85
ゼロ・エネルギーコミュニティ　3
ゼロ・エネルギー・ビル　iii
ゼロカーボン住宅　4
センターボイド　119
潜熱顕熱分離型パーソナル空調システム　140
潜熱顕熱分離空調　138
潜熱顕熱分離空調システム　146, 158
全熱交換器　48
全面床染み出し空調　169

送水温度可変制御　168
送水温度緩和　168
ソウルエナジードリームセンター　13
ソース ZEB　21, 138
ソーラーカーポート　106
ソーラー吸収式冷温水機　88
ソーラークーリング　157
ソーラークーリングシステム　155
外断熱　175
外ブラインド　36, 137

【た行】

ターゲット照明　36, 71
大正関東地震　68
大気熱等　83
太陽エネルギー利用　157
太陽光追尾型 採光システム　176
太陽光発電助成制度　101
太陽光発電パネル　144
太陽追尾採光装置　156
太陽電池　101
太陽熱給湯システム　64
太陽熱給湯・暖房システム　64
太陽熱給湯・暖房・冷房システム　64, 65
太陽熱集熱器　65
ダイレクトゲイン　64
ダウンサイジング　135
タスク&アンビエント空調　33, 155
タスク&アンビエント照明　71, 177

索　引

タスク&アンビエント照明システム　124
タスク&アンビエント放射空調システム　123
ダッシュボード　111
建物のエネルギー性能にかかわる欧州指令　7
建物排熱　69
ダブルスキン　41, 44, 45
単結晶型太陽電池パネル　129

地域冷暖房施設の排熱　70
地下水熱直接利用システム　120
地下水利用ヒートポンプシステム　143
蓄電システム　90
蓄熱効率　85
蓄熱システム　84
蓄熱槽効率　85
地中採熱技術　160
地中熱等　83
地中熱ヒートポンプ　168
地中熱利用　60, 75, 141
地中熱利用システム　137
知的生産性　138, 141
知的生産性向上　122
中温冷水　74
中温冷水潜熱蓄熱システム　140
昼光　131
昼光連動調光制御　72
中国におけるZEBの分類定義　11
中小規模オフィス　130
厨房天井置換換気システム　156
直流給電　161
チルドビーム併用型放射空調システム　76

ディープラーニング　100
低照度タスク・アンビエント照明システム　127
定性的な定義　20
定量的な定義　20
データ分析　108
デザインエンジニアリング　171
デザインプロセス　26
デザインメソッド　27
デシカント外調機　136
デシカント空調　70, 77, 120
デシカント除湿システム　144
デシカントローター　77
デジタルサイネージ　111
デマンドリスポンス　85, 107, 113
電気式ビル用マルチエアコン　151
天井チャンバ方式吹出口　162

統合マネジメントシステム　145
都市型ZEB　126
都市型超環境オフィス　125
都市の熱環境対策評価ツール　28
トップライト　37, 161

【な 行】

ナトリウム・硫黄電池　91, 92

ニアリー・ゼロ・エネルギー・ビル　8
二重効用蒸気吸収式冷凍機　87
日射遮蔽　39, 119

熱回収運転　84
熱のカスケード利用　70

【は 行】

パーソナルファン　136
パーソナル床吹出空調　128
パーソナル床吹き出し口　123
バイオフューエル　105, 173
バイオマス化ガスコージェネレーション　172
バイオマス発電　104
バイオマスボイラー　104
ハイドロサーマル　83
排熱投入型吸収冷温水機　87
排熱利用タスク・アンビエント空調システム　128
ハイブリッド外装システム　122
ハイブリッド換気　55
ハイブリッド換気方式　56, 58
ハイブリッド熱源システム　165
ハイブリッド放射空調システム　76
箱型採光装置　51
パッシブチルドビーム　76
パッシブデザイン　26
バッチ方式　77
パラメトリックデザイン　28
汎用型ZEB　130

PMV制御　158
BCP対応　85
PDCAサイクル　108
ヒートアイランド　28
ヒートポンプ　83
ヒートポンプデシカント外機処理機　148
ヒートポンプデシカント調湿外気処理機　81
光ダクト　51, 53
微気流　34
微細水噴霧冷却システム　80
庇効果　131
非常電源兼用機能　91
ビッグデータ　114
日除け　40
ビル用マルチシステム　133

ファサードデザイン　40
ファシリティエンジニアリング　170
フィードバック制御　94
フィードフォワード制御　94
風力換気方式　56, 57
不確実性　46

負荷平準化機能　91
プッシュプルウィンドウ　40
部分負荷運転を抑制する制御　133
ブラインド　41
ブラインド型採光装置　52
プラスエネルギービル　173
フリークーリング　75, 165, 175

平均放射温度　159
米グリーンビジネス協議会　3
平板式集熱器　159
ペリバッファーシステム　139
ペリメータチルドビーム　123

ボイド利用　53
放射温度　74
放射空調　120
放射空調システム　74
放射パネル冷暖房　143
保水性舗装　30

【ま行】

マネジメントプロセス　26

見える化　107
見える化システム　141
水熱源個別分散空調システム　81
未利用エネルギー　66

メガソーラー施設　106
面的熱利用　124, 125

木質バイオマス　120
木質ペレット焚吸収式冷温水機　89
木質ペレットボイラー　105
木質ペレット利用の温水ボイラー　172

【や, ら行】

誘引換気方式　56
有機ELタスクライト　127
有機薄膜型太陽電池外壁ユニット　129
有機薄膜太陽電池　103
ユーザーインターフェイス　111

余裕率　46

ライトシェルフ　51
ライフサイクルエネルギーマネジメント　109

リアルタイムシミュレーション　149
リチウムイオン電池　92

連続デマンド制御　81, 98, 153

ローター方式　77

ロシア・ウクライナガス紛争　7

【英字】

ABW　32
AI　99
Artificial Intelligence　99

BAPV　101
BCP対応　85
BDF　105, 173
BEMS　107
Bio Diesel Fuel　173
BIPV　101
Building Attached Photovoltaics　101
Building Integrated Photovoltaics　101

CABR NZEB棟　11
Carbon Zero Building　12
CASBEE HI　28
CASBEE-WO　31
CBECS　2
CCF　44
CO_2濃度制御　94
Cut-off角制御　37

DOE　3
DR　107

EHP　151
EHP最適運転制御　152
Energy Performance of Building Directive　5, 7
EPBD　5, 7

Federation of European Heating, Ventilation and Air Conditioning Associations　7

GHPチラー　155
GREEN DEAL　4
GRESB　31

IoT/AI活用　99

LCEMツール　149
LED照明　138
LED照明器具　47, 72

Nearly ZEB　22
Net Plus Energy Building　22
Net Zero Energy Building　22
NREL　2
nZEB　8

PDCAサイクル　108
PEB　173
PMV　33
PMV制御　158

Predicted Mean Vote　　33

REHVA　　7, 8, 9
Renewable Energy Ratio　　9
RER　　9

Smart Eco Office Controller　　165
SSL 照明　　72

TABS　　176
Thermal Active Building System　　176

USGBC　　3

VWT　　168
WELL Building Standard　　31
WELL 認証　　31

ZEB Oriented　　22
ZEB Ready　　22
Zero Energy Community　　3

ZEB のデザインメソッド		定価はカバーに表示してあります.	
2019 年 9 月 20 日　1 版 1 刷発行		ISBN 978-4-7655-2613-5 C3052	
2021 年 7 月 10 日　1 版 2 刷			
	編　　集	公益社団法人 空気調和・衛生工学会	
	発 行 者	長　　滋　　彦	
	発 行 所	技報堂出版株式会社	
日本書籍出版協会会員	〒101-0051	東京都千代田区神田神保町 1-2-5	
自然科学書協会会員	電　　話	営　　業（03）（5217）0885	
土木・建築書協会会員		編　　集（03）（5217）0881	
	F A X	（03）（5217）0886	
	振替口座	00140-4-10	
Printed in Japan	U R L	http://gihodobooks.jp/	
			装幀：高砂　航
Ⓒ The Society of Heating, Air-Conditioning and Sanitary Engineers of Japan, 2019			印刷・製本：愛 甲 社

落丁・乱丁はお取り替えいたします．

JCOPY <（社）出版者著作権管理機構 委託出版物>

本書の無断複写は著作権法上での例外を除き禁じられています．複写される場合は，そのつど事前に，㈳出版者著作権管理機構（電話 03-3513-6969，FAX 03-3513-6979，E-mail: info@jcopy.or.jp）の許諾を得てください．